ADAC Reiseführer

Niederlande

Von Alexander Jürgens

Intro

Unterwegs

WESTFRIES

Limburg, Brabant und Zeeland – südliches Flair an der Grenze zu Belgien 109

Niederlande Kaleidoskop

Karten und Pläne

Service

Niederlande Impressionen

Weite Nordseestrände, romantische Grachtenstädte und Weltklassekunst – ein königliches Reiseland

Holland – wohnt da nicht Frau Antje, die mit dem Käse, gleich hinter dem Deich bei der Windmühle, mitten im bunten Tulpenfeld?

Es gibt so einige Klischees, die mit den Niederlanden verbunden sind. Natürlich gibt es **Käse**, sehr guten sogar, und die traditionellen *Käsemärkte* von Alkmaar, Gouda oder Edam lässt sich wohl kaum ein Besucher entgehen. Die hölzernen **Klompen**, die Frau Antje trägt, sieht man heute zumeist in Souvenirläden. Sie werden aber nach wie vor z. B. von Fischern als sicheres Arbeitsschuhwerk geschätzt. Ein vertrautes Bild sind auch die vielen solide gebauten **Deiche**, ohne die die unter dem Meeresspiegel liegenden Landesteile längst von den Fluten der Nordsee überspült wären. Und auch die fotogenen **Windmühlen**, die einst zur Entwässerung des Landes dienten, sind zugleich majestätische Schmuckstücke. Besonders schön ist das historische Ensemble von 19 Holländermühlen bei **Kinderdijk** in der Provinz Zuid-Holland. Seit einigen Jahren drehen sich außerdem die Rotorblätter moderner Windkraftwerke in der stets wehenden Brise.

Holland ist all das und noch so viel mehr, kein Wunder also, dass es alljährlich Millionen von Besuchern aus aller Welt begeistert. Apropos Holland: Eigentlich ist diese Bezeichnung nicht korrekt. Der offizielle Landesname lautet *Koninkrijk der Nederlanden* – und in der Tat leben fast zwei Drittel der gut 16 Mio. Einwohner des Königreichs in ›niederen‹ Landstrichen, die bis zu 7 m unter dem Meeresspiegel liegen. Doch in der Geschichte haben die Bewohner der holländischen Provinzen des Landes stets die dominierende Rolle gespielt und mit Amsterdam, Den Haag und Rotterdam liegen noch heute die drei wichtigsten niederländischen Städte in den Provinzen *Noord-* und *Zuid-Holland*. So hat es sich eingebürgert, die Namen Holland und Niederlande als Synonym zu gebrauchen.

Oben: *Ein Klischee der netten Art – Frau Antje auf dem Käsemarkt in Alkmaar*
Rechts oben: *Wie ein Schiffsrumpf ragt das Amsterdamer Wissenschafts- und Technologiezentrum NEMO aus dem Wasser*
Unten: *Strand bei De Koog auf Texel*

Land aus dem Meer

Bis auf die etwas höher gelegenen Geestgebiete im Osten und vor allem die Ausläufer des Ardennengebirges im limburgischen Südosten, die eine bewaldete Hügellandschaft mit ›Gipfelhöhen‹ von mehr als 200 m bilden, erheben sich die Niederlande nur selten über den Meeresspiegel. Im Gegenteil, seit vielen hundert Jahren ringen die Bewohner der Nordsee neues Land ab, das eingedeicht und leergepumpt, besiedelt und beackert wird. Kanäle und Entwässerungsgräben durchziehen die Landschaft. Und so mancher Besucher gerät angesichts dieser Wasserwege ins Staunen, denn sie liegen mitunter höher als Straßen oder angrenzende Felder und Dörfer. Vor allem die Wasserlandschaften von **Zuid-Holland** und die durch das Mündungsdelta der Rheinflüsse *Waal* und *Lek* sowie der *Maas* zergliederte Inselwelt von **Zeeland** haben den besonderen Reiz einer harmonischen, vom Menschen gestalteten Kulturlandschaft.

Freizeitspaß zu Wasser und zu Lande

Sommerurlauber schätzen die breiten, von einem windzerzausten Dünengürtel gesäumten Nordseestrände von Badeorten wie **Scheveningen** und **Zandvoort**, die sich nach Nordosten auf den westfriesischen Waddeneilanden **Texel**, **Terschelling** etc. fortsetzen. Auf den Binnengewässern, den vielen Kanälen sowie den Seen der Friesischen und der Holländischen Seenplatte gehören *Paddeltouren* zu den beliebten Urlaubsaktivitäten. Das **Ijsselmeer** und seine Buchten stehen bei *Seglern* und *Windsurfern* hoch im Kurs. Wer die Niederlande per *Fahrrad* erkunden möchte, befindet sich in guter

Links oben: *Schier endlose Deiche – weites Betätigungsfeld für ›tierische Rasenmäher‹*
Links Mitte: *Glanzpunkt des Rotterdamer Museum Boijmans van Beuningen: Brueghels ›Turmbau zu Babel‹ (ca. 1563)*
Links unten: *Witziges Wohnexperiment in Rotterdam – Piet Bloms ›Baumhäuser‹*
Oben: *Amsterdamer Lichterspiel – Abendstimmung an Prinsen- und Leidsegracht*
Unten: *Erhabene Brabanter Gotik – Bredas Grote Kerk aus dem 14./15. Jh.*

Gesellschaft, denn auch die Holländer sind überwiegend mit eigener Muskelkraft auf zwei Rädern unterwegs. Entsprechend komfortabel präsentieren sich die Fahrradwege des Landes, die meist die Fußwege, zuweilen sogar die Straßen an Breite übertreffen. Mit dem Rad kann man z. B. den **Nationalpark De Hoge Veluwe** erkunden, in dem sich Natur- und Kunstgenuss vorzüglich ergänzen.

Städtetrips – von malerisch-historisch bis avantgardistisch

Wegen der geringen Entfernungen lassen sich Entspannung und Erholung am Wasser bestens mit einem Besuch der vielen reizvollen Städte des Landes verbinden. Das weltoffene **Amsterdam** gehört seit langem zu den beliebtesten europäischen Metropolen. Bei einer Grachtenrundfahrt kann man die pittoresken Patrizierhäuser mit ihren harmonisch gegliederten Fassaden und Giebeln ganz gemütlich erkunden. Hervorragende Kunstmuseen ziehen Besucherströme aus aller Welt an. Das *Rijksmuseum* z. B. zeigt die Werke Vermeers, Rembrandts, Frans Hals' und anderer Maler aus dem *Goldenen Zeitalter* der Kunst, das im 17. Jh. mit dem Aufstieg der Niederlande zur führenden Handelsmacht einherging. Mit hochkarätiger Kunst des 19. und 20. Jh. glänzen das *Van Gogh Museum* und das *Stedelijk Museum*. In einem der hübschen Straßencafés lässt man hernach bei einem *Kopje Koffie* die muntere, multikulturelle Atmosphäre Amsterdams auf sich wirken.

Historische Städte wie **Leiden**, **Alkmaar**, **Gouda** oder **Delft** mit ihren grachtenumschlossenen Altstadtzentren laden ebenfalls zum vergnüglichen Herumschlendern ein. Schmucke Stadthäuser

im *niederländischen Renaissancestil* oder Kirchen und Schlösser im Stil der *Brabanter Backsteingotik* lassen sich auf Schritt und Tritt entdecken. Landesweit stehen rund 55000 Gebäude unter Denkmalschutz.

Doch es geht auch modern: Vor allem **Rotterdam** präsentiert sich mit seiner Wolkenkratzer-Skyline und vielen futuristischen Bauten als urbaner Trendsetter. Aber auch in anderen Städten belegen avantgardistische Gebäude wie das Amsterdamer Technologiezentrum *NEMO*, das Maastrichter *Bonnefanten Museum* und das *Groninger Museum*, dass zukunftsweisende Architektur in den Niederlanden zu Hause ist.

Blumenfelder, Kühe und Hightech

Die Niederlande sind dicht besiedelt, doch Millionenstädte gibt es nicht. In dem *Randstad* genannten Kranz von Städten, zu denen Amsterdam, Leiden, Haarlem, Den Haag, Delft, Utrecht, Dordrecht, Gouda und Rotterdam zählen und der nur ein knappes Zehntel der Landesfläche ausmacht, leben jedoch mehr als 6 Mio. Menschen und damit gut 40% der rund 16 Mio. Niederländer. In der grünen Mitte von Randstad überrascht eine herrliche Landschaft von Marschen, Mooren und Feldern.

Dass »Tulpen aus Amsterdam« kommen, wie ein bekannter Schlager in den 1950er-Jahren behauptete, stimmt nicht so ganz. Anbaugebiet ist die Region zwischen Alkmaar und Leiden am Rand des Städterings, die sich zwischen März und Mai als endlos scheinendes **Blumenmeer** präsentiert. Zunächst kommen Krokusse, dann Osterglocken, Hyazinthen und schließlich Tulpen. Zahllosen Besuchern sind die frühsommerlichen Farbsinfonien des **Keukenhofs** bei Lisse eine eigene Reise wert. Das von der Tourismusindustrie gern bediente Bild vom ›Tulpenland Holland‹ entpuppt sich jedoch bei genauerer Betrachtung als Klischee, denn tatsächlich übertrifft die Zahl der auf den Blumenmärkten Amsterdams verkauften Rosen die der Tulpen um das Doppelte.

Die riesigen Blumenfelder verweisen auf die ungeheure Effektivität der **niederländischen Landwirtschaft**, die dank Blumen und Blumenzwiebeln, vor allem aber mit Milchprodukten und Gemüse zu den wichtigsten Agrarexporteuren der EU zählt. Darüber hinaus besitzen die Niederlande eine leistungsfähige Industrie mit einem Schwerpunkt auf **Zukunftstechnologien**. Internationale Konzerne wie Philips, die Fluggesellschaft KLM sowie die niederländisch-britischen Multis Shell und Unilever sind weltweit ein Begriff. Industrie und Gewerbe konzentrieren sich überwiegend im Süden des Landes, zwischen Rotterdam und Eind-

hoven, auch wenn der etwas süffisante Spruch der Rotterdamer, »dass sie das Geld verdienen, das in Amsterdam wieder ausgegeben wird«, ins Reich der Mythen gehört.

Poldermodell und Gezelligheid

Früher hieß es, dass in jedem Niederländer etwas von einem Kaufmann und einem Priester steckt, er sich einerseits

Links oben: *Kühne Form – Ben van Berkels Erasmusbrug in Rotterdam*
Links unten: *Kinderglück im Freizeitpark ›De Efteling‹ bei Tilburg und Mußestunde im Amsterdamer Café Americain*
Oben: *Sonnengelber Tulpenteppich zwischen Haarlem und Leiden*
Mitte: *Beobachtungen am Rande der friesischen Segelwoche ›Sneekweek‹*

also um den eigenen Nutzen und andererseits um das Wohl der Gesellschaft bemüht. Heute ergänzt das **Poldermodell** die Idee von den zwei Charaktereigenschaften. Die Gesellschaft sollte sich danach ähnlich wie die Gemeinschaft in einem vom Wasser umschlossenen Polder verhalten, um erfolgreich zu sein. Nach einer Phase der Diskussion und des Ausgleichs von Interessen bei gleichzeitig tolerantem Umgang miteinander gelte es, die gemeinsam beschlossenen Regeln auch gemeinsam umzusetzen. In Abwandlung eines deutschen Sprichwortes sitzen »alle im gleichen Polder«. Auch das Bedürfnis, mit Freunden und Bekannten bei einem Kaffee oder einem Bier privat oder im Lokal gemütlich zusammen zu sitzen und zu plaudern – auf niederländisch **Gezelligheid** genannt – ist tief verwurzelt.

Diese entspannte Atmosphäre, verbunden mit den malerischen Städten und Dörfern, den herrlichen Stränden und originellen Freizeitparks machen Holland zum idealen Familienurlaubsland.

Der Reiseführer

Der Band stellt die Landschaften und Städte der **Niederlande** in fünf Kapiteln vor. Die **Praktischen Hinweise** im Anschluss an die Besichtigungspunkte informieren jeweils über Touristenbüros, Unterkünfte und Restaurants vor Ort, **Top Tipps** verweisen auf besondere Sehenswürdigkeiten, die man nicht versäumen sollte. Das bewährte **Nummernsystem** der Punkte in Verbindung mit **Stadtplänen** und **Übersichtskarten** erleichtert die Orientierung. Im **Kaleidoskop** präsentieren Kurzessays Wissenswertes und Originelles zu Kultur, Geschichte und Alltag. **Niederlande aktuell A bis Z** hält schließlich eine Fülle praktischer Informationen und Adressen bereit, von Anreise über Essen und Trinken oder Feste und Feiertage bis zu Verkehrsmitteln. Den Abschluss bildet ein umfassender **Sprachführer**.

Geschichte, Kunst, Kultur im Überblick

Von wetterharten Deichbauern, wagemutigen Kauffahrern und weltoffenen Herrschern

250 000 v. Chr. Erste Spuren menschlicher Besiedlung nahe Maastricht.
80 000–10 000 v. Chr. Jäger und Sammler durchstreifen das Land, was Funde u. a. in Noord-Brabant belegen.
8000–2000 v. Chr. Zunehmende Besiedlung in der Mittleren und Jungsteinzeit; die Menschen bestatten ihre Toten in megalithischen Gemeinschafts- oder Hünengräbern, auch Hunebedden genannt.
bis 700 v. Chr. Weitere Völker ziehen ins Land: Kelten von Süden, Germanenstämme, Friesen und Sachsen von Norden und Osten. Sie bringen Werkzeuge und Waffen aus Bronze mit.
bis 300 v. Chr. Kelten entwickeln eine gegliederte Gesellschaft aus Adligen, Handwerkern, Bauern und Händlern. Sie legen befestigte Siedlungen und Burgen an, ihre Waffen und Werkzeuge sind aus Eisen gefertigt. In den küstennahen Marschen des Nordens wohnen die Menschen auf künstlichen Erdhügeln, sog. Terpen. Felder werden mittels Gräben und Wällen trockengelegt.
58–51 v. Chr. Caesar erobert Gallien und besiegt auch keltische Stämme der späteren Provinz Gallia Belgae südlich des Rheins. Die Friesen werden nur zeitweilig unterworfen.
50–12 v. Chr. Germanische Bataver besiedeln die Inseln der Rheinmündung.
9 n. Chr. Die Römer versuchen, sich auch rechtsrheinische Gebiete einzuverleiben, erleiden aber mit einer Niederlage im Teutoburger Wald einen Rückschlag.
47–70 Römische Truppen schlagen Aufstände von Friesen und Batavern nieder.
ab 288 Salische Franken errichten nach dem Rückzug der Römer Befestigungen im südniederländischen Raum.
382 Maastricht wird Bischofssitz.
486 Das merowingische Frankenreich unter König Chlodwig erstreckt sich von Nordfrankreich bis an den Rhein.
689 Pippin II. besiegt in der Schlacht von Dorestad den Friesenkönig Radbod und festigt seine Herrschaft im Bereich der Flüsse Schelde, Maas und Rhein.
754 Der Missionar Bonifatius, Erzbischof von Mainz, wird bei Dokkum von den Friesen erschlagen.
800 Karl der Große wird zum Kaiser gekrönt. Das von ihm kontrollierte Territorium umfasst auch die Niederlande.
843 Im Vertrag von Verdun wird das Karolingerreich unter den drei Söhnen Ludwigs des Frommen aufgeteilt. Das Gebiet östlich der Schelde mit den heutigen Niederlanden erhält Lothar.
925 Der deutsche König Heinrich I., Vater von Kaiser Otto I., annektiert Lotharingen.
959 Lotharingen wird in die Herzogtümer Ober- und Niederlothringen geteilt. Letzteres umfasst wesentliche Teile des heutigen Belgien und der Niederlande. Ein breiter Küstenstreifen zwischen Maas und Weser bleibt als Friesland unabhängig. In den folgenden Jahrhunderten entstehen Brabant, Gelderland, Holland und andere Grafschaften, die nach Unabhängigkeit streben.
1287 Eine schwere Sturmflut fordert über 50 000 Menschenleben.
1363–1482 Das Herzogtum Burgund dehnt seine Herrschaft über mehrere Grafschaften der späteren Niederlande nach Norden aus. Als Karl der Kühne, Herzog von Burgund, 1477 bei Nancy fällt, heiratet seine Tochter und Erbin Maria den späteren habsburgischen Kaiser Maximilian von Österreich. Nach ihrem Tod 1482 fällt Burgund an die Habsburger.
1543 Karl V., habsburgischer König von Spanien und deutscher Kaiser, schließt mit der Einverleibung der Grafschaft Gelderland seine Eroberung der Niederlande und Frieslands ab.
1550 Die Kirchenreformation und vor allem die Lehren Calvins gewinnen in den Niederlanden großen Einfluss. Nach Karls Abdankung 1556 herrscht sein Sohn, der spanische König Philipp II., über die Niederlande. Er versucht die Bewegung mittels der Inquisition und auch militärisch zu bekämpfen.
1566 Wilhelm I. von Oranien aus dem Hause Nassau-Dillenburg, genannt der Schweiger, setzt sich mit den Grafen Egmont und Hoorn an die Spitze der niederländischen Freiheitsbewegung. Adlige und Bürger schließen in Breda den Bund der Geusen (gueux = franz. Bettler, ironisch gemeinter Eigenname der Rebellen).
1567–73 Vom spanischen König als Generalstatthalter der Niederlande eingesetzt, lässt der Herzog von Alba durch den von ihm eingesetzten ›Rat der Unruhen‹ Tausende Aufständischer hinrichten, unter ihnen auch Egmont und Hoorn (1568). Der erfolgreiche Partisanen-

kampf der Wasser- und Waldgeusen leitet die Wende in der Befreiung der Nordprovinzen von der spanischen Herrschaft ein.
1579 Während die Flamen und Wallonen in den katholischen Provinzen des Südens bereits in der Union von Arras die Gefolgschaft zu Spanien bekräftigt haben, schließen sich die sieben nördlichen protestantischen Provinzen zu einem politischen und militärischen Schutzbündnis, der Utrechter Union, zusammen.
1581 Mit einer ›Akte des Ungehorsams‹ (Akte van Ongehoorzaamheid) genannten Erklärung ruft die Republik der Sieben Vereinigten Provinzen ihre Unabhängigkeit von den spanischen Habsburgern aus.
1584 Wilhelm von Oranien wird von einem spanischen Agenten ermordet.
1585–1625 Der 17-jährige Moritz von Oranien, zweitältester Sohn Wilhelms, entwickelt sich innerhalb weniger Jahre zum anerkannten Führer der Vereinigten Provinzen. Militärische Erfolge gegen die Spanier, die Entwicklung von Handel und Gewerbe sowie Entdeckungen und Eroberungen holländischer Seefahrer in Amerika und Asien fördern den Aufstieg Hollands zur europäischen Macht.
1602 Gründung der Ostindischen Kompanie (VOC) für den Handel mit Asien.
1609 Gründung der Amsterdamer Nationalbank; Amsterdam zählt über 100 000 Einwohner.
1621 Gründung der Westindischen Kompanie (VWC) für den Handel mit Afrika und Amerika.
1648 Der Westfälische Friede beendet den Dreißigjährigen Krieg und den in den Niederlanden Achtzigjähriger Krieg genannten Befreiungskampf gegen die spanischen Herrschaftsansprüche. Die Republik der Vereinigten Niederlande erfährt internationale Anerkennung. Ihr Handels- und Kolonialreich umfasst Besitzungen auf allen Kontinenten. Dazu gehören Nieuw Amsterdam (New York), Nordbrasilien, Besitzungen in Südafrika, Ceylon und Niederländisch-Ostindien, das heutige Indonesien. Der Reichtum des Landes gründet sich zu großen Teilen auf dem Fernhandel und den damit verbundenen Handelsmonopolen. Holländische Segler gehören zu den führenden Sklavenhändlern zwischen Westafrika und Amerika. – Gleichzeitig blühen Wissenschaft und Kunst auf. Rembrandt van Rijn, Frans Hals und Jan Vermeer van Delft gehören zu den hervorragendsten Malern des 17. Jh., das später als Goldenes Zeitalter (Gouden Eeuw) der Niederlande bezeichnet wird.
1652–78 Die Niederlande führen mit wechselndem Erfolg drei Seekriege gegen den Handelsrivalen England, verlieren jedoch schließlich ihre maritime Vorherrschaft.
1653–72 Jan de Witt, Gegenspieler der Statthalter aus dem Haus Oranien, regiert den Staat.
1672 Wilhelm III. von Oranien, nach Jan de Witts Ermordung neuer Statthalter der Niederlande, schlägt das angreifende Heer Ludwigs XIV. von Frankreich.
1677 Wilhelm III. heiratet Mary, die älteste Tochter des englischen Königs Jakob II.
1689 Nach Unruhen in England und der unblutigen Absetzung (Glorious Revolution) des Königs Jakob II., der die Rechte des Parlaments beschneiden und den Einfluss der Katholiken vergrößern wollte, werden seine Tochter Mary und sein Schwiegersohn Wilhelm III. von Oranien Königin und König von England.
1702 Als Wilhelm III. ohne Erben stirbt, geht der Titel des Prinzen von Oranien an den Statthalter von Friesland, Jan Willem Friso, über.

Holländische Handelsschiffe segelten im 17. Jh. auf allen Weltmeeren ▷

Wilhelm I., der Schweiger, 1579

Rembrandt, Selbstbildnis, um 1657

Van Gogh, Selbstbildnis, 1888

1714–83 Europäische Konflikte wie der Spanische und der Österreichische Erbfolgekrieg oder die Revolution der amerikanischen Kolonien gegen Großbritannien (1775–83) strahlen auf die Niederlande aus. Seinen bedeutenden Einfluss aus dem 17. Jh. kann das Land jedoch nicht wieder erlangen.

1747 Wilhelm IV., Sohn von Jan Willem Friso, wird Erbstatthalter. Damit sind die Niederlande Erbmonarchie.

1795–1806 Nach Eroberung der Niederlande durch eine französische Revolutionsarmee errichtet diese die aus den südlichen (belgischen) und nördlichen Niederlanden bestehende Batavische Republik.

1802 Großbritannien besetzt die meisten der niederländischen Kolonien. Einen Teil von ihnen geben sie später an die Niederlande zurück.

1806–10 Napoleon I. macht die Niederlande zum Königreich und ernennt seinen Bruder Louis zum König. Als Hauptstadt fungiert Amsterdam.

1810–13 Die Niederlande werden dem Napoleonischen Kaiserreich eingegliedert.

1813–15 Nach der endgültigen Niederlage Napoleons bei Waterloo (1815) setzt der Wiener Kongress Prinz Wilhelm VI. von Oranien unter dem Namen Wilhelm I. als König der Vereinigten Niederlande (Belgien eingeschlossen) und als Großherzog von Luxemburg ein.

1830 Ein Aufstand in den südlichen Niederlanden führt zur Loslösung Belgiens. Ein Nationalkongress wählt im Jahr darauf Prinz Leopold von Coburg zum belgischen König. Die Provinzen Brabant und Limburg werden zwischen Belgien und den Niederlanden aufgeteilt.

1839 Zwischen Amsterdam und Haarlem fährt die erste Dampfeisenbahn.

1848 Eine Verfassungsreform macht die Niederlande zur konstitutionellen Monarchie, in der dem Parlament bedeutende Machtbefugnisse zugesprochen werden.

1890 Mit dem Tod Wilhelms III. endet die Personalunion mit Luxemburg.

1890–1948 Mit dessen Tochter, Königin Wilhelmina, nimmt erstmals eine Frau den Thron des Landes ein. – Zu Beginn des 20. Jh. nimmt die Industrialisierung des Landes zu. Monopolkonzerne wie Philips und die Royal-Dutch-Shell Erdölgesellschaft entstehen.

1914–18 Die Niederlande bleiben im Ersten Weltkrieg neutral.

1917 Das allgemeine Wahlrecht wird zunächst für Männer, zwei Jahre darauf auch für Frauen eingeführt.

1918–41 Der ehem. deutsche Kaiser Wilhelm II. lebt nach seiner Abdankung bis zu seinem Tod im Exil bei Doorn.

1920–32 Zum Schutz vor Sturmfluten und zur Landgewinnung wird die Zuiderzee eingedeicht und bildet fortan den Binnensee IJsselmeer.

1931 Die Weltwirtschaftskrise ergreift auch die Niederlande. Mehr als 400 000 Menschen sind ohne Arbeit. Eine Nationalsozialistische Bewegung (NSB) unter Anton Adriaan Mussert (1946 hingerichtet) gründet sich.

1939/40 Die nationalkonservative Regierung unter De Geer bleibt bei Ausbruch des Zweiten Weltkriegs neutral. Dennoch überfällt die deutsche Wehrmacht im Mai 1940 das Land und setzt den SS-Obergruppenführer Arthur Seyß-Inquart als ›Reichskommissar der Niederlande‹ ein. Königsfamilie und Kabinett flüchten nach London und bilden dort eine Exilregierung.

1941 Der sog. Februarstreik in Amsterdam richtet sich gegen die Verfolgung der jüdischen Bürger.

1942 Japanische Truppen erobern Niederländisch-Ostindien.

1943 Mit einem erneuten Generalstreik reagieren die Niederländer auf die Verschleppung von Juden in Konzentrationslager.

1945 Die auf niederländischem Territorium von alliierten Streitkräften eingeschlossenen deutschen Truppen kapitulieren. Seyß-Inquart wird bei den Nürnberger Kriegsverbrecherprozessen zum Tode verurteilt und 1946 hingerichtet.

1945–49 Der Kampf der Indonesier gegen die zurückkehrende niederländische Kolonialmacht mündet in der Unabhängigkeit des südostasiatischen Inselreches.

1948 Belgien, die Niederlande und Luxemburg gründen die Benelux-Wirtschafts- und Zollunion. – Königin Wilhelmina tritt zurück, auf dem Thron folgt ihre Tochter Juliana.

1949 NATO-Beitritt der Niederlande.

1953 Eine verheerende Flutkatastrophe im Südwesten der Niederlande fordert mehr als 1800 Todesopfer und macht 500 000 Menschen obdachlos.

1957 Die Niederlande gehören zu den Gründungsmitgliedern der Europäischen Wirtschaftsgemeinschaft (EWG).

1966 Kronprinzessin Beatrix heiratet den deutschen Diplomaten Claus von Amsberg.

1975 Niederländisch Guyana wird als Republik Surinam selbstständig.

1980 Nach Abdankung Königin Julianas wird ihre Tochter Beatrix zur Königin der Niederlande gekrönt.

1986 Das durch Eindeichung neu gewonnene Flevoland wird zwölfte Provinz der Niederlande.

1992 In Maastricht wird der ›Vertrag über die Europäische Union‹, auch Maastrichter Vertrag genannt, unterzeichnet. Vereinbartes Ziel ist u. a. die Schaffung einer gemeinsamen Währung der Mitgliederstaaten.

1997 Bei Hoek van Holland, an der Mündung des Rheins in die Nordsee, wird das Flutwehr Nieuwe Waterweg eingeweiht, das bei Sturmflut eine Überschwemmung des Rhein-Mündungsdeltas verhindern soll.

2000 Das niederländische Parlament verabschiedet als erstes Land in Europa ein Gesetz zur Legalisierung der Sterbehilfe für unheilbar Kranke.

2001 Rotterdam ist europäische Kulturhauptstadt des Jahres.

2002 Am 2. Februar heiratet Kronprinz Willem-Alexander die Argentinierin Máxima Zorreguieta. Am 7. Dezember 2003 wird ihre Tochter und zukünftige Thronfolgerin Catharina-Amalia geboren.

Kurz vor Parlamentsneuwahlen, die der Christdemokrat Jan Peter Balkendende als neuer Ministerpräsident gewinnt, fällt am

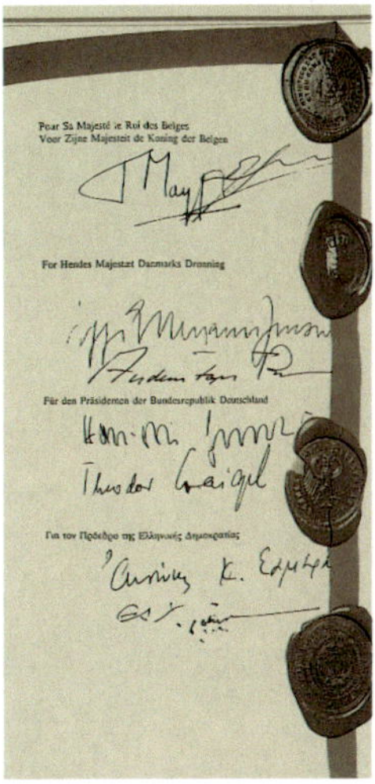
Pour Sa Majesté le Roi des Belges
Voor Zijne Majesteit de Koning der Belgen

For Hendes Majestæt Danmarks Dronning

Für den Präsidenten der Bundesrepublik Deutschland

Για τον Πρόεδρο της Ελληνικής Δημοκρατίας

Unterschriftenseite des Maastrichter Vertrages vom 7. Februar 1992

6. Mai der Rechtspopulist Pym Fortyn dem Attentat eines politischen Fanatikers zum Opfer

Am 6. Oktober stirbt nach langer Krankheit Prinz Claus der Niederlande, der Gemahl von Königin Beatrix.

2004 Juliana, die frühere Königin der Niederlande, stirbt am 20. März, am 1. Dezember folgt ihr ihr Mann, Prinz Bernhard.

Ein radikaler islamistischer Attentäter tötet auf offener Straße den Filmemacher Theo van Gogh.

2005 Anlässlich des 25-jährigen Kronjubiläums von Königin Beatrix wird Ende April die ›Koninginnenacht‹ im ganzen Land mit Festen, Konzerten und lange geöffneten Lokalen gefeiert.

◁ *Stolz und glücklich hält Königin Beatrix ihre 2002 geborene Enkelin, die kleine Prinzessin Catharina-Amalia, Tochter des niederländischen Kronprinzen Willem-Alexander (li.) und seiner Frau, Prinzessin Maxima (re.)*

Hafenszenerie in Hoorn – selbst der einstige Wehrturm Hoofdtoren aus dem 16. Jh. gibt sich heute friedlich

Unterwegs

Noord- und Zuid-Holland – weltoffene Städte und Bilderbuch-Landschaften

Die beiden an die Nordsee angrenzenden Provinzen haben mit ihren attraktiven Grachtenstädten und den quirligen Badeorten viel zu bieten. **Amsterdam**, Hauptstadt der Niederlande und eine der quirligsten Metropolen Europas, steht bei Besuchern aller Altersgruppen hoch im Kurs. Stimmungsvolle Grachten, Weltklassemuseen und prächtige historische Bauten laden zur Besichtigung ein. Luxuriöse Geschäfte oder originelle Flohmärkte verführen zum Shoppen. Und Schlemmen nach Herzenslust kann man in den unzähligen Restaurants, die mit ihrer Vielfalt keinen Wunsch offen lassen.

Von Amsterdam ist es nur ein Katzensprung zu weiteren Attraktionen Hollands, zu den zauberhaften Städten im Norden wie **Alkmaar** mit seinem traditionellen Käsemarkt und **Hoorn** mit einem interessanten Museumsdorf. Ebenfalls in der näheren Umgebung liegen die Frans-Hals-Stadt **Haarlem**, Rembrandts Geburtsort **Leiden**, etwas weiter südlich **Gouda**, das noble **Den Haag**, Regierungssitz der Niederlande, und **Rotterdam**, der größte Hafen Europas mit hypermoderner Stadtarchitektur. Gleich nebenan, bei **Kinderdijk**, scheint die Vergangenheit lebendig, wenn sich die Flügel von 19 Poldermühlen im Wind drehen. In den beliebten Seebädern wie **Zandvoort**, **Noordwijk** und **Scheveningen** mit ihren langen, von Dünen gesäumten *Nordseestränden* herrscht im Sommer viel Trubel, doch man findet auch noch einsame Strandabschnitte für erholsame Stunden am Meer. Hinter den Dünen, zwischen Alkmaar und Leiden, erstrecken sich endlose *Blumenfelder*, blühen im Frühjahr Millionen farbenprächtiger Tulpen – ein unvergleichlicher Anblick.

1 Amsterdam

Plan hintere Umschlagklappe

TOP TIPP

Historische Metropole mit dem Geheimnis ewiger Jugend.

Amsterdam liegt im Trend – und das seit einem halben Jahrtausend. Die geschichtsträchtige Stadt mit fast 7000 denkmalgeschützten **Patrizierhäusern** und zahlreichen renommierten **Museen**, in denen weltberühmte Gemälde Alter Meister, aber auch moderne Kunst auf höchstem Niveau zu finden sind, wirkt keineswegs behäbig, sondern so frisch und jung wie bei ihrem rasanten Aufstieg zur Weltstadt im 17. Jh.

Heute präsentiert sie sich als eine der meistbesuchten Städte Europas, als ein Magnet für Urlauber, die sich von den vielfältigen Sehenswürdigkeiten und der faszinierenden Atmosphäre der munteren Metropole gleichermaßen angezogen fühlen. Mit rund 1400 Cafés und Bars, mit Parks und Plätzen, an denen man von Straßenkünstlern aller Couleur bestens unterhalten wird, ist auch für Mußestunden in der Grachtenstadt bestens gesorgt. Wie Venedig ruht Amsterdam auf Pfählen. Überspannt von 1200 Brücken legt sich ein Ring von *Grachten* genannten Kanälen im Halbkreis um das Zentrum, das von weiteren Wasseradern durchzogen wird. Bei einem Bummel oder einer Grachtenfahrt ergeben sich ständig neue reizvolle Ansichten der stattlichen alten Giebelhäuser an den oft von Bäumen beschatteten Wasserstraßen. Darüber hinaus bieten sich Blicke auf romantische Brücken, auf kleine Gärtchen und hübsch herausgeputzte Wohnboote.

Eine Reihe adrett hergerichteter Giebelhäuser des 17./18. Jh. umschließt einen begrünten Innenhof – im Begijnhof lässt es sich auch heute noch angenehm wohnen

Geschichte Aus einigen wenigen Fischerhütten, die um 1260 hinter einem schützenden Damm errichtet wurden, der das Flüsschen Amstel umleitete, wuchs in der trocken gelegten Flussniederung am Ufer der Zuiderzee, dem heutigen Ijsselmeer, rasch eine kleine Ansiedlung heran. Das nach dem Damm und dem Namen des Flusses benannte *Amestelledamme* wurde 1275 erstmals urkundlich erwähnt und erhielt bereits im Jahr 1300 Stadtrechte. Der **Hafen** der Siedlung entwickelte sich zu einem Umschlagzentrum für begehrte Waren aus dem Fernhandel. Nach einem Hostienwunder im Jahr 1345 wurde Amsterdam gar zum Wallfahrtsort. Prominentester Pilger war der habsburgische *Kaiser Maximilian I.*, der 1489 von der Gicht geheilt wurde und zum Dank der Stadt das Privileg verlieh, die Kaiserkrone im Wappen zu führen. 1580 lebten 15 000 Menschen in ihren Mauern, nur 40 Jahre später zählte man bereits 100 000 Bewohner.

Befreit vom Joch der Spanier, nahmen die Niederlande im 17. Jh., das zum **Goldenen Zeitalter** Hollands wurde, einen rasanten Aufschwung. Macht und Reichtum erlangte auch die Stadt an der Amstel, sodass sich um 1680 die Anzahl der Bürger im stürmisch wachsenden Amsterdam auf 200 000 verdoppelt hatte. Hiesige Kapitäne entdeckten ferne Länder in Asien und Amerika, Admiräle proklamierten auf allen Kontinenten Ländereien als **holländische Kolonien**. Kaufleute der 1602 bzw. 1621 gegründeten *Ost-* und *Westindischen Handelskompanien* verdienten an kolonialen Produkten wie Gewürzen, Kaffee und Tee, aber auch an Sklaven ein Vermögen. Und zu Hause, in der Hafenmetropole Amsterdam, entfaltete sich hinter den eher schlichten Fassaden der Bürgerhäuser an den Grachten ob solchen Wohlstandes bald ein gediegener Lebensstil mit allerlei Luxusgütern.

Maler wie Frans Hals, Jan Steen, Rembrandt Harmensz. van Rijn, Pieter de Hooch und Jan Vermeer fanden in reichen Bürgergilden und Schützenvereinen Auftraggeber und Interessenten für ihre Gruppenbilder und Genrestücke. *Rembrandt*, 1606 im holländischen Leiden geboren, kam in Amsterdam vor allem als begehrter Porträtmaler zu Ruhm und Geld, denn mit zunehmendem Wohlstand war auch in bürgerlichen Schichten der Wunsch nach Selbstdarstellung mittels repräsentativer Bildnisse erwacht. Seine wichtigsten Werke wie die ›Nachtwache‹ und die ›Staalmeesters‹ sind im Philips-Flügel des Rijksmuseum zu bewundern.

Viel Geld floss auch in den **Ausbau der Stadt** – wegen des morastigen Untergrundes ein technisch höchst aufwendiges Unterfangen. Der Ausspruch des Humanisten und Theologen *Erasmus von Rotterdam* (1469–1536), er kenne eine Stadt, deren Bewohner »wie Raben auf den Wipfeln von Bäumen« lebten, verblüfft nur auf den ersten Blick. Tatsächlich sind alle Bauten Amsterdams auf **Pfählen** errichtet. Die erste tragfähige Sandschicht liegt etwa 10 m unter der Erdoberfläche. Selbst die Grachtenmauern bekommen erst durch ein Fundament eingerammter Fichtenstämme die notwendige Stabilität. Experten schätzen die Zahl der Baumstämme, auf denen Amsterdam ruht, auf mehr als 5 Mio. Das Mitte des 17. Jh. als Rathaus erbaute *Königliche Palais* am Dam beispielsweise steht auf exakt 13 659 Baumstämmen.

Gegen Ende des 18. Jh. verloren die Niederlande ihre Vorherrschaft auf See an die Engländer. Amsterdam wurde von französischen Revolutionstruppen besetzt und mit der Kontinentalsperre Napoleons ging Anfang des 19. Jh. der holländische Seehandel zugrunde. Erst

Die Weltstadt Amsterdam ist stolz auf ihr multikulturelles Image

mit dem Bau des *Nordseekanals* 1876, der der Stadt einen direkten Zugang zur Nordsee erschloss, gewann Amsterdam als Hafenstadt wieder an Bedeutung.

Amsterdam war schon immer ein **Zufluchtsort** für Menschen, die in anderen Ländern wegen ihres Glaubens verfolgt wurden. *Sephardische Juden*, die Ende des 15. Jh. aus Spanien vertrieben wurden, andersgläubige Christen, die vor dem Zugriff der Inquisition flüchteten, und im 17. Jh. französische *Hugenotten* – sie alle fanden hier eine neue Heimat. Das jüdische Mädchen *Anne Frank*, das während der Besatzungszeit des Zweiten Weltkriegs mit seiner Familie zwei Jahre in einem Hinterhaus-Versteck an der Prinsengracht lebte, bevor es 1944 an die deutsche Gestapo verraten und in ein Konzentrationslager verschleppt wurde, ist sicherlich die bekannteste aller politischen Flüchtlinge.

Nach Kriegsende zog es viele Bewohner der ehem. niederländischen Kolonien Indonesien und Surinam nach Amsterdam. Heute leben Menschen aus über 140 Nationen in der **multikulturellen Metropole**. Die viel gepriesene Toleranz und Integration wird jedoch seit dem religiös motivierten Mord an dem Filmemacher Theo van Gogh im November 2004 kontrovers diskutiert. Sicher ist, dass die bunte Mischung verschiedenster Kulturen sich u. a. höchst angenehm in einer kulinarisch unglaublich vielfältigen *Restaurantlandschaft* niederschlägt. Außerdem gilt das liberale Amsterdam als Europas *Gay Capital*. Hier wurden die ersten homosexuellen Paare getraut, die Schwulen- und Lesbenszene ist seit langem in der Öffentlichkeit präsent.

In den 60er-Jahren des 20. Jh. avancierte Amsterdam zur europäischen Hauptstadt der **Flower-Power-Bewegung**. Die sich gegen das Establishment auflehnende politische Gruppierung der sog. *Provos* (*Provocatie* = Provokation) schaffte es sogar, Abgeordnete in das Stadtparlament der Hauptstadt zu bringen. *Kraker* nannte man die Hausbesetzer im Amsterdam der 1970er-Jahre, die in Westeuropa viele Nachahmer fanden. Später kamen die *Kabouter*, die Heinzelmännchen, eine Bürgerinitiative, deren Kampf für den Erhalt der historischen Quartiere ganze Straßenzüge vor der ›Kaputtsanierung‹ bewahrt hat. Mittlerweile gehören viele Aktivisten der 1960er- und 70er-Jahre selbst zum ehemals bekämpften Establishment und doch haben sich nicht

Beeindruckendes Entree der Stadt – die Centraal Station empfängt Reisende mit einem ausladenden Backsteinpalast im Stil des niederländischen Historismus

nur alte Flugblätter und ein Mythos erhalten. Die besondere Stimmung Amsterdams, ein Mix aus Tradition und Moderne, aus konservativem Calvinismus und offener Lebensfreude, lässt auch heute holländische Kaufmannstugenden und trendige Jugendkultur nebeneinander bestehen.

Im Zentrum

Ob man mit dem Zug anreist, mit dem Airportshuttle vom Flughafen oder mit dem eigenen Auto, der Hauptbahnhof von Amsterdam, die **Centraal Station** 1 (Stationsplein), ist für viele der erste Anlaufpunkt in der Stadt. Vor dem Gebäude sind Tausende von Fahrrädern abgestellt. Rund 400000 dieser *Fietsen* soll es in der Metropole geben – die ganze Stadt scheint ständig auf Rädern unterwegs zu sein. Das Bahnhofsgebäude mit seiner 400 m langen prächtigen Backsteinfassade wurde 1897 – 1903 nach Plänen von Petrus J. H. Cuypers im Stil des niederländischen Historismus errichtet. Besonders sehenswert ist innen die holzgetäfelte, im Jugendstil gestaltete *Wachtkamer 1e Klasse* in der Abfahrtshalle, in der heute ein Café eingerichtet ist.

Nur einen kurzen Fußweg vom Hauptbahnhof entfernt befindet sich das Ausweichquartier des **Stedelijk Museum CS** 2 (Oosterdokskade 3–5, tgl. 10 – 18, Do 10 – 21 Uhr, www.stedelijk.nl) im Post CS-Haus. Wegen der Renovierung des angestammten Hauptgebäudes am Museumsplein wird hier im 2. und 3. Stock bis Ende 2007 neuere Kunst von der Mitte des 19. Jh. bis in die Gegenwart aus den Bereichen Malerei, Bildhauerei, Fotografie und Video gezeigt. *Französische Impressionisten* wie Cézanne, Monet und Renoir sind prominent vertreten, dazu Kandinsky, Marc, Chagall und andere Maler der *klassischen Moderne*. Hinzu kommen Vertreter der 1917 gegründeten niederländischen Künstlervereinigung De Stijl wie zum Beispiel Piet Mondrian und Werke der CoBrA-Gruppe um den Niederländer Karel Appel.

Damrak heißt nicht nur das kleine Hafenbecken mit dem Anleger für Rundfahrtschiffe, sondern gleichfalls die breite Fußgängerstraße, die sich vom Bahnhof in Richtung Dam, dem zentralen Platz in der Amsterdamer Innenstadt, nach Süden erstreckt und von zahlreichen Cafés, Fast-Food-Restaurants und Touristenshops gesäumt wird. Das **Seks Museum De Venustempel** 3 (Damrak 18, tgl. 10–23.30 Uhr) wird früher, als Sex noch in den Medien tabu war, mehr Aufsehen erregt haben als heute. Das rote Backsteingebäude des **Beurs van Berlage** 4 (Beursplein 3, Tel. 020/530 39 41, Café Di–So 10–18 Uhr, www.beursvanberlage.nl) mit seiner strengen, fast schmucklosen Fassade und dem arkadenüberspannten Eingangsbereich fällt da schon eher ins Auge. Gut 5000 Holzpfähle tragen die alte, von Hendrik Petrus Berlage 1898– 1903 errichtete *Börse*, in der bis vor knapp 20 Jahren mit Aktien gehandelt wurde. Hier hat das niederländische Philharmonieorchester seinen Sitz.

Der Damrak mündet in den weitläufigen Platz *Dam* mit dem monumentalen, Mitte des 17. Jh. im Stil des *niederländischen Klassizismus* nach Plänen von Jacob van Campen erbauten **Koninklijk Paleis** 5 (Öffnungszeiten variieren stark, Tel. 0 20/6 20 40 60, www.koninklijkhuis.nl). Es fungierte einst als Rathaus. Heute nutzt das Königshaus den mit einem mächtigen Glockenturm geschmückten Palast für offizielle Anlässe, wie der Heirat des Kronprinzen Willem-Alexander 2002. Beeindruckend sind im *Inneren* die prachtvoll ausgestalteten Räume, vor allem der Gerichts- und der Bürgersaal. Das Gebäude schließt ab September 2005 für voraussichtlich zwei Jahre wegen Renovierung. Die benachbarte **Nieuwe Kerk** 6 (tgl. 10–18 Uhr, außer bei Veranstaltungen, www.nieuwekerk.nl) geht, anders als der Name vermuten lässt, bereits auf eine Gründung um 1408 zurück. Die spätgotische Kreuzbasilika bietet heute Ausstellungen und Konzerten einen stilvollen Rahmen. Ihre Innenausstattung mutet nach den Bilderstürmen der Reformation (1566 und 1578) eher schlicht an. Hier werden seit dem 19. Jh. die Monarchen des Landes feierlich in ihr Amt eingesetzt. Nach einem Brand 1645 wurde die Kirche bis auf den Turm wieder hergestellt. Rechts vom Eingang fällt ein Kenotaph für den Nationaldichter *Joost van den Vondel* (1587–1679) ins Auge. Von den hier bestatteten Seehelden der Niederlande ist der mit einem barocken Denkmal in der Chorapsis geehrte Admiral *Michiel A. de Ruyter* (1607–1676) der prominenteste. Aus verschiedenen Jahrhunderten stammen die prächtigen *Glasmalereien* an den Fenstern des dreischiffigen Kirchenraumes, die Ereignisse der Stadthistorie bis zur Inthronisation von Königin Wilhelmina 1898 illustrieren. Die 1649 – 64 von Albert Jansz. Vinckenbrinck geschaffene barocke *Kanzel* mit ihrem reichen Figurenschmuck – dargestellt sind die vier Evangelisten und Allegorien der Tugenden – gilt als Meisterwerk niederländischer Schnitzkunst. Augenfällig ist neben der aufwendig gestalteten Orgel (1670) auch das schwere, aus Messing getriebene *Chorgitter* von Jacob Lutma aus der Mitte des 17. Jh.

Unweit der Neuen Kirche und dem Königspalast erhebt sich das zum modernen Einkaufszentrum **Magna Plaza** 7 (tgl. geöffnet, www.magnaplaza.nl) umgestaltete frühere Hauptpostamt. Hinter der neogotischen Prachtfassade locken heute mehrere Dutzend schicke Ge-

Nächtliches Lichtergeglitzer am Damrak, der von Cafés, Schnellrestaurants und Souvenirläden gesäumten Fußgängermeile zwischen Hauptbahnhof und Dam

Den zentralen Innenstadtplatz Dam adelt das Koninklijk Paleis aus der Mitte des 17. Jh., die benachbarte Nieuwe Kerk ist noch rund 250 Jahre älter

schäfte zu einem Besuch. Auf dem Dam ragt auch das von J. J. P. Oud erbaute **Nationaal Monument** 8, ein weißer Obelisk, 22 m in die Höhe. Das 1956 eingeweihte Denkmal mit den von John Raedecker geschaffenen Figuren, die Krieg, Frieden und Widerstand symbolisieren, und den mit Erde aus den niederländischen Provinzen gefüllten Urnen erinnert an die leidvolle Zeit der deutschen Besatzung während des Zweiten Weltkriegs.

In nächster Nähe findet man in **Madame Tussaud's** 9 (Dam 20, tgl. 10–18.30 Uhr, www.madametussauds.nl), einem Ableger des Londoner Wachsfigurenkabinetts, neben bekannten Persönlichkei-

Briefmarken werden hier wohl nicht mehr verlangt – das ehem. Hauptpostamt wurde zum edlen Konsumtempel Magna Plaza mit verlockenden Einkaufsmöglichkeiten umgestaltet

ten der Weltgeschichte lebensnah gestaltete Szenen aus dem Goldenen Zeitalter Hollands.

Mehr ins Detail geht das in verschiedenen historischen Gebäuden untergebrachte **Amsterdams Historisch Museum** ⑩ (Kalverstraat 92, Mo–Fr 10–17, Sa/So/Fei 11–17 Uhr, www.ahm.nl), dessen drei Zugänge etwas versteckt zwischen Kalverstraat und Nieuwezijds Voorburgwal liegen. Die interessant gestaltete Ausstellung präsentiert chronologisch die Stadtgeschichte. Die Entwicklung der Niederlande zur See-, Handels- und Kolonialmacht mit Besitzungen in aller Welt wird ebenfalls dokumentiert. Großformatige Gemälde der *Schützenkompanien*, die ab dem 15. Jh. eine wichtige Rolle in der Verteidigung der Stadt spielten, werden in der zwischen dem Historischen Museum und dem Begijnhof liegenden **Schuttersgalerij**, der Schützengalerie, gezeigt. Anhand der 15 Monumentalbilder wird die Entwicklung des Genres von eher steifen Kompositionen zu lebhaften, dynamischen Szenerien deutlich. Im benachbarten **Begijnhof** ⑪ (tgl. 10–17 Uhr, Kapelle Sa/So 9–18, Mo 13–18.30, Di–Fr 9–18.30 Uhr, www.begijnhofamsterdam.nl), einem beschaulichen, hübsch begrünten Innenhof mit restaurierten Giebelhäusern vorwiegend aus dem 17. und 18. Jh., führen noch heute allein stehende Frauen ein zurückgezogenes Leben. Im 14. und 15. Jh. waren in Mitteleuropa zahlreiche solcher *Beginenhöfe* enstanden, in denen fromme katholische Frauen lebten. Sie waren unverheiratet oder verwitwet und widmeten sich wohltätigen Aufgaben, ohne durch die Vorschriften eines Klosters gebunden zu sein. Einen Zugang zu dem *Hofje* findet man über den Begijnensteeg bei der Kalverstraat oder durch einen Torbogen am *Spui*, einem insbesondere bei Studenten beliebten Platz. Für eine Pause bietet sich das kleine Café neben dem *Houten Huys* (Nr. 34) an, dem ältesten Gebäude der Anlage (um 1470).

Stöbern nach Herzenslust auf dem Flohmarkt am Waterlooplein

Das am Oude Turfmarkt gelegene **Allard Pierson Museum** ⑫ (Nr. 127, Di–Fr 10–17, Sa/So 13–17 Uhr, www.uba.uva.nl/apm/) wurde nach dem ersten Professor (1831–1969) für Klassische Archäologie an der Amsterdamer Universität benannt. Es besitzt die umfassendste archäologische Sammlung der Stadt mit Mumien aus Ägypten und Bildwerken aus der griechischen und der römischen Antike.

Ein 1610 im Stil der niederländischen Renaissance erbautes und mit dekorativen Fensterläden versehenes Backsteingebäude unmittelbar nördlich des Museums trägt den Namen *Huis aan de Drie Grachten*, denn es wird tatsächlich nur an einer Seite nicht von Grachten begrenzt. Über die kurze Vendelstraat und die Staalstraat gelangt man zur breiten Binnenamstel und gewahrt an ihrem Ufer den mächtigen modernen Bau der **Stopera** ⑬ (Waterlooplein), konzipiert von den Architekten Wilhelm Holzbauer und Cees Dam. Der Name der mit quadratischen Platten verblendeten Anlage, die sich an der Amstelseite halbrund ausbuchtet, erklärt sich aus seinen Mietern, der Stadtverwaltung und der Oper, die sich den Gebäudekomplex seit 1988 teilen. Im *Muziektheater* kommen neben Opern auch klassische und moderne Ballette zur Aufführung. Auf dem lang gezogenen *Waterlooplein* hinter der Stopera findet ein großer Flohmarkt (Mo–Sa 9–17 Uhr) statt, der für sein buntes Angebot an Secondhand-Kleidung, aber auch für CDs und LPs bekannt ist.

Rund um den Waterlooplein breitete sich einst das jüdische Viertel aus. Nach der Deportation und Ermordung von 100 000 jüdischen Bewohnern während des Zweiten Weltkriegs ist von der alten Jodenbuurt nur wenig übrig geblieben. Die Geschichte der jüdischen Gemeinde dokumentiert das **Joods Historisch Museum** ⑭ (Jonas Daniël Meijerplein 2–4, tgl. 11–17 Uhr, www.jhm.nl), das in einem eindrucksvollen Komplex aus vier Synagogen des 17. und 18. Jh. untergebracht ist. Mit einer Fülle von Dokumenten, Fotos und Kunstobjekten wird die jüdische Religion anschaulich illustriert. Im kleinen Museumscafé gibt es koschere Speisen und das hervorragende israelische Maccabee Bier. Die große **Portugees-Israëlietische Synagoge** 15 (Mr. Visserplein 3, So–Fr 10–16 Uhr, an jüd. Feiertagen geschl.) gleich um die Ecke wurde 1675 von Nachkommen der jüdischen Immigranten erbaut, die Ende des 15. Jh. von den katholischen Herrschern aus Spanien vertrieben worden waren. Die Synagoge wird nach wie vor für Gottesdienste genutzt. Der Gebetsraum, der für weit mehr als die heute ca. 600 Gemeindemitglieder Platz bietet, wird von ionischen Säulen in drei Schiffe unterteilt. Licht spenden vier ausladende Messinglüster. Die *Bibliothek* (nach Vereinbarung, Tel. 0 20/6 24 53 51 Uhr) der Synagoge beherbergt eine der bedeutendsten Sammlungen jüdischen Schrifttums.

Ebenfalls beim Waterlooplein wartet **Holland Experience** 16 (Waterlooplein 17, tgl. 10–18 Uhr), ein multimediales 3-D-Szenario zu Landschafts- und Kulturräumen der Niederlande, mit einigen Überraschungseffekten auf, wie dem simulierten Bruch eines Deiches, bei dem 80000 l Wasser auf die Besucher zuschießen. An der Rückseite des Ausstellungsgebäudes liegt das Museum **Het Rembrandthuis** 17 (Jodenbreestraat 4–6, Mo–Sa 10–17, So 11–17 Uhr, www.rembrandthuis.nl), das repräsentative Wohnhaus des in Leiden geborenen *Rembrandt Harmensz. van Rijn* (1606–1669), in dem der Maler und Kunst-

Das Museum Het Rembrandthuis – Kostbares und Kurioses sammelte das Malgenie

Sonne genießen an der Oude Schans, im Hintergrund grüßt Montelbaanstoren

händler seine erfolgreicheren Amsterdamer Jahre (1630–58) verbrachte. Erhalten sind die Küche mit dem Bett der Magd, die noblen Empfangsräume und ein Zimmer, in dem Rembrandt Sammlerstücke aus fernen Ländern aufbewahrte, u. a. einen Schildkrötenpanzer, eine Hängematte aus Amerika und chinesisches Porzellan. Im zweiten Stock befindet sich das *Malstudio*, in dem der Künstler mit seinen Schülern arbeitete. Außerdem präsentiert das Museum eine umfangreiche Kollektion von Rembrandt-Radierungen.

Auf dem Weg Richtung Nieuwmarkt kann man den Blick die Wasserstraße der Oude Schans zum Hafen hinunter genießen. Wie ein Kirchturm ragt dort **Montelbaanstoren** 18 (Oude Schans 2), der Sitz der Wasserstandsbehörde, in den Himmel. Die Behörde wacht darüber, dass der Wasserpegel der Grachten nie mehr als 40 cm schwankt. Diverse Schleusen und 75 Pumpwerke helfen dabei und sorgen gleichzeitig für die ständige Säuberung des 75 km langen Grachtennetzes und dessen Versorgung mit frischem Wasser. Weiter geht es durch das Bethanienviertel, vorbei an der Anfang des 17. Jh. nach Plänen des Stadtbaumeisters *Hendrik de Keyser* errichteten **Zuiderkerk** 19 (www.zuiderkerk.amsterdam.nl), die heute als Informationszentrum zur Stadtplanung genutzt wird. Vom 80 m hohen *Kirchturm* (Juni–Sept. Mi–Sa 14–16 Uhr zur vollen

Das mächtige Waaggebouw, die einstige Stadtwaage, dominiert den Nieuwmarkt

Stunde) bietet sich ein schöner Blick auf den ältesten Teil des Amsterdamer Zentrums. Über den Kanal Kloveniersburgwal und die Oude Hoogstraat, an der das *Oost-Indisch Huis*, einst Zentrale der mächtigen Ostindischen Handelskompanie, liegt, führt der Weg zum Kanal Oudezijds Achterburgwal. Hier liegt das **Hasch-Marihuana-Hemp Museum** 20 (Oudezijds Achterburgwal 148, tgl. 11–22 Uhr, www.hashmuseum.com), das umfassend über die Hanfpflanze (*Cannabis*) und ihre vielfältigen Nutzungsmöglichkeiten informiert.

Von hier ist es nicht mehr weit zum Nieuwmarkt mit dem siebentürmigen **Waaggebouw** 21. Das wuchtige, burgartige Backsteingebäude auf dem Marktplatz wurde bereits 1488 als Teil der Stadtbefestigung errichtet. Nach einem Umbau im 17. Jh. diente es neben der Stadtwaage am Dam als zweite offizielle Waage. Die obere Etage war Versammlungsort verschiedener Zünfte, u. a. der Maler, Schmiede und Chirurgen. Rembrandt und Peter der Große [s. S. 35] sollen hier im *Theatrum Anatomicum* Anatomievorlesungen von Chirurgen besucht haben. Nach 1819 diente das Gebäude zunächst als Feuerwache, später als Museum. Das heute hier untergebrachte Café-Restaurant und der Platz davor ist ein beliebter abendlicher Treffpunkt. Von hier ist es nicht weit zu **De Walletjes** 22, einer Reihe parallel verlaufender Grachten östlich vom Dam. Der Name ist seit langem Synonym für das Amüsierviertel, den berühmt-berüchtigten *Rotlichtbezirk* der Stadt. Vor allem an Wochenenden strömen viele Neugierige nächtens durch die Straßen und riskieren einen Blick in die zahlreichen Schaufenster, in denen etwa 1000 Damen ihre Reize präsentieren. Die Prostitution ist in den Niederlanden inzwischen als Beruf anerkannt, inklusive Steuerpflicht und Rentenanspruch. Als Passant sollte man hier übrigens zurückhaltend auftreten und z. B. auf aufdringliches Fotografieren verzichten. Vorsicht auch vor *Zakkenrollers*, Taschendieben, die im Gedränge der engen Gassen ein ideales Arbeitsfeld finden. Mitten im Rotlichtviertel erhebt sich der graue Baukörper der **Oude Kerk** 23 (Oudekerksplein 23, Mo–Sa 11–17, So 13–17 Uhr, www.oudekerk.nl). Leider erlaubt der winzige Kirchplatz kaum ein genaueres Studium der vielfältig gegliederten Fassade. Der Grundstein zur Kirche wurde bereits um 1300 gelegt. Ihre jetzige Gestalt erhielt die frühere Hallenkirche, die dem Schutzpatron der Seefahrer *Sint Nicolaas* geweiht war, um 1555, als sie zur dreischiffigen Basilika erweitert wurde. Schon wenige Jahre später galt infolge der Reformation auf der Kanzel die calvinistische Lehre. Schlicht und karg, das reine Wort Gottes verkörpernd, so präsentiert sich seitdem das Kircheninnere. Glücklicherweise wurden im 18. Jh. die prächtigen farbigen *Renaissance-Glasfenster* im Frauenchor mit Szenen aus dem Marienleben restauriert. Beeindruckend sind auch das kunstvolle Schnitzwerk des Chorgestühls aus dem 16. Jh. und die zahlreichen Grabplatten prominenter Amsterdamer Bürger, die hier ihre letzte Ruhestätte fanden, unter ihnen auch *Saskia van Uylenburgh*, die 1642 verstorbene erste Frau Rembrandts.

Auch nach der Reformation standen viele Amsterdamer zur nun verbotenen katholischen Religion. Messen wurden fortan in geheimen Gotteshäusern abgehalten. Und so mancher reiche katholische Handelsherr richtete im Obergeschoss seines Wohnhauses einen Gebetsraum für seine Glaubensgefährten ein. Im **Museum Amstelkring** 24 (Oudezijds Voorburgwal 40, Mo–Sa 10–17, So 13–17 Uhr, www.museumamstelkring.nl) ist mit *Ons' Lieve Heer op Solder* (›Unser lieber Herrgott auf dem Dachboden‹) eine der sog. Schlupfkirchen erhalten. Diese hier nahm die Dachböden dreier benachbarter Häuser ein. Sehenswert sind die dem Platzangebot angepasste, praktische Ausklappkanzel und der kleine Barockaltar.

Der italienische Architekt Renzo Piano setzte mit dem hypermodernen Bau des Technologiezentrums NEMO einen unübersehbaren städtebaulichen Akzent

Rund ums Zentrum

Um neuen Baugrund für die schnell anwachsende Bevölkerung zu erschließen, wurde im 17. Jh. der aus *Heren-*, *Keizers-* und *Prinsengracht* bestehende Grachtengürtel angelegt. Dieser avancierte bald zur bevorzugten Wohngegend und ist es bis heute geblieben.

Nordöstlich des Grachtengürtels ragt seit 1997 das über der Einfahrt zum Ij-Tunnel von Renzo Piano errichtete **NEMO** 25 (Oosterdok 2, Di–So 10–17 Uhr, während der Schulferien tgl., www.e-nemo.nl), ein interaktives Wissenschafts- und Technologiezentrum, wie der Bug eines Schiffes aus dem Wasser des Oosterdok. Naturwissenschaftliche Exponate und Experimente, die Besucher aktiv begleiten können, sollen auf spielerische Weise Interesse und Wissen über moderne Technologien vermitteln. Das benachbarte **Nederlands Scheepvaart Museum** 26 (Kattenburgerplein 1, Mitte Juni–Mitte Sept. tgl. 10–17 Uhr, sonst Mo geschl., www.scheepvaartmuseum.nl) im ehem. Zeughaus der Admiralität beschäftigt sich vorwiegend mit der großen Tradition der niederländischen Schifffahrt. Star der bunten Schar von Museumsbooten ist die fast 50 m lange *Amsterdam*, ein originalgetreu nachgebauter Dreimaster (1749) der Ostindischen Handelskompanie, auf dem im Sommer Seemannsleben inszeniert wird. Nur wenig weiter, auf der Südseite des Hafenbeckens *Nieuwe Vaart*, liegt mit der im 18. Jh. errichteten **Museumswerf 't Kromhout** 27 (Hoogte Kadijk 147, Eingang Kruithuisstraat, Di 10–15 Uhr oder nach Anruf Tel. 0 20/6 27 67 77) eine der ältesten, noch existierenden Werften des Landes. Heute werden hier historische Schiffe restauriert.

Das an der Singelgracht gelegene **Tropenmuseum** 28 (Linnaeusstraat 2, tgl. 10–17 Uhr, www.tropenmuseum.nl) ist

Seefahrerromantik – historischer Segler im Nederlands Scheepvaart Museum

Nachfolger des *Koloniaal Instituts*, das die Lebensbedingungen in den Kolonien dokumentierte. Längst stehen jedoch Kunst und Kultur in Asien, Afrika und Lateinamerika im Mittelpunkt der vielseitigen Ausstellung. Etwas weiter nördlich folgt der besonders bei Kindern beliebte Zoo **Artis** 29 (Plantage Kerklaan 38–40, tgl. 9–17 Uhr, www.artis.nl) an. In den letzten Jahren sind viele neue Großgehege mit gestalteten Landschaftskulissen entstanden, die sich an den natürlichen Lebensräumen ihrer Bewohner orientieren. Besonders beliebt sind das großzügige *Aquarium* mit mehr als 700 Fischarten sowie das Wolfsgehege *Wolvenwoud*.

Am parallel zum Zoogelände verlaufenden Hafenbecken *Entrepotdok* wurde in den letzten Jahren ein Komplex aus früheren Speichern und Lagerhallen zu einem schicken Wohn- und Künstlerquartier umgestaltet. Am nordwestlichen Ende des Zoos erinnert das **Verzetsmuseum** 30 (Plantage Kerklaan 61a, Di–Fr 10–17, Sa/So 12–17 Uhr, www.verzetsmuseum.org) an die deutsche Besatzung der Niederlande (1940–45) während des Zweiten Weltkriegs. Bilder und Dokumente schildern Verfolgung und Widerstand (nl. *Verzet*), aber auch die Kollaboration durch holländische Anhänger der Nazi-Ideologie. In örtlicher und inhaltlicher Nachbarschaft erhebt sich die Theaterruine der **Hollandse Schouwburg** 31 (Plantage Middenlaan 24, www.hollandscheschouwburg.nl), die von den Nationalsozialisten als Sammelplatz für Amsterdamer Juden vor dem Abtransport in die Konzentrationslager genutzt wurde. Eine Granitsäule erinnert an die Ermordung von 100 000 jüdischen Mitbürgern und gedenkt zugleich der Untergrundkämpfer, die ihr Leben riskierten, um Kinder aus dem Areal herauszuschmuggeln.

Der benachbarte **Hortus Botanicus** 32 (Plantage Middenlaan 2, Mo – Fr 9 – 17, Sa/So 10 – 17, Dez./Jan. bis 16, Juli/Aug. bis 21 Uhr, www.hortus-botanicus.nl) ist aus einem 1638 angelegten medizinischen *Kräutergarten* entstanden. Gewächshäuser und Themengärten mit Pflanzen aus aller Welt zeigen ein faszinierendes Panorama von Grüntönen und Duftnoten. Inmitten der friedlichen Atmosphäre des Botanischen Gartens lädt das Orangerie-Café zu einer erholsamen Rast ein.

Entlang der Nieuwe Herengracht und der Uferpromenade der Binnenamstel geht es zu einem der Wahrzeichen der Stadt, der die Amstel überspannenden **Magere Brug** 33. Die wohlgestalteten Formen der weiß gestrichenen Klappbrücke, die noch heute manuell betrieben wird, werden nachts durch Lichtergirlanden besonders strahlend hervorgehoben.

Von hier aus bietet sich ein Spaziergang entlang der Kanäle des Grachtengürtels an, der im Halbkreis die Innenstadt umschließt. Immer wieder ergeben

Lange Lichtergirlanden sorgen nächtens für ein traumschönes Bild der Klappbrücke Magere Brug, die die Amstel überspannt

sich reizvolle Ansichten. In der Keizersgracht 609 lohnt ein Besuch des Fotografiemuseums *FOAM* (Sa – Mi 10 – 17, Do/Fr 10 – 21 Uhr, www.foam.nl), in dem internationale Fotografen ihre Kunstwerke ausstellen. Über Rembrandtplein und Reguliersbreestraat mit dem *Tuschinski Theater*, einem glanzvollen Filmpalast der 1920er-Jahre im Art-déco-Stil, führt der Weg zur Singel, an deren Südufer der schwimmende **Bloemenmarkt** 34 (Mo–Sa 10–16 Uhr) seit dem 17. Jh. täglich seine Farbenpracht entfaltet.

Im Süden, an der Singelgracht, glänzen durch hohe Fenster des Stammhauses der Heineken-Brauerei, heute **Heineken Experience** 35 (Stadhouderskade 78, Di–So 10–18 Uhr, ab 18 Jahren, www.heinekenexperience.com), die alten kupfernen Braukessel bis auf die Straße. In den Jahren 1868 – 1988 wurde in dem Gebäude Gerstensaft gebraut, inzwischen dient es als Museum zur Geschichte der Bierherstellung. Heineken gehört mit mehr als 30 000 Beschäftigten zu den größten Brauereien der Welt. Gebraut wird heute u. a. in Zoeterwoude bei Leiden.

Drei Straßenzüge südlich vom Brauereimuseum erstreckt sich der sehenswerte **Albert Cuyp Markt** 36 (Albert Cuypstraat, Mo–Sa 10–18 Uhr) fast 1 km weit von der Ferdinand Bolstraat bis zur Van Woustraat, mit gut 350 Ständen, an denen tropische Früchte und Heringe aus dem Fass, aber auch Unterwäsche und allerlei Trödel verkauft werden – ein Erlebnis, auch wenn man nur bummeln will.

Zurück zur Singelgracht, denn jetzt steht eines der wichtigsten Kunstmuseen des Kontinents auf dem Programm: das **Rijksmuseum** 37 (Philips-Flügel, Jan Lujkenstraat 1, tgl. 9–18 Uhr, www.rijksmuseum.nl), das in einem schlossähnlichen, 1885 von *Petrus J. H. Cuypers* in einem Stilmix aus Neogotik und Renaissance errichteten Backsteinbau residiert. Bis zum Jahr 2008 ist das Hauptgebäude zwar wegen einer umfangreichen Renovierung geschlossen, unter dem Titel ›**Meisterwerke**‹ zeigt das Rijksmuseum aber 400 der bekanntesten Gemälde holländischer Meister des 17. Jh. im **Philips-Flügel**. Das ursprüngliche Konzept des Architekten mit prunkvollen Dekorationen und romantischen Innenhöfen soll bei der Renovierung wieder stärker betont und neue Ausstellungspavillons angebaut werden.

TOP TIPP

Das größte niederländische Kunstmuseum verfügt eigentlich über 5000

Das hat geschmeckt! Fischstand auf dem Albert Cuyp Markt

Gemälde vor allem niederländischer, aber auch spanischer, italienischer und französischer Künstler des 15.–20. Jh. Hinzu kommt das Prentenkabinet mit fast 1 Mio. Zeichnungen, Kupferstichen und Drucken sowie weitere große Abteilungen zur Geschichte der Niederlande, zum holländischen Kunstgewerbe, aber auch zu asiatischer Kunst.

In der ›Meisterwerke‹-Ausstellung werden vor allem Stücke aus der berühmten **Gemäldegalerie** mit ihrer einzigartigen Kollektion niederländischer Meister gezeigt. *Rembrandt* ist mit seinen wichtigsten Werke präsent, darunter ›Nachtwache‹ von 1642, ›Staalmeesters‹ (1662) und ›Judenbraut‹ (um 1665). *Frans Hals* ist ebenfalls mit mehreren seiner bedeutendsten Arbeiten vertreten, u. a. dem tausendfach reproduzierten ›Fröhlichen Zecher‹ von 1628/30. *Jan Vermeers* kontemplative Genrebilder wie die ›Küchenmagd‹ (um 1658) und die ›Briefleserin‹ von 1662/63 finden sich in der Galerie ebenso wie *Jan Steens* vielfigurige, gesellige Trink- und Festszenen. Hinzu kommen Gemälde etwa von Pieter de Hooch, Gerhard ter Borch sowie Werke der großen *flämischen Maler* des 17. Jh. wie Rubens und Van Dyck.

Um Kostbarkeiten ganz anderer Art geht es bei **Coster Diamonds** 38 (Paulus Potterstraat 2–8, tgl. 9 – 17 Uhr, stdl. Führungen, www.costerdiamonds.com), einer der renommiertesten Diamantschleifereien Amsterdams. Neben Antwerpen gehört die niederländische Hauptstadt

Der Grote Zaal des Concertgebouw verleiht Konzerten nicht nur einen festlichen Rahmen, sondern besticht vor allem durch seine hervorragende Klangwirkung

traditionell zu den größten Umschlagplätzen und Schleiferstandorten für Diamanten in Europa. Der berühmteste bei Coster bearbeitete Diamant ist der legendäre *Koh-i-noor* aus dem Besitz der englischen Krone, den angeblich »nur Gott oder eine Frau ungestraft tragen kann«. Wer über genügend Kleingeld verfügt, kann die geschliffenen Preziosen an Ort und Stelle erwerben.

Einem der großen Wegbereiter der Moderne, dem Maler *Vincent van Gogh* (1853–1890), ist das **Van Gogh Museum** 39 (Paulus Potterstraat 7, tgl. 10–18, Fr bis 22 Uhr, www.vangogh museum.nl) gewidmet, dessen umfangreiche Kollektion auf eine Stiftung seines Bruders Theo zurückgeht. Der rechteckige, 1973 von De-Stijl-Architekt Gerrit Rietveld errichtete Bau erhielt 1999 einen großzügigen ovalen Anbau für Wechselausstellungen. Mit 500 Zeichnungen und Aquarellen sowie 200 Gemälden wird hier die größte Van-Gogh-Sammlung der Welt präsentiert. Sie ist nach den fünf

TOP TIPP

*Streifzug durch Amsterdams Kunstmuseen: Van Goghs ›Bildnis eines einäugigen Mannes‹ (1888) im Van Gogh Museum und Vermeers ›Dienstmagd mit Milchkrug‹ (um 1658–60) im Rijksmuseum (**oben**) – die vom CoBrA-Künstler Karel Appel gestaltete ›Appelbar‹ im Stedelijk Museum (**Mitte**) und Rembrandts ›Nachtwache‹ (1642) im Rijksmuseum (**unten**)*

Entwicklungsphasen seines Oeuvres zwischen 1880 und 1890 gegliedert und zeigt berühmte Gemälde wie die ›Kartoffelesser‹ (1885), die ›Windmühlen am Montmartre‹ (1887) oder das ›Weizenfeld mit Krähen‹ (1890), eines seiner letzten Bilder, bevor er an den Folgen eines Selbstmordversuchs starb.

Eigentlich liegt auch das dritte der großen Amsterdamer Kunstmuseen in unmittelbarer Nähe. Der verspielte Neorenaissancebau (Ende 19. Jh.), in dem 1895 das **Stedelijk Museum** 40 eröffnete, wird jedoch bis Ende 2007 renoviert, das Museum zog deshalb vorübergehend an die Oosterdokskade [s. S. 21].

Auch im benachbarten **Concertgebouw** 41 (Concertgebouwplein 2–6, nur zu Konzerten geöffnet, www.concertge bouw.nl), einem neoklassizistischen Bau, der zur selben Zeit wie das Rijks- und das Stedelijk Museum entstand, ist die Kunst zu Hause, genauer die Musik. Das rechteckige Konzertgebäude mit einem großen (2300 Plätze) und einem kleinen (600 Plätze) Saal wird wegen seiner fantastischen Akustik gerühmt. Neben Klassikaufführungen mit bedeutenden Ensembles und Dirigenten finden hier auch Konzerte von Rock- und Popgrößen statt. Nicht weit entfernt erstreckt sich der nach dem Nationaldichter Joost van den Vondel (1587 – 1679) benannte **Vondelpark** 42. Das weitläufige, mit üppigem Baumbestand und Wasserflächen gestal-

Haus mit Wassergrundstück – auch auf Amsterdams Kanälen lässt's sich wohnen

Leben auf dem Wasser – Hausboote auf Amsterdams Grachten

Offiziell sind 2500 Wohnboote an den Kais der Grachten vertäut, tatsächlich aber haben mindestens weitere 1500 Boote aller Typen und Größen illegal, aber von den Behörden toleriert, an den 160 Kanälen im Grachtengürtel des Zentrums angelegt. Die ersten Familien richteten sich unmittelbar nach dem Zweiten Weltkrieg, als die **Wohnungsnot** besonders groß war, im Bauch stillgelegter Frachtkähne ein. Heute ist Amsterdam berühmt für diese heiteren Beispiele entspannter, individueller **Wohnkultur auf dem Wasser** und längst sind unter den Eigentümern von Hausbooten auch viele besser Betuchte zu finden.

Wer wissen möchte, wie es an Bord einer schwimmenden Wohnung aussieht, kann das **Woonboot Museum** [s. Nr. 44], das in dem früheren Kiesfrachter ›Hendrika Maria‹ untergebracht ist, aufsuchen. Und wer bei seinem Amsterdam-Besuch unbedingt auf dem Wasser wohnen will, kann über die Agentur **City Mundo** (Schinkelkade 47 II, 1075 VK Amsterdam, Tel. 020/676 52 70, Fax 020/676 52 71, www.citymundo.com) Unterkünfte auch auf Hausbooten mieten.

tete Gelände im Stil englischer Landschaftsparks ist ein idealer Ort zum Spazierengehen, Sonnenbaden, Joggen und Radeln. Auf der Freiluftbühne werden im Sommer Klassik- und Popkonzerte veranstaltet. Das **Nederlands Filmmuseum** 43 (Vondelpark 3, Di – Fr 9 – 22.15, Sa/So 13 – 22.15 Uhr, www.filmmuseum.nl) in einem prachtvollen Pavillon von 1880 am Rande des Parks stellt Filmplakate, Kameras, Projektoren und anderes Handwerkszeug der Filmindustrie aus und zeigt auch regelmäßig cineastische Klassiker sowie zeitgenössische Produktionen.

Wer nun der Vondelstraat in Richtung Stadtzentrum folgt und die Singelgracht überquert, landet unweigerlich auf einem der turbulentesten Plätze der Stadt, dem **Leidseplein** 44. Die Cafés stellen bereits im März Tische und Stühle nach draußen, dann tobt hier noch bis spät abends das Leben. Jongleure und Straßenmusiker präsentieren ihre Kunst, in der Nähe unterhalten Szenekneipen und Diskotheken das meist jüngere Publikum. Auffälligstes Bauwerk am Platz ist neben der imposanten *Stadsschouwburg*, dem Stadttheater von 1894, der schöne Jugendstilbau des *American Hotel* (1902), desssen *Café Americain* mit originaler Art-déco-Ausstattung glänzt. Die anschließende *Leidsestraat* gehört zu den interessanten Einkaufsboulevards von Amsterdam. Das glasüberkuppelte Restaurant im obersten Stockwerk des exklusiven Kaufhauses *Metz & Co* (Leidsestraat 34–36) bietet sich wegen seines fantastischen Blicks über Grachten und Giebellandschaft der Altstadt für eine erholsame Kaffeepause an.

Das **Woonboot Museum** 45 (Prinsengracht, Höhe Nr. 296, März–Okt. Di–So 11–17, Nov.–Febr. Fr–So 11–17 Uhr, www.woonbootmuseum.nl) informiert in erstaunlich geräumigen und gemütlich möblierten Zimmern über die Lebensumstände von gut 10 000 Amsterdamern, die auf einem der etwa 4000 Hausboote an den Grachten leben. Ebenfalls

TOP TIPP

an der Prinsengracht liegt die **Westerkerk** 46 (Prinsengracht 281, April –Sept Mo–Fr 11–15 Uhr, Juli/Aug. auch Sa, www.westerkerk.nl), die 1620 – 31 von Hendrik de Keyser und seinem Sohn Pieter als protestantisches Gotteshaus erbaut wurde. Mit ihrem charakteristischen Turm, dem *Langen Jan*, den eine monumentale, gold-rot-blaue Kaiserkrone Maximilians I. schmückt, prägt die Kirche das Stadtbild. Aus 85 m Höhe bietet der Turm

Die Westerkerk erhebt sich an der von Bäumen beschatteten Prinsengracht

das beste Amsterdam-Panorama. Die Westerkerk selbst, ein harmonischer Backsteinbau im Stil der niederländischen Renaissance mit schmückenden weißen Sandsteinelementen, präsentiert sich im Inneren calvinistisch schlicht. Eine Ausnahme bildet die wuchtige, 1686 von Vater und Sohn Duyschot gefertigte *Orgel*, deren Flügel von Gerard Lairesse (1640 – 1711) mit Motiven aus dem Alten und Neuen Testament bemalt wurden. Die Gebeine von *Rembrandt*, der im Alter verarmte und hier 1669 in einem Sammelgrab bestattet wurde, konnten bis heute nicht identifiziert werden. Dem Künstler ist eine Erinnerungstafel neben dem Grab seines ebenfalls in der Kirche beerdigten, früh verstorbenen Sohnes Titus gewidmet.

Auch architektonisch interessant ist der Abstecher zum der Bühnengeschichte gewidmeten **Theatermuseum** 47 (Herengracht 168–174, Mo –Fr 11–17, Sa/So 13–17 Uhr, www.tin.nl), denn es ist in zwei prächtigen Grachtenhäusern des 17. Jh. untergebracht, dem *Witte Huis* und dem *Bartolottihuis*. Während das Witte Huis einen mit zwei großen Voluten verzierten Halsgiebel aufweist, schmückt die andere Stadtvilla ein reich verzierter Treppengiebel. Die üppig stuckierten und im

Anne Frank – Verfolgung und Tod

25 lange Monate, von Juli 1942 bis August 1944, verbarg sich die jüdische Familie Frank, die 1933 nach der Machtübernahme der Nationalsozialisten Frankfurt verlassen hatte, um in Amsterdam eine neue Existenz aufzubauen, mit vier weiteren Flüchtlingen in einem Versteck im **Hinterhaus** der Prinsengracht 263 – immer in Furcht, von der Gestapo entdeckt und in ein KZ verschleppt zu werden. Die 13-jährige Anne Frank hat der Welt mit ihrem **Tagebuch**, als Briefbotschaften an eine imaginäre Freundin Kitty geschrieben, eines der erschütterndsten Dokumente über die Schreckensherrschaft der Nazis in Europa hinterlassen. Die Eintragungen umfassen die Zeitspanne von 1942 bis zur Deportation der Familie im August 1944 und spiegeln auf bewegende Weise die Träume und Hoffnungen, die Ängste und Verzweiflung des jungen Mädchens. Im März 1945, kurz vor der Befreiung durch die Alliierten, starben die 15-jährige Anne und ihre Schwester Margot im KZ Bergen-Belsen nahe Hannover an Hunger, Entkräftung und Typhus. Die Mutter Edith war bereits zwei Monate zuvor in Auschwitz umgekommen.

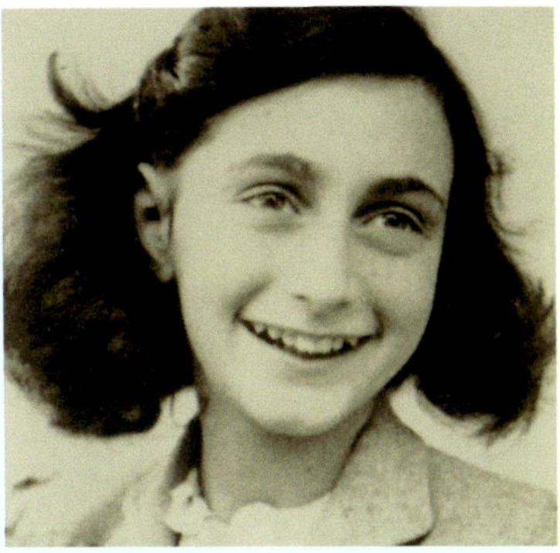

Anne Frank – sprühend vor Lebenslust auf einem Foto, das um 1940 entstand

Annes Tagebücher, die von Freunden vor der Vernichtung gerettet werden konnten, wurden vom überlebenden Vater Otto Frank erstmals 1947 als Buch unter dem Titel ›**Het Achterhuis**‹ (Das Hinterhaus, dt. 1950: Das Tagebuch der Anne Frank) veröffentlicht. Es gehört heute, in über 60 Sprachen übersetzt, zu den meistgelesenen Büchern der Welt.

Louis-quatorze-Stil ausgestatteten Räumen (1. Hälfte 18. Jh.) beherbergen eine umfangreiche Sammlung von Requisiten, Kostümen, Künstlerfotos und weiteren Exponaten zur niederländischen Theaterhistorie.

Anschließend geht es zurück an die Prinsengracht und zum meistbesuchten Museum Amsterdams, dem **Anne Frank Huis** 48 (Prinsengracht 263, Eingang Nr. 267, April–Aug. tgl. 9–21, Sept.–März tgl. 9–19 Uhr, www.annefrank.nl), das sich in Vorder- und Hinterhaus gliedert. Im *Hinterhaus* hat das jüdische Mädchen Anne Frank mit ihrer Familie und Freunden zwei Jahre lang in einem Versteck ausgeharrt, bis sie alle verraten und von der Gestapo in Konzentrationslager verschleppt wurden. Die Räume sind heute so wieder hergerichtet, wie sie in den Jahren 1942 – 44 ausgesehen haben. Das *Vorderhaus* an der Prinsengracht dokumentiert das Schicksal der Untergetauchten, ergänzt durch wechselnde Ausstellungen zu Judenverfolgung und Antisemitismus in Europa.

Top Tipp

Am westlichen Ufer der Prinsengracht beginnt das Stadtviertel **Jordaan** 49, ein früher dicht bevölkertes ärmliches Arbeiterquartier. Heute gehört das von Grachten durchzogene Wohngebiet mit seinen netten Restaurants und attraktiven Geschäften längst zu den Stadtteilen, die im Trend liegen. Dennoch blieb der bunte, lebenslustige Charakter erhalten, der einen Spaziergang durch die Gassen zum Vergnügen macht. Im Jordaan-Viertel findet man auch einige der schönsten Amsterdamer *Hofjes*, der begrünten Wohnhöfe, wie z. B. den *Claes Claesz Hofje* (Egelantiersstraat 28–54, frei zugänglich) oder den *Sint Andrieshofje* (Egelantiersgracht 107–141, tgl. 9–18 Uhr).

Das **Multatuli Museum** 50 (Korsjespoortsteeg 20, Di 10–17, Sa/So 12–17 Uhr, www.multatuli-museum.nl) liegt bereits wieder im Drei-Grachten-Gürtel, an der Herengracht. Der Kolonialbeamte und Autor *Eduard Douwes Dekker* (1820–1887) hatte mit seinem 1860 unter dem Pseudonym *Multatuli* (lat. *Viel habe ich gelitten*) erschienenen Roman ›Max Havelaar‹ über die brutale Ausbeutung der Bevölkerung Javas durch die Kolonialherren der Ostindischen Kompanie großes Aufsehen erregt. Sein Geburtshaus dokumentiert das Leben des couragierten Mannes, der nach Anfeindungen in seiner Heimat schließlich nach Deutschland auswanderte.

Nicht weit davon eröffnete im Frühjahr 2004 die **Ermitage Amsterdam** 51 (Herengracht 14, tgl. 10 – 17 Uhr, www.hermitage.nl) ihre Pforten. In dem 1681 – 83 erbauten klassizistischen Gebäude werden jährlich zwei Ausstellungen mit Kunstschätzen aus dem berühmten gleichnamigen Museum in St. Petersburg gezeigt. Erweiterungsbauten sind bereits geplant, bis Ende 2007 sollen um den gesamten Amstelhof weitere Sammlungen zu Geschichte und Kunst zu sehen sein.

Das **West-Indisch Huis** 52 am Herenmarkt 97 war einst Sitz der 1621 gegründeten, für den Handel mit den Kolonien und der Neuen Welt zuständigen West-

Das Freilichtmuseum Zaanse Schans vermittelt mit seinen historischen Bauern- und Wohnhäusern einen Eindruck vom ländlichen Holland früherer Jahrhunderte

Zar und Zimmermann – Peter der Große in Zaandam

Albert Lortzing lässt seine Oper ›Zar und Zimmermann‹ von 1837 in einem kleinen holländischen Ort namens Saardam spielen. Verpackt in eine Verwechslungs-, Intrigen- und Liebeskomödie erzählt das Stück, wie der russische Zar Peter I. inkognito auf einer Bootswerft moderne **Schiffbautechniken** erlernt. In der Tat hielt sich der 25-jährige Zar Peter 1697/98 im Rahmen einer ausgedehnten Westeuropareise offiziell als Zimmerlehrling Peter Michailow im holländischen Schiffbauerstädtchen Zaandam auf, studierte die Konstruktion seegängiger Segler, die er als Modellschiffe kopieren und später in der russischen Heimat nachbauen ließ. Bald wurde entdeckt, wer da in Wirklichkeit in Zaandam weilte, und Zar Peter war gezwungen, in einer von der Öffentlichkeit abgeschirmten Werft in Amsterdam weiterzuarbeiten. Auch die Erfahrungen der Holländer beim **Eindeichen** feuchten Marschlandes und beim Bau stabiler Häuser auf einem Fundament von in die Erde gerammten Holzpfählen kamen dem wissensdurstigen Monarchen später beim Bau der

Zar Peter der Große überwacht höchstpersönlich das Pflanzen von Bäumen

neuen russischen Hauptstadt St. Petersburg an der sumpfigen Ostseeküste zustatten. Ebenso interessierte er sich für die Arbeit der Chirurgen der Amsterdamer Universität, für die Entwicklung von Feuerlöschpumpen und für die Glasschleifereien in Delft, deren exakt geschliffene Linsen in Mikroskopen verwendet wurden. Ohne Zweifel profitierte der Herrscher sehr von seinem Aufenthalt in den Niederlanden. Über Wien reiste Zar Peter schließlich im Frühjahr 1698 nach Moskau zurück.

indischen Kompanie. Im Innenhof erinnert die Statue von *Pieter Stuyvesant* (1592 – 1672), ab 1647 Gouverneur der Kolonie *Nieuw Nederland*, daran, dass Holländer 1626 *Nieuw Amsterdam*, das heutige New York, gründeten.

Ausflüge

Im südlichen Vorort **Amstelveen** lohnt ein Besuch des *CoBrA-Museum* (Sandbergplein 1, Di–So 11–17 Uhr, www.cobra-museum.nl) für moderne Kunst, dessen Name sich aus den Anfangsbuchstaben der Heimatstädte der Mitglieder der 1948 gegründeten, gleichnamigen Künstlerbewegung (Copenhagen, Brüssel, Amsterdam) zusammensetzt.

Nur 15 km nördlich der Amsterdamer City liegt der Ort **Zaandam**, das einstige Zentrum der holländischen Schiffbauindustrie. Im 17. Jh. entstanden in den hiesigen *Werften* die kampfstarken schnellen Segler, die holländischen Admirälen und Händlern große Vorteile auf den Weltmeeren verschafften. Auch *Zar Peter I.* (1672 – 1725), der um die Schiffbaukunst der Holländer wusste, besuchte Zaandam während seiner Westeuropareise, um neueste Schiffbautechniken zu studieren und sie für Russland nutzbar zu machen. Das als Museum eingerichtete bescheidene Wohnhaus des russischen Herrschers, das **Czaar Peterhuisje** (Krimp 23, April – Okt. Di – So 13 – 17, Nov. – März Sa/So 13 – 17 Uhr, Tel. 075/616 03 90), widmet sich dieser holländischen Episode der russischen Geschichte.

TOP TIPP Auf private Initiative geht das Freilichtmuseum **Zaanse Schans** (Schansend 1, tgl. 9 – 17 Uhr, www.zaanseschans.nl) bei Zaandam zurück. Die historischen Windmühlen, Bauernhöfe und Wohnhäuser wurden in den 1960er-Jahren von anderen Orten, vorwiegend in Noord-Holland, hierher versetzt. Ungewöhnlich ist, dass viele der Gebäude von Menschen bewohnt sind, die hier wie ehedem leben und sich bei ihrer Arbeit, z. B. der Käseherstellung oder der Holzschuhfertigung, geduldig über die Schulter gucken lassen.

Volendam, nicht weit entfernt am Ufer des Markermeers gelegen, präsentiert sich als wahres *Bilderbuch-Holland* mit herausgeputzten Häusern, Ziehbrücken über den Kanälen und einem malerischen kleinen Hafen. Der touristisch geprägte Ort mit seinen zahlreichen Souvenirläden setzt ganz auf Folklore. Und wer hätte nicht gerne ein Foto eines holländischen Meisjes in hübscher alter Tracht, so wie sie heute noch sonntags oder bei festlichen Anlässen getragen wird? Wenn abends die Tagesausflügler abgereist sind, kann man die Schönheiten des einstigen Fischerortes ungestört genießen.

Beim etwas nördlich gelegenen Örtchen **Edam** denkt wohl jeder gleich an den kugelförmigen, von knallroter Rinde umhüllten Edamer Käse, der hier allerdings gar nicht mehr hergestellt wird. Dennoch wird im Juli und August auf dem Marktplatz ein *Käsemarkt* (Mi 10 – 13 Uhr) veranstaltet – ein viel bestauntes Ereignis, bei dem die Käsekugeln wie eh und je auf hölzernen Tragen im Laufschritt zur Waage und zu den Händlern geschleppt werden. Mehr über Käse erfährt man im *Kaasmuseum* (Nieuwenhuizenplein, April –Sept. tgl. 10 – 17 Uhr) in der alten *Waag* von 1778. Die weiß gestrichenen *Zugbrücken* in der Umgebung des heute verschlafenen Städtchens sind auf vielen Bildern der holländischen Alten Meister verewigt.

Im Süden von Amsterdam befindet sich der Internationale Flughafen **Schiphol**, der auf dem Grund des Mitte des 19. Jh. trockengelegten Binnensees *Haarlemmermeer* und damit immerhin 4 m unter dem Meeresspiegel liegt. Sein Name rührt, so eine gängige Erklärung, von höher gelegenen Inseln, auf die man die Schiffe der Fischer hoch holte.

Wer in Amsterdam noch nicht genug von Kunst und Kultur bekommen hat, der kann sich die Wartezeit am Flughafen mit einem Besuch der Ausstellung *Rijksmuseum Amsterdam Schiphol* (zwischen Pier E und F, tgl. 7–20 Uhr) vertreiben.

i Praktische Hinweise

Information: VVV Amsterdam, Tel. 020 / 201 88 00 (gebührenpflichtig), Fax 0 20/ 6 25 28 69, www.visitamsterdam.nl.

Büros am Airport Schiphol, am Leidseplein, am Stationsplein und in der Centraal Station, Platform 2, Amsterdam. Man erhält dort gegen eine geringe Gebühr das Magazin ›What's on in Amsterdam‹. Das kostenlose Monatsmagazin ›Uitkrant‹, ebenfalls beim VVV sowie in Zeitschriftenläden und Buchhandlungen erhältlich, informiert auf Holländisch über Kultur, Konzerte und Klubs.

In den VVV-Büros und beim Verkehrsverbund GVB (s. u.) ist auch der **Amsterdam Pass** erhältlich, der für 1, 2 bzw. 3 Tage (33, 43, 53 €) alle Fahrten mit öffentlichen Verkehrsmitteln, eine Kanaltour, freie Museumseintritte sowie Ermäßigungen bei diversen Restaurants beinhaltet.

Amsterdam Uit Buro (AUB), Ecke Marnixstraat/Leidseplein 26, Amsterdam, Tel. 09 00 / 01 91 (gebührenpflichtig), www.aub.nl. Information und Tickets zu kulturelle Veranstaltungen. Hier können Touristen bis 26 Jahre auch den Jugendpass **Cultureel Jongeren Paspoort, CJP** (11 €) beantragen, der kostenlosen Eintritt für viele Museen und Ermäßigungen bei diversen Attraktionen und Kulturveranstaltungen gewährt.

Flughafen

International Airport Schiphol, 18 km südwestlich von Amsterdam, Tel. 020 / 601 91 11, www.schiphol.nl. Ein *Schnellzug* verkehrt rund um die Uhr im 20-Minuten-Takt zwischen Flughafen und Centraal Station (Fahrzeit: 20 Min.). Der *Busshuttle* benötigt etwa 30 Min., allerdings hält er auch unterwegs bei mehreren City-Hotels, ein *Taxi* kostet je nach Zielort etwa 20 €.

Öffentliche Verkehrsmittel

Im Zentrum sind die **Straßenbahnen** (Tram) die besten und günstigsten Verkehrsmittel. Wer in die Außenbezirke will, sollte den **Bus** nehmen oder mit der **Metro** fahren. Infos zu Fahrplänen und Preisen, auch zu der günstigeren *Strippenkart*, erhält man u. a. beim Verkehrsverbund **GVB** am Bahnhof, Stationsplein 15, Amsterdam (www.gvb.nl).

Mit den drei Linien (grün, rot, blau) vom **Canal Bus** kann man die Hauptkanäle abfahren. Es gibt nur Tageskarten für beliebig viele Fahrten. Das **Museumsboot** verkehrt alle 30–45 Min. zwischen Centraal Station und Oosterdok und hält an allen wichtigen Sehenswürdigkeiten und Sammlungen.

Taxi und Wassertaxi

Wer das Taxi nutzen will, findet die diversen Standplätze an den bekannten

Orten in der City oder ruft die Taxi Centrale, Tel. 020/677 77 77, an.

Wassertaxis, Anleger an der Centraal Station, Amsterdam, Tel. 020/535 63 63, www.water-taxi.nl

Fahrräder und Wasserfahrräder

Öffentlicher Fahrradverleih an der Centraal Station; privater Fahrradverleih z. B. **MacBike**, Tel. 020/620 09 85, www.macbike.nl, oder **Damstraat Rent-a-bike**, Tel. 020/625 50 29, www.bikes.nl

Fahrradtaxi Wieler, Tel. 06 28 24 75 50, www.wielertaxi.nl

Wasserfahrräder oder Tretboote stundenweise bei **Canal Bike**, Tel. 020/ 623 98 86, www.canal.nl, an folgenden Anlegern: Keizersgracht, Rijksmuseum, Westerkerk/Anne Frank Huis, Leidseplein.

Schiff

Etwa einstündige Bootstouren (*Rondvaart*) z. B. **Amsterdam Canal Cruises**, Tel. 020/679 13 70, **Holland International**, Tel. 020/622 77 88, und **Rederij Lovers**, Tel. 020/530 10 90, www.lovers.nl. Etwa ab Prins Hendrikkade (Centraal Station), Damrak, Rokin am Muntplein, Heineken Experience oder nahe Leidseplein.

Einkaufen

Neben verschiedenen Einkaufsstraßen wie der *Kalverstraat* und ihrer Parallelstraßen (Kunst, Antiquitäten, preisgünstige Mode), der *Leidsestraat* (Mode), *Van Baerlestraat* (Mode und Diverses) oder *Nieuwe Spiegelstraat* (Kunst und Kitsch) findet man in der Innenstadt auch originelle Einkaufszentren wie *Magna Plaza* [Nr. 6] nahe dem Dam oder *Kalvertoren* bei der Kalverstraat.

Jacob Hooy & Co, Kloveniersburgwal 10–12, Amsterdam, Tel. 020/624 30 41. Mekka aller Gewürz- und Kräuterliebhaber.

Kunst & Antiekcenter De Lovier, Elandsgracht 109, Amsterdam, Tel. 020/624 90 38. Großes Kunstangebot, präsentiert von weit über 100 kleinen Händlern.

P. G. C. Hajenius, Rokin 92–96, Amsterdam, Tel. 020/623 74 94. Wunderbare Tabake und Zigarren, dazu eine Sammlung historischer Humidors im Traditionsgeschäft von 1826.

Stoeltje Diamonds, Wagenstraat 13–17, Amsterdam, Tel. 020/6 23 76 01. Renommierte Diamantschleiferei mit Besichtigungsmöglichkeit und Verkauf nicht weit vom Rembrandtplein.

Unzählige Fietsen warten an der Centraal Station geduldig auf ihre Besitzer

Nachtleben

Bimhuis, Piet Heinkade 3, Amsterdam, Tel. 020/788 21 50. Präsentiert einheimische und internationale Jazzbands.

Concertgebouw, Concertgebouwplein 2–6, Amsterdam, Tel. 020/671 83 45. Klassische Spitzenorchester und Popstars begeistern das Publikum [s. Nr. 40].

De IJsbreker, Piet Heinkade 1, Amsterdam, Tel. 020/788 20 10, www.ysbreker.nl. Moderne Musik, auch Konzerte von Computermusikern.

Escape Venue, Rembrandtplein 11, Amsterdam, Tel. 020/622 11 11. Musik- und Eventtempel mit Themenabenden, Lasershow und High-Tech-Soundsystem.

Holland Casino, Max Euweplein 62, Amsterdam, Tel. 020/521 11 11. Das Spielkasino lädt ein zu den üblichen Glücksspielen, aber auch zu Sic Bo, einem chinesischen Würfelspiel.

Melkweg, Lijnbaansgracht 234a, Amsterdam, Tel. 020/531 81 81, www.melkweg.nl. Live-Auftritte von Musikgruppen verschiedener Richtungen.

Muziektheater, Waterlooplein 22, Amsterdam, Tel. 020/551 81 17, www.hetmuziektheater.nl. Heimat der renommierten Oper und des Nationalballetts, auch das berühmte *Nederlands Dans Theater* aus Den Haag ist häufig zu Gast [s. Nr. 12].

Panama, Oostelijke Handelskade 4, Amsterdam, Tel. 020/311 86 86. Musik, Bar und Restaurant für ein cooles Publikum.

Westergasfabriek, Haarlemmerweg 8–10, Tel. 020/6 81 30 68, www.westergasfabriek.com. Eine frühere Gasfabrik als Paradies für Nachtschwärmer, mit Restaurants, Klubs, Kino, Veranstaltungssaal.

Nur mal gucken – das Amsterdamer Rotlichtviertel De Walletjes

Camping

Camping Vliegenbos, Meeuwenlaan 138, Amsterdam, Tel. 020/6 36 88 55, Fax 020/632 27 23, www.vliegenbos.com. Ordentliche Anlage vorwiegend für Zelte, nördlich von Ij-Kanal und Centraal Station.

Gaasper Camping, Loosdrechtdreef 7, Amsterdam, Tel. 020/6 96 73 26, Fax 020/696 93 69, www.gaaspercamping-amsterdam.nl. Gut ausgestattete Anlage am Gaaspersee, ca. 15 km südöstlich von Amsterdam; nahe der U-Bahn-Station Gaasperplas.

Hotels

****Ambassade**, Herengracht 341, Amsterdam, Tel. 020/555 02 22, Fax 020/555 02 77, www.ambassade-hotel.nl. Elegante Herberge mit Salons im Louis-quinze- und Louis-seize-Stil. Die 59 Zimmer sind auf zehn Grachtenhäuser verteilt.

****Canal House**, Keizersgracht 148, Amsterdam, Tel. 020/622 51 82, Fax 020/624 13 17, www.canalhouse.nl. Gemütliches Hotel mit 26 individuellen geschnittenen Zimmern in einem Grachtenhaus aus dem 17. Jh., teils mit Antiquitäten ausgestattet.

TOP TIPP ****The Dylan Hotel**, Keizersgracht 384, Amsterdam, Tel. 020/53020 10, Fax 020/53020 30, www.dylanamsterdam.com. Gepflegte Pracht und schlichte Eleganz mit gestalterischen Anklängen an den holländisch-indonesischen Kolonialstil. Das Szenerestaurant bietet Crossover-Küche.

***Bridge Hotel**, Amstel 107–111, Amsterdam, Tel. 020/623 70 68, Fax 020/624 15 65, www.thebridgehotel.nl. Gepflegte Unterkunft mit großzügigen Zimmern direkt an der Amstel.

***Hotel de Filosoof**, Anna van den Vondelstraat 6, Amsterdam, Tel. 020/683 30 13, Fax 020/685 37 50, www.hotelfilosoof.nl. Von Confusius bis Wittgenstein – die stets gediegen eingerichteten Zimmer in dem gepflegten Hotel beim Vondelpark sind unterschiedlichen Philosophen gewidmet.

Van Ostade Bicycle Hotel, Van Ostadestraat 123, Amsterdam, Tel. 020/679 34 52, Fax 020/671 52 13, www.bicyclehotel.com. Sympathische Unterkunft mit Fahrradverleih, südlich des Grachtenrings.

*Flying Pig Downtown Hostel**, Nieuwendijk 100, Amsterdam, Tel. 020/420 68 22, Fax 020/421 08 02 (Headquarters), www.flyingpig.nl. Eines von drei beliebten Budget-Hotel dieses Namens in der Stadt. Geeignet für Jüngere mit Doppelzimmern und Schlafsälen.

*Stayokay City Hostel Vondelpark**, Zandpad 5, Amsterdam, Tel. 020/589 89 96, Fax 020/589 89 55, www.stayokay.com/vondelpark. Modernes Haus für jüngere Leute und Familien unweit des Leidseplein.

Restaurants

Blauw aan de Wal, Oudezijds Achterburgwal 99, Amsterdam, Tel. 020/330 22 57. Fantastische Mittelmeerküche in einem ehem. Gewürzspeicher, mitten im Rotlichtviertel der Stadt (nur abends, So geschl.).

Breitner, Amstel 212, Amsterdam, Tel. 020/627 78 79. Wunderbare asiatisch-europäische Kreationen inklusive Amstel-Blick (So/Mo geschl.).

Christophe, Leliegracht 46, Amsterdam, Tel. 020/625 08 07. Das Spitzenrestaurant verwöhnt seine Gäste mit Gerichten aus dem Mittelmeerraum und mit einer exzellenten Weinkarte (nur abends, So/Mo geschl.).

Claes Claesz, Spuistraat 275, Amsterdam, Tel. 020/625 53 06. Beliebtes Restaurant im Stadtviertel Jordaan mit holländischer Küche (Mo/Di geschl.).

Halvemaan, V.Leyenberglaan 320, Amsterdam, Tel. 020/644 03 48. Französisch inspirierte Küche unter Leitung von Top-Küchenchef John Halvemaan. Die innovativen Gerichte sind auf den Punkt zubereitet (So geschl.).

TOP TIPP **La Rive**, Professor Tulpplein 1 (im Hotel Amstel-Intercontinental), Amsterdam, Tel. 020/520 32 64. Kreatve und klassische französische Kreationen, unwiderstehliche Desserts (Sa mittags und Mo geschl.).

Small World, Binnen Oranjestraat 14, Amsterdam, Tel. 020/420 27 74. Trendiges Take-Away Restrautn im Jordaan Viertel, mit Terrassenplätzen im Sommer.

Cafés, Kneipen und Bars

Absinthe Night Bar, Nieuwe Zijde Voorburgwal 171, Amsterdam, Tel. 020/320 67 80. In-Lokal mit diversen Varianten der angesagten Szenedrinks.

Café Americain, Leidsekade 97, Amsterdam, Tel. 020/556 30 00. Ein Art-Nouveau-Traum mit wunderbaren Buntglasfenstern, spektakulären Kronleuchtern und Blick auf den Leidseplein. Dazu Kaffee, Kuchen und kleine Gerichte.

Café Luxembourg, Spui 24, Amsterdam, Tel. 020/620 62 64, www.luxembourg.nl. Köstliche Suppen, Salate, Sandwiches in entspannter Bistro-Café-Atmosphäre.

Café 't Smalle, Egelantiersgracht 12, Amsterdam, Tel. 020/623 96 17. Weine, Biere, Snacks und vor allem gute Laune am Kanal in Jordaan.

De Drie Fleschjes, Gravenstraat 18, Amsterdam, Tel. 020/624 84 43. In den Fässern an der Wand des meist gut besuchten Lokals finden sich mehrere Sorten Genever und Liköre.

Falafel Koning, Regulierssteeg 2, Amsterdam. Spitzenfalafel zum Superpreis gegenüber vom Tuschinski Kino.

Wijnand Focking Proeflokaal, Pilsteeg 31, Amsterdam, Tel. 020/639 26 95. Traditionsreiche, seit 1679 bestehende Probierstube für Genever und andere Schnäpse.

Wijnlokal Mulliner's, Lijnbaansgracht 266, Amsterdam, Tel. 020/627 97 82. Sympathische Weinbar im Land der 100 Biere.

Plausch unter freiem Himmel – wann immer das Wetter es erlaubt

2 Gouda

Die schönsten Kirchenfenster Hollands – und viel goldgelber Käse.

Das frei stehende, um 1450 von Jan Keldermans aus grauweißen Steinquadern errichtete gotische **Stadhuis** (Markt 1, Mo–Fr 10–12 und 14–16, Sa 11–15 Uhr)

Bereits im 16. Jh. entstand dieses Glasfens-ter der Goudaer St. Janskerk

dominiert den großen, trapezförmigen Marktplatz. Ein Figurenspielwerk an der Ostfassade des Rathauses erinnert jede halbe Stunde an die Verleihung der Stadtrechte im Jahr 1272. Eine Trauung in dem mit Zinnen, Türmchen und rot-weißen Fensterläden dekorierten Gebäude mit anschließendem Hochzeitsfoto auf der *Renaissance-Freitreppe* (1603) steht bei holländischen Brautpaaren hoch im Kurs. Einige Rathausräume sind mit schönen alten Gobelins geschmückt.

Jeden Donnerstagmorgen von Mitte Juni bis Ende August herrscht auf dem Platz zwischen dem Rathaus und der **Waag**, einem Renaissancebau von 1668, viel Betrieb. Bei großem Zuschauerandrang werden auf dem traditionellen *Käsemarkt* Dutzende bis zu 40 kg schwere Laibe Bauernkäse verkauft und von geschäftigen Käseträgern in alten Trachten auf hölzernen Tragegestellen über den Platz transportiert.

1552–93 auf den Fundamenten mehrerer, von Feuersbrünsten zerstörter Vorgängerkirchen erbaut, ist die **Grote** oder **St. Janskerk** (März–Okt. Mo–Sa 9–17, Nov.–Febr. Mo–Sa 10–16 Uhr) südlich des Marktes die größte Sehenswürdigkeit der von einem Grachtengürtel eingefassten Altstadt. Der feuchte Untergrund verbot hoch aufragende Konstruktionen, so bekam die Kreuzbasilika nur einen bescheidenen Glockenturm. Mit ihrer Länge von 123 m übertrifft sie jedoch alle Gotteshäuser des Landes. Ihr kostbarster Schatz sind die berühmten 70 **Buntglasfenster**, *Goudse Glazen*, durch die ab Mittag das Sonnenlicht hereinströmt und die biblischen Szenen erleuchtet. Die einzigartigen, u. a. von den Glasmalern *Dirck* und *Wouter Crabeth* in den Jahren 1555–77 geschaffenen Kunstwerke haben den protestantischen Bildersturm von 1566 und zahlreiche Kriege überstanden. Später kamen neue Glas-

Wer nahrhafte Souvenirs schätzt, sollte beim Käsemarkt in Gouda vorbeischauen

Alles Käse – Käseland Holland

Frau Antje, jung, blond, adrett, mit blütenweißem Flügelhäubchen und Trachtenlook, preist ohne älter zu werden seit 40 Jahren speziell für den deutschen Markt »echten Käse aus Holland« an. Mehr als 700 000 t Käse aus der Milch von 70 Mio. Kühen stellen die drei Großkooperativen und die 500 kleineren Käsebauern der Niederlanden pro Jahr her. Davon werden 500 000 t exportiert, vor allem in die EU. Der **Gouda** gilt als meistgegessener Käse der Welt. Ihn gibt es natur, mit Kräutern, Senf, Brennnesseln, Pfeffer, Knoblauch oder Kümmel, er kommt in leichten Varianten auch als Maaslander, Beemster, Zaanlander, Ijsselkaas oder Gouwenaar auf den Markt.

Der **Edamer**, kugelrund und mit roter Rinde für den Export, ist weniger fett und kräftiger im Geschmack als der Gouda. Der **Maasdamer** wird wegen seiner großen Löcher und des leicht süßlichen Geschmacks auch holländischer Emmentaler genannt. Von den übrigen Käsesorten sind **Leerdamer** und **Limburger** am bekanntesten. In jüngerer Zeit finden auch cremige Ziegen- und Schafskäse eine gewisse Verbreitung.

Der Hartkäse wird in mehreren Reifegraden angeboten, vier Wochen **jung** ist er mild und cremig, **mittelalt** und würzig ist er nach vier Monaten, kräftig und **alt** nennt man ihn nach 10 Monaten Lagerzeit. In den großen **Molkereien** wird der Fabrikkäse für den Export hergestellt, auf **Käsebauernhöfen**, den Kaasboerderijen, reift der Bauernkäse, Boerenkaas, aus Rohmilch seiner Vollendung entgegen. Auf den sommerlichen **Käsemärkten**, am schönsten in **Alkmaar**, **Edam** und **Gouda**, zeigen Käseträger und Händler, wie früher Käsepartien per Handschlag den Besitzer wechselten.

Windmühlen – Pumpen, Mahlwerke, Energieproduzenten

Kaum zu glauben, aber die Holländer haben die Windmühlen nicht erfunden. Schon die alten Ägypter und Perser nutzten die **Kraft des Windes**, um Schöpfwerke zur Bewässerung anzutreiben. In den Niederlanden war jedoch nicht die Be-, sondern die Entwässerung das Problem, als die Menschen im Mittelalter versuchten, dem Meer immer größere Landflächen abzuringen. Denn Kanäle allein reichten nicht mehr aus, das unter dem Meeresspiegel liegende Terrain zu entwässern. Die Erfindung einer **drehbaren Turmkappe**, die stets für den richtigen Winkel der Mühle zum Wind sorgte, brachte im 16. Jh. den Durchbruch. Bald arbeiteten Tausende von Windmühlen unermüdlich daran, Felder und Siedlungen trocken zu halten und erledigten nebenbei noch nützliche Arbeiten wie das Mahlen von Korn oder den Betrieb von Hammer- oder Sägewerken. Erst von Dampfmaschine und Elektromotor angetriebene Pumpen lösten die mechanischen Meisterwerke ab. Heute gelten die Überreste des einstigen **Windmühlenwaldes** als dekorative kulturhistorische Denkmäler und gehören – wie die 19 Windmühlen von **Kinderdijk** – zu den besonderen Sehenswürdigkeiten des Landes.

Wohl eine der bekanntesten Attraktionen des Landes, die Windmühlen bei Kinderdijk

Inzwischen sind Windmühlen in den Niederlanden wieder modern. Als umweltfreundliche Stromproduzenten findet man sie vorwiegend in küstennahen Regionen, wo die von stetem Wind angetriebenen Turbinen auf schlanken Pylonen nicht selten einen zweistelligen Prozentanteil des örtlichen Strombedarfes decken.

fenster hinzu, neben religiösen Motiven auch Szenen aus der Landesgeschichte. Ein einziges stammt aus jüngerer Zeit, es illustriert die Befreiung der Niederlande von der deutschen Besatzung 1945.

Gleich hinter der Kirche steht das ehem. Stadthospital **Het Catharina Gasthuis** (Achter de Kerk 14, Mo–Sa 10–17, So 12–17 Uhr). Die ältesten Teile der mehrfach umgebauten Anlage stammen aus dem 14. Jh. Heute ist hier das Stadtmuseum untergebracht, das neben einer *Gemäldesammlung* (u. a. Schützenstücke) Exponate zur Geschichte der Marktstadt präsentiert, einen historischen Apothekerladen, eine mittelalterliche Chirurgenpraxis, eine Folterkammer sowie die Zelle einer Anstalt für Geisteskranke.

Etwas weiter südlich liegt das Pfeifenmuseum **De Moriaan** (Westhaven 29, Mo–Fr 10–17, Sa 10–12.30 und 13.30–17 Uhr, So 12–17 Uhr). Fliesen, Keramik, vor allem aber eine interessante Kollektion von Tonpfeifen, für deren Produktion Gouda im 17. Jh. berühmt war, sind hier zu sehen.

i Praktische Hinweise

Information: VVV Gouda, Markt 27, Gouda, Tel. 01 82/46 83 28 88, Fax 01 82/ 58 32 10, www.vvvgouda.nl

Einkaufen

Adie Moerings Pottenbakkerij & Pijpenmakerij, Peperstraat 76, Gouda. Töpferei, in der auch typische holländische Tonpfeifen hergestellt werden.

Restaurants

L'Etoile, Blekerssingel 1, Gouda, Tel. 01 82/ 51 22 53. Gepflegte niederländisch-französische Küche, wunderbare Fischsuppe (So, Mo geschl., Sa nur abends).

Café

Het Goudse Winkeltje, Achter de Kerk 9a, Gouda, Tel. 01 82/52 78 74. Hier kann man die leckeren holländischen Pfannkuchen probieren (Sa/So geschl.).

3 Kinderdijk

TOP TIPP *Mühlenflügel drehen sich im rastlosen Wind – und das seit 250 Jahren.*

Ein Ausflug nach Kinderdijk, südlich von Amsterdam, verspricht ein Erlebnis ganz besonderer Art: Hier, an den Entwässerungskanälen der Ortschaft, beim Zusammenfluss von Noord und Lek, stehen 19 alte Poldermühlen, die früher Pumpwerke zur Wasserregulierung betrieben, in Reih und Glied. Im Juli und August werden die Windmühlen jeden Samstagnachmittag (14.30–17.30 Uhr) beim sog. *Molendag* in Betrieb genommen. Die mit Segeltuch bespannten, im Wind rotierenden Flügel messen bis zu 28 m Spannweite, ein spektakulärer Anblick wie aus einer längst vergangenen Zeit. Richtig festlich wird es dann in der zweiten Septemberwoche, wenn die Mühlenallee abends im Scheinwerferlicht erstrahlt. Im Jahre 1997 übrigens wurde das Mitte des 18. Jh. errichtete Mühlenensemble von der UNESCO zum Weltkulturerbe der Menschheit erklärt.

Eine der Mühlen, die **Nederwaardmolen 2** (April–Okt. Mo–Sa 9.30–17.30 Uhr), kann besichtigt werden.

i Praktische Hinweise

Information: Bezoekmolen Kinderdijk, Molen 2 van der Nederwaard, Kinderdijk, Tel. 078/691 69 46, www.kinderdijk.org

4 Dordrecht

Historischer Hafen und ein kostbares Renaissance-Kunstwerk.

Im frühen Mittelalter war Dordrecht, damals Mitglied im Städtebund der Hanse, das wichtigste Handelszentrum in Holland. Dank des Hafens, der an der für die Schifffahrt bedeutenden Flussgabel von *Oude Maas*, *Noord* und *Merwede* lag, war die Stadt Konkurrenten wie Rotterdam oder Amsterdam hoch überlegen. Einen Rückschlag für die Stadtentwicklung bedeutete die große St.-Elisabeth-Flut von 1421, die Dordrecht zeitweilig vom Festland abtrennte. Im 17. Jh. wurde die Hafenstadt schließlich von Amsterdam und Rotterdam überflügelt. Heute zählt Dordrecht rund 100 000 Einwohner. Die *Altstadt* mit knapp 1000 historischen Gebäuden ist weitgehend erhalten, ebenso die im 17. Jh. angelegten und von hohen Speichern und schmucken Kaufmannshäusern gesäumten Hafenbecken, in denen heute viele Freizeitboote festmachen.

Die Altstadt wird von der **Grote Kerk** (Voorstraat 110, April–Okt. Di–Sa 10.30–16.30, So 12–16 Uhr, sonst unregelmäßig), einer spätgotischen Kreuzbasilika (2. Hälfte 15. Jh.) mit zwölf Chorkranzkapellen, überragt. Eine Besonderheit weist das 100 m lange und 25 m hohe Kirchenschiff auf, denn es besitzt ein in Holland nur selten zu findendes steinernes Gewölbe. Der 70 m hohe, massive *Turm* hat eine leichte Neigung. Ein Fehler beim Wiederaufbau der 1457 abgebrannten Kirche ließ ihn in Schieflage geraten, sodass die Arbeiten auf halber Höhe abgebrochen wurden. Später setzte man vier barocke Uhren auf den halbfertigen Turm. Prächtigstes Ausstattungsstück im Innern ist das von dem flämischen Holzschnitzer *Jan Terwen* 1538–42 im Stil der Renaissance gearbeitete eichene *Chorgestühl*. Mit kunstvollen Darstellungen aus der biblischen und der weltlichen Historie (u. a. ein Triumphzug Karls V.) gehört es zu den wichtigsten seiner Art in den Niederlanden. Überdies sind die wappengeschmückte Orgel aus dem 17. Jh. und die Kanzel von 1765 sehenswert.

Im **Simon van Gijn – museum aan Huis** (Nieuwe Haven 29, Di–So 11–17 Uhr), dem früheren Wohnhaus eines Bankiers, zeugen u. a. kostbares Tafelsilber, Kachelkamine, Gemälde und Gobelins vom gediegenen Einrichtungsstil Dordrechter Patrizier des 19. Jh. Die Ausstellung wurde 2004 vom Prins Bernhard Cultuurfonds als bestes Museum der Niederlande ausgezeichnet.

De Hollandse Biesbosch

Nur 5 km südöstlich der Stadt breitet sich die zum *Nationalpark Biesbosch* gehörende Flusslandschaft aus. Sümpfe, Bäche, Schilf und Weiden bieten Tausenden von Wasservögeln und einigen Biberkolonien ideale Lebensbedingungen. Karten für Wanderwege und Wasserrouten durch das Feuchtgebiet hält das **Bezoekerscentrum Biesbosch** (Baanhoekweg 53, Dordrecht, Tel. 078/630 53 53, www.biesbosch.org, Di–So 9.30–17, Mai–Aug. bis 18 Uhr) bereit.

i Praktische Hinweise

Information: VVV Zuid-Holland Zuid, Stationsweg 1, Dordrecht, Tel. 078/

Rotterdams mächtige Hebebrücke De Hef und die elegante Erasmusbrug

632 24 40, Fax 078/613 17 83, www.vvvzhz.nl. Stadtinformationen auch unter www.cms.dordrecht.nl

Einkaufen

66 Kunsthandlungen, Kunstgewerbeläden und Ateliers der Region haben sich zur **Kunstrondje Dordt** (Übersicht beim VVV erhältlich) zusammengeschlossen. Neben den üblichen Öffnungszeiten kann man die Geschäfte und Institutionen auch jeden ersten Sonntag im Monat (12–17 Uhr) besuchen.

Hotel

Dordrecht, Achterhakkers 72, Dordrecht, Tel. 078/613 60 11, Fax 078/613 74 70, www.hoteldordrecht.nl. Patriziervilla am alten Hafen mit komfortablen Zimmern.

Restaurant

De Stroper, Wijnbrug 1, Dordrecht, Tel. 0 78/6 13 00 94. Einfallsreiche Fischgerichte in nautischem Dekor (Sa/So nur abends).

5 Rotterdam

TOP TIPP *Hafenmetropole mit Avantgarde-Architektur.*

Die im Mündungsgebiet von Maas und Rhein gelegene Stadt besitzt den größten **Hafen** der Welt. Umschlagplätze, Containerterminals, gigantische Lagerhallen, Silos und Ölcontainer ziehen sich über 20 km den für Seeschiffe ausgebauten *Nieuwe Waterweg* entlang, bis zur Mündung in die Nordsee bei Hoek van Holland. Für die nordfranzösischen Industriegebiete an der dort Meuse genannten Maas sowie für die am Rhein gelegenen Städte und Gewerbegebiete von Deutschland, Frankreich und der Schweiz ist der Hafen von Rotterdam der wichtigste Güterumschlagplatz. Es heißt, dass in diesem industriellen Zentrum der Niederlande die Kinder bereits mit einem ›Blaumann‹ bekleidet auf die Welt kommen. Rotterdam zählt knapp 600 000 Einwohner, in seinem direkten Einzugsgebiet leben mehr als 1 Mio. Menschen.

Geschichte Das kleine Flüsschen *Rotte*, das um 1250 just an dieser Stelle mit einem Damm umgeleitet wurde, gab der

Stadt ihren Namen. Aus den damals wenigen Katen auf der Dammkrone ist im Laufe der Jahrhunderte eine moderne Industriestadt herangewachsen.

Der Humanist **Erasmus von Rotterdam**, der berühmteste Sohn der Stadt, erblickte um 1467 in einem Vorort das Licht der Welt. Wenngleich der 1536 in Basel gestorbene Theologe und Schriftsteller nur wenige Jahre seines Lebens in Rotterdam verbrachte, wird hier doch sein Andenken bewahrt. So trägt auch die Universität der Stadt seinen Namen. Im 16. und 17. Jh. entwickelte sich Rotterdam zu einer blühenden Hafenstadt mit Speichern und Werften, stand aber im Schatten von Amsterdam, Antwerpen und Delft. Erst 1830, nachdem sich Belgien von den Niederlanden losgesagt und die holländische Flotte die Scheldemündung und damit den Hafen des nun belgischen Antwerpen blockiert hatte, entwickelte sich Rotterdam sprunghaft. 1850 zählte die Stadt 100 000, 60 Jahre später bereits 425 000 Einwohner.

Anders als in den meisten holländischen Städten ist wenig Historisches erhalten. Das Bombardement der deut-

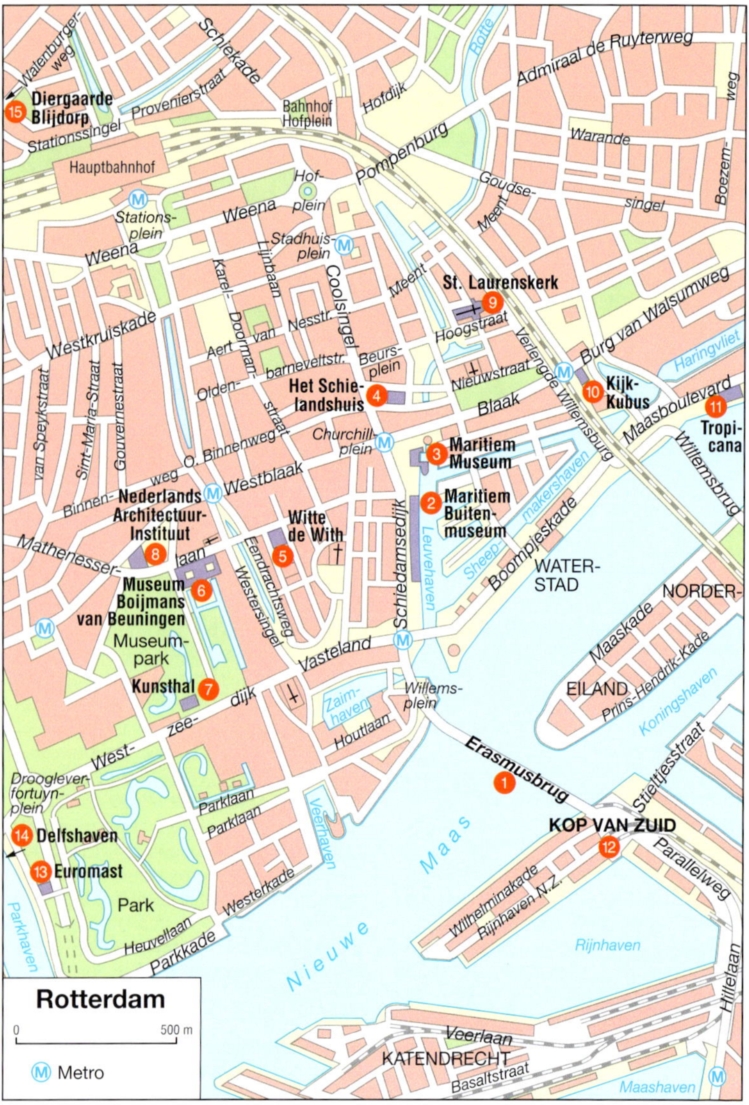

Wie der von Hochhäusern umstandene Schauwburg-Plein in der Innenstadt belegt, erhielt die Stadt zu Recht den Spitznamen ›Maashattan‹

schen Luftwaffe am 14. Mai 1940 verursachte einen Feuersturm, dem Zehntausende Gebäude zum Opfer fielen. Ein Angriff alliierter Flugzeuge drei Jahre später brachte weitere Zerstörungen. Doch die Stadt hat die Chance, die aus der Katastrophe des Krieges erwuchs, genutzt und die jüngere europäische Architekturgeschichte mitgeschrieben. Das ›Maashattan‹ mit seiner aufregenden Skyline präsentiert sich heute als lebhafte, moderne, junge Stadt, in der auch die Kultur einen großen Stellenwert besitzt. Nicht umsonst wurde Rotterdam *Europas Kulturhauptstadt* des Jahres 2001.

Besichtigung Seit 1996 überspannt die von Ben van Berkel konstruierte **Erasmusbrug** 1 die Nieuwe Maas und verbindet das Zentrum mit dem alten Hafengebiet *Kop van Zuid*. Die kühn geschwungene, nur von einem Pylon gehaltene Hängebrücke wird von den Einheimischen je nach deren Sichtweise ›Schwan‹ oder ›Abwaschbürste‹ genannt, avancierte jedoch schnell zu einem Wahrzeichen Rotterdams. Ein surrealer Anblick bietet sich abends, wenn vom Nordufer an den drei Wohntürmen der *Boompjestorens* die Treppenhäuser in Neonfarben aufleuchten.

Das **Maritiem Buitenmuseum** 2 (Leuvehaven 50–72, Mo–Fr 10–16.30, Sa/So 11–16.30 Uhr, www.buitenmuseum.nl) erstreckt sich am Ufer des Schiedamsedijk. Hafenkräne, dazu ein dampfbetriebenes Getreidebecherwerk und Schiffe, historische Schuten und Schlepper, lassen sich bei einem Spaziergang entlang des Kais oder über Pontonwege bestaunen. Während der Öffnungszeiten werden Maschinen in Betrieb gesetzt und Schiffe bemannt. Im auffälligen, dreieckigen Gebäude des benachbarten **Maritiem Museum** 3 (Leuvehaven 1, Di–Sa 10–17, So 11–17 Uhr, www.maritiemmuseum.nl) am nördlichen Ende des Leuvehaven wird die Geschichte der Schifffahrt und des Rotterdamer Hafens beleuchtet. *De Buffel*, ein königlich-niederländisches Kriegsschiff aus dem 19. Jh., liegt im Hafenbecken vor dem Gebäude vertäut. Auf dem Platz hinter dem Museum bringt die monumentale Plastik des russischen Bildhauers *Ossip Zadkine* von 1953 ›**De verwoeste stad**‹ die Verzweiflung über die durch Bombenangriffe zerstörte Stadt zum Ausdruck.

Das historische Museum der Stadt ist standesgemäß im **Het Schielandshuis** 4 (Korte Hoogstraat 31, Di–Fr 10–17, Sa/So 11–17 Uhr, www.hmr.rotterdam.nl) untergebracht, das sich unweit nördlich anschließt. Das ehem. Verwaltungsgebäude der Schieland-Deichanlagen aus dem 17. Jh. hat die Bombenangriffe des Zweiten Weltkrieges überstanden und behauptet sich heute zwischen verspiegelten Wolkenkratzern. Es illustriert die Geschichte Rotterdams und der Niederlande in Dokumenten und Karten und präsentiert darüber hinaus Wohnungseinrichtungen aus dem 17.–19. Jh.

Über die Westblaak mit einigen Läden erreicht man schnell die muntere, von Geschäften, Cafés und Restaurants gesäumte *Witte de Withstraat*. Hier zeigt das Kunstzentrum **Witte de With** 5 (Witte de Withstraat 50, Di–So 11–18 Uhr, www.wdw.nl) wechselnde Ausstellungen avantgardistischer Künstler, experimentelle Kunst und Installationen.

TOP TIPP Über die Mathenesserlaan erreicht man das renommierte **Museum Boijmans van Beuningen** 6 (Museumpark 18–20, Di–Sa 10–17, So 11–17 Uhr, www.boijmans.nl), das direkt am *Museumpark* liegt, einer 1988 – 93 gestalteten, von mehreren Museen gesäumten Anlage. Auffälligstes Kunstwerk im Park ist der ›Screw-Arch‹ des Objekt-Künstlers Claes Oldenburg.

In den prachtvollen Sammlungen alter und neuer Meister im Museum Boijmans van Beuningen ist nahezu alles vertreten, was Rang und Namen hat: *Rubens* mit Zeichnungen und Arbeiten zum Leben des Achilles, Rembrandt mit einem zauberhaften Porträt (1655) seines Sohnes Titus. Dazu kommen Van Eyck, Hieronymus Bosch, Pieter Brueghel d. Ä., Degas, Monet, Dalí, Picasso, Van Gogh, De Kooning und viele andere. Des Weiteren zeigt das Museum bemerkenswertes Kunstgewerbe ab dem 14. Jh. sowie modernes Design. Die Rotterdamer **Kunsthal** 7 (Westzeedijk 341, Di–Sa 10–17, So 11–17 Uhr, www.kunsthal.nl) am Südausgang des Museumparks präsentiert ein breit gefächertes Spektrum an Ausstellungsstücken von Porträtkunst des 17. Jh. bis zu Disney-Figuren. Das nette Café bietet sich zu einer kleinen Verschnaufpause an.

Auch der Spanier Salvador Dalí ist im Museum Boijmans van Beuningen vertreten

Das **Nederlands Architectuur-Instituut** 8 (Museumpark 25, Di–Sa 10–17, So 11–17 Uhr, www.nai.nl), schon nördlich der Parkanlage, ist in einem spektakulären Glas-Stahl-Bau (1993) von Jo Coenen untergebracht. Das NAI zeigt Ausstellungen zu Architektur und Städtebau der Vergangenheit und Gegenwart mit Schwerpunkt Niederlande. Eine Museumsbibliothek steht auch interessierten Besuchern offen.

Vorbei an den mutigen Straßensportlern am Skatepark beim Eendrachtsplein steuert man durch den Oude Binnenweg auf das überdimensionale *Mobile* des amerikanischen Künstlers George Rickey zu. Gleich dahinter beginnt die Coolsingel, die wichtigste Nord-Südverbindung im Zentrum. Vom ebenerdigen geschäftigen Treiben kann man zum Edelshopping in die Einkaufspassage der *Beurstraverse* im Souterrain hinabsteigen. Zurück in der ›Oberwelt‹ beeindruckt der hoch aufragende, flaschengrüne Wolkenkratzer des *World Trade Center*. Weiter im Norden kann man das zu Beginn des 20. Jh. im Stil der niederländischen Renaissance errichtete *Stadhuis* ausmachen, das die Luftangriffe des Krieges unbeschadet überstanden hat. Diesen Eindruck vermittelt auch die **Grote** oder **St. Laurenskerk** 9 (Grotekerkplein 27, Di–Sa 10–16 Uhr, Turm Okt.– April Do geschl.) etwas weiter östlich. Doch von der spätgotischen Kreuzbasilika aus dem 15. Jh. blieben nach dem Bombardement durch die deutsche Luftwaffe 1940 nur die Außenmauern und der Turm stehen. Nach 1952 wurde sie wieder aufgebaut. Viel Licht strömt durch die hellen schlichten Glasfenster ins Innere, das gleich mit drei Orgeln aufwartet. In den Seitenschiffen befinden sich die *Grabmäler* holländischer Admiräle und ›Seehelden‹, unter ihnen auch der Sohn der Stadt, Admiral Witte de With. Wegen des sumpfigen Untergrunds geriet der *Turm* – trotz Stabilisierung des Fundaments – bereits Mitte des 17. Jh. in eine leichte Schieflage. Vor dem

Magisch beleuchtet – mit ambitionierten Wechselausstellungen zu Architektur und Städtebau macht das Nederlands Architectuur-Instituut von sich reden

Gotteshaus zeigt eine 1622 gegossene Bronzestatue von Hendrik de Keyser den Humanisten *Erasmus von Rotterdam* in einem Buch blätternd.

Über den Markt Binnenrotte führt der Weg Richtung *Oude Haven*. Auf der Strecke passiert man die auffällige Wohnanlage *Blaakse Bos* (1978–84), ein Bauexperiment des Architekten Piet Blom. Glücklicherweise ist ein Apartment dieser ›Baumhäuser‹, der sog. **Kijk-Kubus** 10 (Overblaak 70, tgl. 11–17 Uhr, Jan./Febr. nur Fr – So, www.kubuswoning.nl), für Besucher geöffnet. So kann man sich vorstellen, wie die Bewohner in den anderen 38 putzig anzusehenden, schräg gestellten gelben Kubuswohnungen zurechtkommen. Bei gutem Wetter laden zahlreiche Straßencafés um das Hafenbecken des Oude Haven zu einer gemütlichen Pause

Kein Haus von der Stange – die Kubuswohnungen des niederländischen Architekten Piet Blom verlangen ihren Bewohnern anscheinend etwas Flexibilität ab

ein. Das zehnstöckige *Witte Huis* (Weißes Haus) an der Ecke zum Wijnhaven stammt aus dem Jahre 1900 und war damals das erste Hochhaus Europas.

Für Familien mit Kindern ist ein Besuch des **Tropicana** 11 (Maasboulevard 100, Mo–Fr 10–23, Sa/So 10–18 Uhr, www.tropicana.nl) absolut empfehlenswert – dank seiner riesigen Glaskuppel auch an regnerischen Tagen. Das Badeparadies verwöhnt seine Gäste mit Rutschen, Wellenpools, Sauna und Bar. Zusätzlich hat man eine tolle Aussicht auf Maas und Stadt.

Über die dunkelrote *Willemsbrug*, eine 1981 eingeweihte Hängebrücke, und die altertümliche Hebebrücke *De Hef* geht es ans Südufer der Nieuwe Maas. An einigen der kleineren Hafenbecken wie dem *Entrepothaven* sind einzelne Lagergebäude bereits zu Geschäften oder Wohnungen umgestaltet. Auch das alte Hafengebiet **Kop van Zuid** 12, unmittelbar südlich der Erasmusbrug, befindet sich im Umbruch, wird zunehmend für andere gewerbliche Zwecke genutzt und als Wohngebiet ausgewiesen. Am Hafen selbst, am *Cruise Terminal*, legen die schneeweißen Hotelschiffe mit Kreuzfahrttouristen an, gleich daneben ragt der imposante Turm der *Port Authority*, der obersten Hafenbehörde, in den Rotterdamer Himmel. Vergleichsweise unscheinbar, aber voller Charme schaut das benachbarte ehem. Verwaltungsgebäude der Holland-Amerika-Linie in Richtung Nordsee. In dem historischen Bau hat sich das nostalgische Hotel *New York* einquartiert.

Wer möchte, kann vom Anleger hinter dem Hotel mit einem Wassertaxi ans andere Ufer übersetzen. Auch der 1942 eröffnete, gut 1 km lange Maas-Tunnel (mit einer Extra-Röhre für Fußgänger und Radfahrer) führt zum Nordufer des Flusses zurück. Neben der Tunnelausfahrt, am westlichen Ende des weitläufigen *Het Park*, steht die 185 m hohe Spargelstange des **Euromast** 13 (Parkhaven 20, März–Sept. tgl. 9.30–23, Okt.–Febr. 10–23 Uhr, www.euromast.nl). Von der Aussichtsplattform in 100 m Höhe hat man bei klarem Wetter eine beeindruckende Fernsicht über Land und Meer, bis nach Hoek van Holland und zur Nordsee im Westen, nach Den Haag und Delft im Norden, im Osten über Wiesen und Felder bis nach Gouda und nach Süden über Dordrecht und die Flusslandschaften des Rheindeltas bis nach Brabant.

Nur einige kleinere Hafenbecken entfernt wartet der idyllische **Delfshaven** 14 auf einen Besuch. Er wurde bereits im 14. Jh. angelegt und ist inzwischen fast komplett unter Denkmalschutz gestellt. Hier sammelten sich 1620 die *Pilgrim Fathers* für ihre Überfahrt in die Neue Welt, nach Nordamerika. Bis 1811 fungierten die längst eingemeindeten Anleger und Speicher noch als Hafen der Nachbarstadt Delft. Die ehem. Lagerhäuser der Ostindischen Handelskompanie beherbergen heute Geschäfte, Restaurants, Galerien und kleine Handwerksbetriebe.

Weiter im Norden noch ein Tipp für Familien mit Kindern: Der **Diergaarde Blijdorp** 15 (Blijdorplaan 8, im Sommer tgl. 9–18 Uhr, im Winter bis 17 Uhr, www.diergaardeblijdorf.nl), derRotterdamer Zoo, lohnt mit seinen vorbildlichen Tiergehegen immer einen Besuch. Zu den Attraktionen gehören eine Tropenwaldhalle mit Elefanten und anderen exotischen Tieren sowie die Wasserwelt des Oceanium, in dessen arktischem Klima sich eine Kolonie Königspinguine wohl fühlt.

Schiedam

Die wenigen Kilometer zu dem längst mit Rotterdam verwachsenen Vorort lohnen sich allein schon wegen der Patrizierhäuser aus Renaissance- und Barockzeit. Doch viel bekannter ist das Städtchen wegen einer holländischen Spirituosen-Spezialität, des *Genever*. Der aus Gerste, Roggen und Mais gebrannte und mit Wacholderaroma versetzte Schnaps wurde hier einst in 390 Brennereien hergestellt. Zahlreiche Kornmühlen belieferten die Destillerien mit Getreide. Fünf dieser weltgrößten Windmühlen, unter ihnen **De Nieuwe Palmboom** mit dem *Malend Korenmolenmuseum* (Nordvest 34, Di–Sa 11–17, So 12.30–17 Uhr), sind in Schiedam erhalten und mahlen auch heute noch Getreide. Am Lange Haven weiht das **Nederlands Gesdistilleerd Museum De Gekroonde Brandersketel** (Lange Haven 74, Di–Sa 12 –17, So 12.30–17 Uhr) in die Kunst des Schnapsbrennens ein, die noch immer von einigen Brennereien in Schiedam betrieben wird.

i Praktische Hinweise

Information: VVV Rotterdam, Coolsingel 67, Ecke Stadhuisplein, Rotterdam, Tel. 09 00/403 40 65, Fax 010/413 31 24, www.vvv.rotterdam.nl

Hier (oder unter Tel. 010/436 19 09) gibt es auch die **Rotterdam Card**, die für 25 – 50 € 1 – 3 Tage freie Fahrt in Straßen-

In Rotterdam bietet sich eine Bootsrundfahrt als Teil des Besichtigungsprogramms an, denn hier ist tatsächlich der größte Hafen der Welt zu bestaunen

bahn, U-Bahn und Bus sowie freien Eintritt in diverse Museen gewährt und darüber hinaus Ermäßigungen in vielen Hotels und Restaurants einschließt.

Öffentliche Verkehrsmittel

Rotterdam verfügt über eine **U-Bahn** mit Nord-Süd- sowie Ost-West-Achse. Infos zu Strecken und Tarifen beim Verkehrsverbund RET, Cool-singel 141, Tel. 09 00/92 92, www.ret.rotterdam.nl, oder beim VVV.

Taxis bestellt man unter Tel. 010/403 03 03. Wassertaxis verkehren zwischen dem Rijnhaven beim Hotel New York und dem Veerhaven sowie dem Maritiem Buitenmuseum.

Schiff

Spido Harbour Trip, Leuvehaven, Rotterdam, Tel. 010/275 99 88, www.spido.nl. Bietet eine ca. 75-minütige Hafenrundfahrt (April–Sept. tgl. 9.30–17 Uhr alle 45 Min., Okt.–März 2- bis 4-mal pro Tag) sowie Ausflüge zu den Schleusen der Deltawerke (Juli/Aug. tgl. 10.30 Uhr) [s. S. 90].

Pannekoekenboot, Parkhaven, Rotterdam, Tel. 010/436 72 95. Während einer 60-minütigen Fahrt auf der Maas kann man sich am all-inclusive Pfannkuchenbuffet stärken.

Industrieel Toerisme Rotterdam, Tel. 010/218 91 94, Fax 010/218 89 50 Organisiert Rundfahrten per Bus und Schiff durch das Hafen- und Industriegebiet.

Einkaufen

Entrepot, Stieltjesplein, Rotterdam, Tel. 010/426 12 60. Einkaufstempel mit diversen Geschäften und Märkten in einem ehem. Speichergebäude am Südufer der Maas.

Nachtleben

Holland Casino, Plaza Komplex, Weena 624, Rotterdam, Tel. 010/206 82 06, www.hollandcasino.de. Es werden Roulette, Black Jack und andere Glücksspiele angeboten (ab 18 Jahre).

Nighttown, West-Kruiskade 28, Rotterdam, Tel. 010/436 12 10. Tanzklub mit Livemusik und Discobetrieb.

Camping

Stadscamping Rotterdam, Kanaalweg 84, Rotterdam, Tel. 010/415 97 72, Fax 010/437 32 15. Citynaher Campingplatz für Zelte und Campmobile. Es sind auch einige Wandererhütten und Blockhäuser vorhanden. Weniger zu empfehlen sind die Plätze auf dem großen Areal, die sich an der stets stark befahrenen Straße nach Den Haag befinden.

Hotels

*****The Westin Rotterdam**, Weena 686, Rotterdam, Tel. 010/4 30 20 00, Fax 010/430 20 01, www.westin.nl. Hochgefühl in den obersten 14 Etagen des Milleniumtowers mit besonderem Highlight: ein speziell entworfenes Heavenly Bed für den ultimativen Liegegenuss.

***New York**, Koninginnenhoofd 1, Rotterdam, Tel. 010/439 05 00, Fax 010/484 27 01, www.hotelnewyork.nl. Originelles Hotel im ehem. Verwaltungsgebäude der Holland-Amerika-Linie an der Maas. Restaurant mit tollem Hafenblick.

***Van Walsum**, Mathenesserlaan 199–201, Rotterdam, Tel. 010/436 32 75, Fax 010/436 44 10, www.hotelvanwalsum.nl. Modern ausgestattete Zimmer in mehreren Herrenhäusern aus dem 19. Jh.

Bazar, Witte de Withstraat 16, Rotterdam, Tel. 010/206 51 51, Fax 010/206 51 59, www.hotelbazar.nl. Nur 28 Zimmer, aber die in märchenhaftem Dekor von Tausendundeiner Nacht. Gutes Restaurant.

*Stayokay Rotterdam**, Rochussenstraat 107–109, Rotterdam, Tel. 010/436 57 63, Fax 010/436 55 69, www.stayokay.com. Preiswerte, zentrale Unterkunft. 2- bis 8-Bett-Zimmer, mit und ohne eigenes Bad, Gästeküche sowie günstiges Restaurant.

Restaurants

Dewi Sri, Grindweg 650, Rotterdam, Tel. 010/436 02 63. Indonesische Leckereien zu vernünftigen Preisen.

Engels, Groothandelsgebouw, Stationsplein 45, Rotterdam, Tel. 010/411 95 50. Lockere Atmosphäre mit innovativer Anglo-Küche und moderaten Preisen.

TOP TIPP **Parkheuvel**, Heuvellaan 21, Rotterdam, Tel. 010/436 07 66. Die von Michelin geadelte Gourmetküche in französischer Tradition umschmeichelt den Gaumen.

Zeezout, Westerkade 11b, Rotterdam, Tel. 010/436 50 49. Wunderbare Fischgerichte – den schönen Blick auf die Nieuwe Maas gibt's gratis dazu (Mo/So geschl.).

Cafés und Bars

Off Corso, Kruiskade 22, Rotterdam, Tel. 010/411 38 97. In der Bar treffen sich Digitalkünstler und andere coole Typen.

Westerpaviljoen, Nieuw Binnenweg 136, Rotterdam, Tel. 010/436 26 45. Es wird Kaffee, Tee und Alkoholisches ausgeschenkt, dazu gibt es kleine Snacks.

6 Delft

TOP TIPP *Malerische Bilderbuchansichten und königliches Porzellan.*

Historische Kontorhäuser und Wohngebäude, baumbestandene pittoreske Grachten: Beschauliche Szenen in der vom Schie-Rijn-Kanal eingerahmten Altstadt von Delft erinnern an Bildmotive der Malerei des 17. Jh. Die geschäftige Handels- und Gewerbestadt von heute 95 000 Einwohnern gehörte schon im 14. Jh. mit ihren Webereien und Bierbrauereien zu den aufstrebenden Städten des Landes. Über einen Kanal mit dem *Delfshaven* an der Maas verbunden, profitierte die Stadt direkt vom einsetzenden Fernhandel. Als sich Anfang des 17. Jh. importiertes Porzellan aus dem chinesischen Nanking zum Verkaufsschlager entwickelte, begannen Delfter Manufakturen, die exotischen Motive und die kostbare, feine Machart des Porzellans in Fayencen erfolgreich nachzuahmen. Bald fanden die blau-weißen **Delfter Fayencen** – auch mit typisch holländischen Motiven, die man insbesondere den Bildern Vermeers und Pieter de Hoochs entnahm – in ganz Europa reißenden Ab-

Delfter Fayencen, bereits im 17. Jh. heiß begehrt, sind heute als Souvenirs beliebt

satz. In der noch heute bestehenden königlichen **Manufaktur De Porceleyne Fles** (Rotterdamseweg 196, Mo–Sa 9–17 Uhr, April–Mitte Okt. auch So, www.royaldelft.nl) sowie in einigen anderen, kleineren Betrieben kann man sich über die Herstellung von Porzellan und Fayencen informieren und auch Stücke erwerben.

Berühmtester Sohn der Stadt ist zweifellos der Maler **Jan Vermeer van Delft** (1632–1675), der seinem Geburtsort ein Leben lang treu blieb. Seine Delfter Stadtansichten erscheinen wie zum Leben erwachte Fotografien. Wie kaum ein anderer zauberte er mit Licht und Schatten, mit dem Spiel von Sonne und Wolken. Oft sind einfache Menschen mit alltäglichen Beschäftigungen, wie z. B. Briefe schreiben oder lesen, Motive seiner fein komponierten Gemälde. Seine bedeutendsten Werke befinden sich im Den Haager Mauritshuis und im Amsterdamer Rijksmuseum. Die letzte Ruhe fand der Künstler in der Delfter Oude Kerk.

Das 1620 von Hendrik de Keyser aus Sandstein erbaute und mit Bleiglasfenstern geschmückte **Stadhuis** im Renaissancestil blickt von der Westseite auf den lang gezogenen Marktplatz im Zentrum von Delft. Die dahinter liegende, 1770 entstandene *Waag* beherbergt heute ein Theater und ein Café. Weithin sichtbar ragt die **Nieuwe Kerk** (April–Okt. Mo–Sa 9–18, Nov.–März Mo–Sa 11–16 Uhr) am Markt empor. Die 1383–1510 errichtete gotische Kreuzbasilika ist die Grabeskirche des Hauses Oranien-Nassau. Im Chor erhebt sich das von Hendrik de Keyser 1621 fertig gestellte Prunkgrab *Wilhelms des Schweigers*, der 1584 nicht weit von hier im Prinsenhof ermordet wurde. Allegorische Figuren verherrlichen Leben und Taten des rebellischen Fürsten und Begründers des niederländischen Herrscherhauses. In der Gruft unter dem Chor sind weitere verstorbene Mitglieder der Dynastie beerdigt, zuletzt am 15. Oktober 2002 Prinz Claus, am 30. März 2004 die ehem. Königin Juliana und am 11. Dezember desselben Jahres ihr Gemahl Prinz Bernhard. Die Nordwand des Chores schmückt eine Statue des ebenfalls hier bestatteten Humanisten Hugo Grotius (1583–1645). Der 108 m hohe **Kirchturm** (1396–1496) bietet eine Panoramasicht über die Stadt.

Vom Markt ist es nicht weit zur zweiten Hauptkirche von Delft, der **Oude Kerk** (Heilige Geesterkerkhof, April – Okt. 9 – 18, Nov. – März Mo–Sa 11–16 Uhr). Mitte des 13. Jh. auf älteren Fundamenten erbaut, wurde das Gotteshaus um 1500 im Stil der späten Gotik umgestaltet und mit einem – inzwischen leicht geneigten – massigen und mit Ecktürmchen verzierten 78 m hohen Turm versehen. Im Inneren beeindruckt eine reich geschmückte Holzkanzel aus dem Jahr 1548. Mehrere Persönlichkeiten sind in der Oude Kerk

An der Voldersgracht spitzt der Turm der Nieuwe Kerk hinter den Häusern hervor

Charmantes Bildmotiv – das trutzige Delfter Oostpoort mit strahlend weißer Hebebrücke im Vordergrund

bestattet, darunter die Admiräle und Seehelden des 17. Jh. Piet Hein und Maarten Tromp sowie der Maler Jan Vermeer.

Am Ufer der pittoresken Oude Delft, der ältesten Gracht der Stadt, liegen zahlreiche prächtige Villen und Kontorhäuser, darunter die ehem. Kammer der Vereinigten Ostindischen Kompanie VOC sowie das Museum **Lambert van Meerten** (Oude Delft 199, Di–Sa 10–17, So 13–17 Uhr, www.lambertvanmeerten-delft.nl). Das ehem. Wohnhaus eines Industriellen aus dem 19. Jh. beherbergt heute eine einzigartige Sammlung Delfter Kacheln und Fayencen. Gleich nebenan im ehem. Nonnenkloster St. Agatha, dem heutigen **Prinsenhof Museum** (St. Agathaplein 1, Di–Sa 10–17, So 13–17 Uhr), fiel Wilhelm der Schweiger 1584 einem Attentat zum Opfer. Ein katholischer Fanatiker beging die Tat, nachdem Philipp II. von Spanien Wilhelm für vogelfrei erklärt und ein hohes Kopfgeld auf ihn ausgesetzt hatte. Die Spuren der Kugeln lassen sich noch heute an der Treppe ausmachen. Passend zu dem geschichtsträchtigen Ort dokumentiert das Museum den 80-jährigen Freiheitskampf der Niederländer gegen die Spanier.

Die südöstliche Ecke der Altstadt markiert das mittelalterliche **Oostpoort**, das einzige erhaltene Stadttor.

i Praktische Hinweise

Information: Toeristen Informatie Punt (TIP), Hippolytusbuurt 4, Delft, Tel. 015/ 215 40 51, Fax 015/215 40 55, www.delft.nl

Schiff

Grachtenfahrt, Koornmarkt 113, Delft, Mitte März–Okt., www.rondvaartdelft.nl

Nachtleben

Speakers, Burgwal 45, Delft, Tel. 015/ 212 44 46. Mal legen DJs auf, mal sorgen Livebands für die richtige Partylaune.

Hotel

*****Bridges House**, Oude Delft 74, Delft, Tel. 015/212 40 36, Fax 015/213 36 00, www.bridges-house.com. Kleines, feines Hotel mit 18 Zimmern in einem denkmalgeschützten Grachtenhaus.

Restaurants

L'Escalier, Oude Delft 125, Delft, Tel. 015/ 212 46 21. Französisch inspirierte Küche, ausgesuchte Weinmenüs (So geschl, Sa nur abends).

Spijshuis de Dis, Beestenmarkt 36, Delft, Tel. 015/213 17 82. Traditionelle holländische Rezepte werden hier leicht und fantasievoll abgewandelt (Mi geschl.).

Café

Stads-Koffyhuis, Oude Delft 133, Delft, Tel. 015/212 46 24. Serviert seit 1881 neben Kaffee und Kuchen auch leckere Pfannkuchen mit süßer Füllung (So geschl.).

7 Den Haag

Gediegener Regierungssitz mit kosmopolitischem Flair.

Die mit 450 000 Einwohnern drittgrößte Stadt des Landes ist Sitz der niederländischen Regierung, Residenzstadt der königlichen Familie, die hier allein drei Paläste besitzt, und Verwaltungszentrale der Provinz Zuid-Holland. Gleichzeitig tagt in Den Haag der *Internationale Gerichtshof* mit dem UN-Kriegsverbrechertribunal. Auch wenn sich seit einigen Jahren in der Innenstadt eindrucksvolle Bürohochhäuser emporrecken, wird der Charakter der Regierungs- und Verwaltungsmetropole doch eher von den weitläufigen Parks und eleganten Stadtvillen geprägt.

Den Haag blickt inzwischen auf eine mehr als 750-jährige Stadtgeschichte zurück, die im 13. Jh. mit einigen Häusern um *'s-Gravenhage*, dem ›Jagdgehege des Grafen‹ von Holland begann. Die Generalstaaten legten 1593 ihren Sitz hierher und begründeten damit eine Tradition als Regierungs- und Verwaltungsort.

Der aus der Grafenburg von Wilhelm II. Mitte des 13. Jh. entstandene Gebäudekomplex **Binnenhof** 1 (Binnenhof 8a, Führungen Mo–Sa 10–16, letzte Führung 15.45 Uhr) mit dem Sitz der Regierung und der beiden Kammern des Parlaments ist das politische Zentrum des Landes. Teil der Anlage ist der unter Floris V. vollendete, mit seinen Türmen einer Kirche ähnelnde gotische *Ridderzaal*. Er wird für Empfänge, Veranstaltungen und Zeremonien genutzt. Hier verkündet die Königin alljährlich zur Parlamentseröffnung am Prinsjesdag (3. Dienstag im September) das Regierungsprogramm während einer Thronrede.

Ebenfalls an den *Hofvijver*, einen dekorativen rechteckigen Weiher mit Fontäne und winzigem Eiland in der Mitte, grenzt das direkt benachbarte, in einem klassizis-

Es ist nicht alles Kirche, was zwei Türme hat – feierlich geht es im gotischen Ridderzaal des Binnenhof dennoch zu, wenn Königin Beatrix am Prinsjesdag hier eintrifft

TOP TIPP tischen Gebäude untergebrachte **Mauritshuis** 2 (Korte Vijverberg 8, Di–Sa 10–17, So 11–17 Uhr, April–Aug. auch Mo 10–17 Uhr, www.mauritshuis.nl). Das überschaubare, auf zwei Etagen verteilte Museum glänzt mit einer hochkarätigen *Gemäldegalerie*, die einige der bedeutendsten Werke niederländischer Malkunst des Goldenen Zeitalters präsentiert. Jan Vermeers ›Ansicht von Delft‹ (ca. 1660/61) ist ebenso vertreten wie die ›Anatomische Vorlesung des Dr. Nicolaes Tulp‹ (1632) von Rembrandt. Bilder von Jan Steen, Frans Hals, Paulus Potter, dazu flämische Meister wie Peter Paul Rubens, Jacob Jordaens und Anthonis van Dyck vervollständigen die Kollektion.

Vom munteren Buitenhof, einem weitläufigen Platz südwestlich des Hofvijver, zweigen mehrere Gassen mit Geschäften ab, darunter auch *Haags Passage*, eine italienisch anmutende überdachte Einkaufsgalerie. Gleich dahinter erhebt sich die auch St. Jacobs Kerk genannte **Grote Kerk** 3 (nur bei Ausstellungen geöffnet, Tel. 070/302 86 30, www.grotekerkdenhaag.nl) aus dem 14./15. Jh. Ihr 100 m hoher, sechseckiger Glockenturm, der einen schönen Ausblick über die Stadt ermöglicht, ist im Stil der niederländischen Renaissance gestaltet. Im Inneren der Kirche, die heute für feierliche Veranstaltungen genutzt wird, fällt eine schön geschnitzte Renaissancekanzel von 1550 auf, außerdem die Wappenschilder der Ritter vom Goldenen Vlies und die Buntglasfenster im Chor. In der Kirche sind einige Honoratioren der Stadt bestattet. Zum Spui mit der 1679 erbauten und heute als Veranstaltungsraum genutzten

Vermeers ›Mädchen mit dem Perlohrring‹ (ca. 1665/66) ist im Mauritshuis zu Hause

Nieuwe Kerk 4 (Spui 175, Mi 13.30–15 Uhr) ist es nicht weit. Sie ist vor allem wegen der Gräber der als Verschwörer gegen Wilhelm III. von Oranien 1672 gelynchten Brüder Johan und Cornelius de Witt interessant. Auch der in Amsterdam geborene Philosoph Baruch de Spinoza (1632–1677) ist hier begraben, der nach seinem Bann durch die Amsterdamer jüdische Gemeinde ab 1671 bis zu seinem Tod in Den Haag lebte. Das berühmte *Nederlands Dans Theater* residiert in einem von außen eher unscheinbaren Bau am Spui. Das lässt sich vom benachbarten, 1995 eingeweihten **Stadhuis** 5 nicht gerade sagen. Der spektakuläre, strahlend weiße Komplex des amerikanischen Stararchitekten Richard Meier beherbergt neben den Büros der kommunalen Verwaltung auch die Stadtbibliothek sowie diverse Geschäfte und Restaurants. Das 200 m lange und 50 m hohe Atrium wird gern für Ausstellungen und Veranstaltungen genutzt.

Spektakuläres ist auch weiter nördlich – jedoch in einem gewöhnlichen Haus – zu finden: das **Panorama Mesdag** 6 (Zeestraat 65, Mo–Sa 10–17, So 12–17 Uhr, www.panorama-mesdag.nl). Das von Hendrik Willem Mesdag 1881 geschaffene, 120 m lange und 14 m hohe Rundgemälde erweckt beim Betrachter die Illusion, inmitten der Dünenlandschaft von Scheveningen zu stehen. Nur noch wenige dieser faszinierenden Panoramen des 19. Jh. sind in Europa erhalten. Das nicht weit entfernte Museum **Mesdag** 7 (Laan van Meerdervoort 7f, Di–So 12–17 Uhr, www.museummesdag.nl) zeigt zahlreiche Gemälde der naturalistisch ausgerichteten *Haager Schule* vom Ende des 19. Jh. Zu ihr zählten neben Mesdag (1831–1915) u. a. Jozef Israels und Johannes Hendrik Weissenbruch. Außerdem ist die *französische Schule von Barbizon* mit Werken u. a. von Camille Corot und Jean-François Millet vertreten.

Im nahen **Vredespalais** 8 (Carnegieplein 2, Führungen ganzjährig Mo–Fr 10, 11, 14 und 15 Uhr, etwa eine Woche vorher anmelden, Tel. 070/302 23 23, www.icj-cij.org) tagt der *Internationale Ge-*

Nur ein Katzensprung vom Zentrum Den Haags entfernt – das Seebad Scheveningen mit seinem prachtvollen einstigen Kurhaus, heute ein Luxushotel, an der Strandpromenade

richtshof, der oft wegen der vor ihm ausgetragenen Gerichtsverfahren in den Schlagzeilen ist. Der Bau des halb neogotischen, halb klassizistischen Friedenspalastes (1913) mit dem 80 m hohen Belfried sowie die kostbare Innenausstattung wurden durch Schenkungen aus vielen Ländern ermöglicht.

Auch ein Besuch von **Haags Gemeentemuseum** 9 (Stadhouderslaan 41, Di–So 11–17 Uhr, www.gemeentemuseum.nl) unweit nordwestlich lohnt sich. Neben kunstgewerblichen Exponaten und Bildern der Haager Schule ist vor allem die bedeutende Sammlung der Werke von *Piet Mondrian* (1872–1944), dem Wegbereiter der abstrakten Malerei in den Niederlanden, sehenswert. Zu den mehr als 50 ausgestellten Werken gehört auch sein letztes Bild ›Victory Boogie Woogie‹.

Inmitten eines Grüngürtels zwischen Den Haag und Scheveningen liegt **Madurodam** 10 (George Maduroplein 1/Haringkade 175, Ende März–Juni tgl. 9–20, Juli/Aug. bis 22, Sept.–Ende März bis 18 Uhr, www.madurodam.nl), eine im Maßstab 1:25 angelegte Miniaturstadt mit bekannten Gebäuden und Ansichten aus Holland. Das beliebte Ausflugsziel geht auf die Stiftung der Familie Maduro aus den Niederländischen Antillen zurück, die damit an ihren in Dachau ermordeten Sohn erinnern wollte.

Ausflüge

Der frühere Fischerort **Scheveningen**, am nördlichen Rand von Den Haag gelegen, hat sich zu einem der populärsten Strandbäder des Landes entwickelt. Es ist längst eingemeindet und in wenigen Minuten mit der Straßenbahn vom Zentrum zu erreichen. Elegante Wohnviertel kontrastieren mit der volkstümlich-sommerlichen Atmosphäre der beliebten, sich 3 km an der Nordsee entlangziehenden *Strandpromenade*. Besonders an sonnigen Wochenenden und im Sommer flanieren hier viele Tausend Schau- und Badelustige. Fast vis-à-vis vom pompösen Jugendstilbau des ehem. **Kurhauses**, das heute ein Luxushotel beherbergt, ragt seit mehr als einem Jahrhundert der 400 m lange **Scheveningen Pier** in die Nordsee. Er bietet Platz genug für Restaurants, eine Spielarkade und andere Vergnügungen. Neben dem Kurhaus vermittelt das **Sea Life Centre** (Strandweg 13, tgl. 10–18, Juli/Aug. bis 20 Uhr, www.sealife.nl) die Unterwasserwelt der Nordsee und anderer Meere. Das harmonisch in die Dünen eingefügte Skulpturenmuseum **Beelden aan Zee** (Hartevelstraat 1, Di–So 11–17 Uhr, www.beeldenaanzee.nl) zeigt etwa 650 Objekten namhafter Künstler und Künstlerinnen wie Gerhard Marcks, Alfred Hrdlicka oder Niki de Saint Phalle und lohnt unbedingt einen Be-

Die Silhouette des Scheveningen Pier im Farbenspiel der untergehenden Sonne

such. Schwerpunkt der Sammlung ist die Darstellung des Menschen in unserer Zeit. Zusätzlich werden wechselnde Ausstellungen veranstaltet.

Das weiter im Süden gelegene, insbesondere bei Familien mit Kindern beliebte Seebad **Kijkduin** hat auch ruhigere Strandabschnitte. Noch etwas südlicher, an der Mündung des von Rotterdam kommenden *Nieuwe Waterweg*, liegt **Hoek van Holland**. In den Sommermonaten bevölkern so viele Rotterdamer den Strand, dass der Ort im Volksmund auch ›Rotterdam aan Zee‹ genannt wird.

i Praktische Hinweise

Information: VVV Den Haag, Koningin Julianaplein 30, Den Haag, Tel. 09 00/340 35 05, Fax 070/347 21 02, www.denhaag.com; VVV Scheveningen, Gevers Deynootweg 1134, Tel. 09 00/340 35 05, Fax 070/352 04 26, www.scheveningen.nl

Öffentliche Verkehrsmittel

Das gut ausgebaute Bus- und Straßenbahnnetz funktioniert auch in Den Haag nach dem Strippenkaart-Prinzip. Je Tarifzone muss man einen Abschnitt der Streifenkarte entwerten. Infos und Pläne gibt es beim VVV oder unter Tel. 09 00/92 92.

Es müssen nicht immer Sandburgen sein, wenn Profibuddler sich ans Werk machen

Schiff

Rederij Groen, Dr. Lelykade 1d, Scheveningen, Tel. 070/355 35 88, www.rederijgroen.nl. Bootsausflüge aufs Meer, auch zum Angeln.

Sport

City Cycle Events, Den Haag, Tel. 070/363 29 27, www.citycycleevents.nl. Verschiedene Fahrradtouren durch Stadt und Umgebung (April–Sept.).

Go Klap, Dr. Lelykade 44, Scheveningen, Tel. 070/354 86 79, www.goklap.nl. Verleih und Verkauf von Windsurf-Brettern und Seekajaks am Hafen.

Einkaufen

Ein großer **Straßenmarkt** mit Antiquitäten, Kuriosa und Büchern hat sich im Stadtzentrum von Den Haag an der *Lange Voorhout* etabliert (Mai–Sept. Do 9–19, So 10–17, Okt.–April Do 12–17 Uhr).

Nachtleben

Casino, Kurhausweg 1, Scheveningen, Tel. 070/306 77 77, www.hollandcasino.nl. Glücksspiel von Roulette bis zum einarmigen Banditen steht zur Wahl (tgl. 13.30–3 Uhr).

Lucent Dans Theater, Spuiplein 152, Den Haag, Tel. 070/880 03 33, www.ndt.nl. Aufführungsort der drei Ensembles des berühmten Nederlands Dans Theater.

Camping

Camping Duinhorst, Buurtweg 135, Wassenaar, Tel. 070/324 22 70, Fax 070/324 60 53, www.kijk duinpark.nl. Weitläufiges Naturgelände mit diversen Freizeiteinrichtungen in der Nähe.

Hotels

*****__Steigenberger Kurhaus Hotel__, Gevers Deynootplein 30, Scheveningen, Tel. 070/416 26 36, Fax 070/416 26 46, www.kurhaus.nl. Im ehem. Kurhaus an der Promenade verwöhnt heute ein Luxushotel mit prächtiger Inneneinrichtung seine Gäste.

****__Golden Tulip Corona__, Buitenhof 39, Den Haag, Tel. 070/363 79 30, Fax 070/361 57 85, www.corona.nl. Zentral gelegenes Hotel mit geschmackvoller Ausstattung und gutem Restaurant.

*__Stayokay Hostel__, Scheepmakerstraat 27, Den Haag, Tel. 070/315 78 88, Fax 070/315 78 77, www.stayokay.com. Einfache, aber ordentliche Unterkunft mit Einzel-, Doppel- und Gruppenzimmern. Beliebt ist die hauseigene *Brasserie Backpackers*.

Restaurants

Imko Binnerts, Generaal Eisenhowerplein 1, Rujswujk, Tel. 070/414 15 00. Wunderbare Fischgerichte in trendiger Einrichtung (So geschl.).

The Raffles, Javastraat 63, Den Haag, Tel. 070/345 85 87. Javanisches Spitzenrestaurant mit thailändischen Akzenten.

't Goude Hooft, Droenmarkt 13, Den Haag, Tel. 070/346 97 13. Gemütliches, traditionell holländisches Restaurant.

Cafés und Bars

Café Greve, Torenstraat 138, Den Haag, Tel. 070/360 39 19. Durch Panoramafenster kann man das muntere Treiben auf der Torenstraat beobachten. Angeschlossen ist ein gutes Restaurant.

Het Brouwcafe, Dr. Lelykade 28, Den Haag, Scheveningen, Tel. 0 70/3 54 09 70. Diverse Biere vom Fass, dazu Snacks, aber auch delikate kleine Gerichte.

Taste, Nieuwe Schoolstraat 19, Den Haag, Tel. 070/360 53 95. Muntere Weinbar mit Tapas und Mezze als Imbiss.

8 Leiden

TOP TIPP *Älteste Universitätsstadt der Niederlande mit malerischem Grachtenzentrum.*

Schon die Römer schätzten die attraktive Lage an einem Arm des Rheins und gründeten hier die befestigte Siedlung *Lugdunum Batavorum*. Die spätere holländische Siedlung *Leythen* musste 1574 eine 5-monatige Belagerung durch spanische Heere, die Tausende von Bewohnern das Leben kostete, überstehen. Erst nachdem Wilhelm der Schweiger die Deiche durchstechen ließ und seine Kriegsflotte die überraschten Spanier in die Flucht schlug, war die Stadt befreit. Dem tapferen Leiden wurde daraufhin das Recht auf die **erste Universitätsgründung** des Landes zugestanden. Die im 17./18. Jh. zu den bedeutendsten Hochschulen Europas zählende Universität – Mitte des 17. Jh. waren bereits mehr als 11 000 Studenten immatrikuliert, darunter die Hälfte aus dem Ausland – ist jedoch nicht in Ehrfurcht vor ihrer eigenen Geschichte erstarrt, sondern gibt sich mit Fachbereichen zu Hightech und Biotechnologie modern und zukunftsorientiert. Seine gewerbliche Basis fand Leiden in der Tuchindustrie, die um 1650 die Hälfte der damals 70 000 Einwohner beschäftigte.

Der wohl berühmteste Leidener ist der im Jahr 1606 hier geborene Maler **Rembrandt Harmensz. van Rijn**. Um seine bedeutendsten Werke zu bewundern, die allesamt während seiner Amsterdamer Zeit entstanden sind, muss man allerdings einen Ausflug ins dortige *Rijksmuseum* unternehmen.

Von der zentral gelegenen **Burcht** (Burg), einem mit einer Ringmauer aus Ziegelsteinen befestigten Erdhügel, der zwischen 850 und 1150 am Zusammenfluss von Oude Rijn und Nieuwe Rijn zum Schutz vor der Flut errichtet wurde, hat man einen schönen Blick auf die von Kanälen durchzogene Stadt.

Am Ufer des Nieuwe Rijn beeindruckt die noch erhaltene Renaissancefassade (1597) mit dem zweiläufigen Treppenaufgang des nach einem Brand 1929 wieder aufgebauten **Stadhuis** (Rathaus). Zwei Querstraßen weiter westlich ragt die repräsentative **Pieterskerk** (Pieterskerkhof 1a, tgl. 13.30–16 Uhr) empor. Mit ihrem Bau wurde schon 1045 begonnen. An- und Umbauten verwandelten die ursprünglich romanische Kirche zu einer fünfschiffigen gotischen Kreuzbasilika mit einem

Schmucke Backsteinbauten wie Perlen an der Schnur – bei einem Spaziergang entlang des Nieuwe Rijn in Leiden sollte man die Kamera griffbereit haben

Rembrandt – Meister des Goldenen Zeitalters

Nachdem sich die Niederlande zu Beginn des 17. Jh. vom spanischen Joch befreit hatten, blühten Handel, Handwerk und Wissenschaft auf. Steigender Wohlstand der Bevölkerung hatte dann eine große Nachfrage nach Kunstwerken zur Folge. Zunehmend traten anstelle des Adels und der Kirche **wohlhabende Bürger** und bürgerliche Gruppierungen wie Gilden, Mediziner- oder Schützenvereinigungen als Auftraggeber hervor und brachten hohe Summen für repräsentative Gemälde auf – ein riesiges Betätigungsfeld für Maler. Aus dem Reigen großartiger Meister des 17. Jh. ragt einer heraus, **Rembrandt Harmensz. van Rijn**. Er wurde am 15. Juli 1606 als achtes von neun Kindern eines Müllerehepaares in **Leiden** geboren. Nach dem Besuch der Lateinschule und einem zweijährigen Studium an der berühmten Universität der Stadt wandte er sich seiner Leidenschaft zu, dem Zeichnen und Malen. Drei Jahre hielt es ihn noch in der Provinz in der Lehre, dann machte er sich 1632 auf nach Amsterdam. Bereits seine ersten Auftragsarbeiten offenbarten sein überragendes Talent und seine Virtuosität. Bilder mit dramatisch bewegten biblischen Szenen sowie ausdrucksstarke Einzel- und Gruppenporträts wie die **›Anatomische Vorlesung des Dr. Nicolaes Tulp‹** von 1632 für die Amsterdamer Ärztegilde verschafften ihm schnell einen Spitzenplatz unter den Künstlern der Hauptstadt. Und die Heirat (1634) mit **Saskia van Uylenburgh**, der vermögenden Nichte eines

Amsterdams Rijksmuseum bewahrt ›Die Judenbraut‹ des Leidener Künstlers

Kunsthändlers, festigte seine gesellschaftliche Stellung. Mit dem Gruppenbildnis der ›Schützenkompanie des Hauptmanns Frans Banning Cocq‹, das allgemein unter dem Titel **›Nachtwache‹** bekannt ist, gelang ihm 1642 eines der bedeutendsten Werke der europäischen Malerei. Als Saskia jedoch im selben Jahr erst 30-jährig an Tuberkulose starb, begann Rembrandts Abstieg. Ein extravaganter Lebensstil ohne solide Haushaltsführung, Auseinandersetzungen mit Auftraggebern und ein sich wandelnder Zeitgeschmack brachten ihn zunehmend in wirtschaftliche Bedrängnis. Doch auch in dieser Zeit entstanden **Meisterwerke** wie ›Das Bildnis des Jan Six‹ (1654) ›Der Segen Jakobs‹ (1656) oder ›Die Judenbraut‹ (um 1665). Der am Ende verarmte und zurückgezogen lebende Künstler starb 1669 ohne große öffentliche Anteilnahme. Mit ihm ging die Hochblüte niederländischer Malerei des 17. Jh. zu Ende.

hölzernen Spitztonnengewölbe. Der stolze, 114 m hohe Turm stürzte 1512 ein und wurde nicht wieder aufgebaut. Die zwölf Säulen des Chorgewölbes im Innern symbolisieren die Jünger Jesu. In Seitenkapellen und auf dem Boden befinden sich etliche Grabplatten verdienter Bürger der Stadt, darunter Professoren der Universität und der Genremaler *Jan Steen* (1626–1679). Seine letzte Ruhestätte fand hier auch der puritanische Engländer *John Robinson* (1575 – 1625), der sich in Leiden um von der britischen Insel geflüchtete Glaubensgefährten kümmerte und bei den Vorbereitungen für die Überfahrt der ›Pilgrim Fathers‹ mit der Mayflower in die Neue Welt 1620 half. Robinson blieb krank zurück und starb fünf Jahre später in Leiden.

Das **Rijksmuseum van Oudheden** (Rapenburg 28, Di–Fr 10–17, Sa/So 12–17 Uhr, www.rmo.nl) besitzt nicht nur eine bemerkenswerte archäologische Sammlung mit griechischen und römischen Statuen, sondern darüber hinaus eine exzellente altägyptische Abteilung mit weltberühmten Mumien.

Im früheren Gildehaus der Tuchmacher (1640), im nördlichen Teil des Zentrums gelegen, präsentiert heute das

Stedelijk Museum De Lakenhal (Oude Singel 28–32, Di–Fr 10–17, Sa/So 12–17 Uhr, www.lakenhal.nl) sehenswerte Werke in Leiden geborener bildender Künstler wie Rembrandt, Lucas van Leyden, Jan Steen und Jan van Goyen.

Das nahe **Molenmuseum De Valk** (2e Binnenvestgracht 1, Di–Sa 10–17, So/Fei 13–17 Uhr) am Singelgrachtenring informiert in einer alten Kornmühle von 1743 auf sieben Etagen über die Zeit, als sich rund 10 000 Mühlen im holländischen Wind drehten, Korn mahlten und das Land entwässerten.

i Praktische Hinweise

Information: VVV Holland Rijnland, Stationsweg 2d, Leiden, Tel. 09 00/ 222 23 33, Fax 071/516 12 27, www.leidenpromotie.nl

Schiff

Rederij Rembrandt, Beestenmarkt, Leiden, Tel. 071/513 49 38, www.reederij-rembrandt.nl. Legt mehrmals täglich zu einstündigen Stadtrundfahrten ab (April–Okt.).

Hotel

De Doelen, Rapenburg 2, Leiden, Tel. 071/512 05 27, Fax 071/5 12 84 53, www.dedoelen.com. Seine hübschen Zimmer und die wunderbare Lage direkt an der Gracht sind die Pluspunkte des Hotels, das in einem altehrwürdigen Patrizierhaus untergebracht ist.

(Sterne: **)

Restaurants

Koetshuis De Burcht, Burgsteeg 13, Leiden, Tel. 071/512 16 88. Leckeres Essen und eine große Getränkeauswahl in einem ehem. Kutschenhaus am Fuße der Burcht.

Stadscafé van der Werff, Steenstraat 2, Leiden, Tel. 071/513 03 35. Gute Adresse für einen Kaffee, einen Drink oder ein leichtes Gericht.

Café

Annie's Verjaardag, Hoogstraat 1a, Leiden, Tel. 071/512 57 37. Je nach Tageszeit verwandelt sich das Lokal in ein Café, ein Restaurant oder eine Bar. Die schöne Terrasse hat immer geöffnet.

In den Oude Marenpoort, Lange Mare 36, Leiden, Tel. 071/514 32 15. Lockere, entspannte Atmosphäre, mit netten Plätzen im Freien.

9 Lisse

Ein Blumenmeer hinter quirligen Nordseestränden.

Bollenstreek nennt man die Region zwischen Haarlem und Leiden, in der sich etwa 8000 Gärtnereien auf den Großhandel mit Blumen spezialisiert haben. Eine *Tulpenroute* verbindet die wichtigsten Orte und Züchtereien.

Wer die Blütenpracht im Frühjahr nicht nur von der Straße aus bewundern, sondern sich sachkundig machen will, erhält z. B. in Vogelenzang bei **Holland Tulip Park** (Vogelenzangseweg 49, Tel. 02 52/ 53 01 61, Ende März–Ende Mai tgl. 8–18 Uhr, sonst auf Anfrage, www.hollandtulippark.nl) umfassende Informationen von der Blumenzucht bis zum Verkauf der Zwiebeln.

TOP TIPP Zielpunkt aller Blumenliebhaber ist ohne Frage der **Keukenhof** (Stationsweg 166a, Ende März–Ende Mai tgl. 8–19.30 Uhr, www.keukenhof.nl) bei Lisse, ein 1949 von Züchtern gemeinsam gegründetes Informationszentrum über die Kultivierung von Blumen, das sich inzwischen zu einer der meistbesuchten Attraktionen Hollands entwickelt hat. Knapp 1 Mio. Besucher strömen in den wenigen Wochen des Jahres, in denen die Anlage geöffnet ist, über die zwischen leuchtend bunten Feldern angelegten Wege, in die aufwendig gestalteten Freiluftanlagen, Gewächshäuser und Pavillons. 8 Mio. Blumen, vor allem Tulpen, aber auch Narzissen, Hyazinthen und viele andere, verwandeln den 30 ha großen Keukenhof in einen gigantischen Blütenteppich.

Der alljährlich Ende April veranstaltete *Bloemencorso* [s. S. 128], der mit seinen prächtig geschmückten Festwagen von Noordwijk über Lisse nach Haarlem führt, gilt als Höhepunkt der Tulpensaison. Das **Museum de Zwarte Tulp** (Grachtweg 2a/Heereweg 219, Di–So 13–17 Uhr) in Lisse beschäftigt sich nicht nur mit der Tulpenzucht, sondern auch ausgiebig mit dem im 17. Jh. aufgetretenen ›Tulpenwahn‹.

Ausflüge

Mit seinem 13 km langen Strand, der sich oft hinter wenig attraktiven Hotel- und Apartmentblocks versteckt, gehört **Noordwijk aan Zee** im Sommer zum Lieblingstreff Zehntausender Sonnenanbeter und Badeurlauber. Wie Nordwijk

Die unvergleichliche Farbenpracht der Blumenfelder und -beete des Keukenhof lockt zur Blütezeit im April und Mai Scharen von Besuchern aus dem In- und Ausland an

Tulipomanie – der Kult um die Zwiebelblume

Heute lässt sich die Hysterie um das asiatische Liliengewächs kaum noch nachvollziehen, doch zwischen Sommer 1622 und Februar 1637 spielte eine Nation verrückt. Die Blume aus den Steppen Asiens, die bereits in Persien und am Hof der osmanischen Sultane Aufsehen erregt hatte, war vom französischen Botaniker **Carolus Clusius** gegen Ende des 16. Jh. an die junge Universität Leiden gebracht worden. Die Tulpe wurde in Holland kultiviert und machte bald als gärtnerische Rarität Furore. Züchter boten für Pflanzen mit schönen Farbzeichnungen immer höhere Summen, bald wurden die wenige Gramm schweren Blumenzwiebeln mit einem Mehrfachen ihres Gewichtes in Gold aufgewogen. Ihr Preis stieg und stieg, Spekulanten heizten die Stimmung zusätzlich an, bald handelten Floristen ganzjährig auch Anteilscheine, die zunächst nur angezahlt werden mussten, auf zukünftige Zwiebeln. Im Juni 1633 beispielsweise wurde ein stattliches Haus für drei Tulpenzwiebeln verkauft, für vier andere bot ein ›Tulpenverrückter‹ eine Karosse mit sechs Pferden. Anfang 1637 wechselten drei Zwiebeln der äußerst begehrten rot-weiß gezeichneten **Semper Augustus** für sage und schreibe 30 000 Gulden den Besitzer – ein Grachtenhaus in Amsterdam war damals schon für ein Drittel der Summe zu haben. Und dann geschah das, was sich kaum einer vorstellen konnte, der überhitzte Markt kühlte sich ab. Verunsicherte Anleger, darunter viele, die auf Kredit spekuliert hatten, versuchten nun ihre Anteile so schnell wie möglich zu veräußern. Doch kaum einer wollte kaufen und die Preise brachen zusammen. Zehntausende waren über Nacht ruiniert und der Tulpenwahnsinn hatte ein jähes Ende.

Heute lassen sich wieder große Geschäfte mit Tulpen machen. In dem unweit des Amsterdamer Flughafens Schiphol gelegenen Städtchen **Aalsmeer**, dem weltgrößten Umschlagplatz für Schnittblumen, werden täglich bis zu 18 Mio. versteigert – wenngleich nur für wenige Cent pro Stück.

Top Tipp ähnelt auch das weiter südlich gelegene **Katwijk aan Zee** englischen Seebädern auf der anderen Seite des Kanals. Vor allem die breiten, feinsandigen und von einem Dünengürtel gesäumten *Strände* südlich des lebhaften Badeortes, in dem nur noch die gedrungene, weiß getünchte Oude Kerk an vergangene Zeiten als einsames Fischerdorf erinnert, lohnen den Besuch.

Praktische Hinweise

Information: VVV Lisse, Heereweg 245, Lisse, Tel. 02 52/43 32 22, Fax 02 52/ 43 32 40, www.lisse.nl

Eine sanfte Brise bläht die bunten Segel bei Katwijk aan Zee

Camping

De Zuidduinen, Zuidduinseweg 1, Katwijk aan Zee, Tel. 071/401 47 50, Fax 071/407 70 97, www.zuidduinen.nl. Campingplatz mit guter Sanitärausstattung auf einem ebenen Wiesengelände inmitten der Dünen.

Hotel

****Het Hof van Holland**, Voorstraat 79, Noordwijk aan Zee, Tel. 071/361 22 55, Fax 071/362 06 01, www.hethofvanholland.nl. Gepflegtes Haus in altholländischem Stil mit ordentlichem Restaurant, etwas abseits vom Strandtrubel.

10 Haarlem

TOP TIPP *Malerische Gassen und beschauliche Hofjes in der Frans-Hals-Stadt.*

Das Flüsschen Spaarne schlängelt sich in Kurven durch die Stadt, von ihm zweigen zahlreiche Kanäle ab, die das historische Zentrum mit seinen vielen denkmalgeschützten Häusern umschließen. Schon im 10. Jh. tauchte der Name Haarlem erstmals in Urkunden auf. Um 1245 verliehen die Grafen von Holland dem Ort Stadtrechte und bald schützte ein *Wallring* die zur Residenz ernannte Stadt. Haarlems Bürger hatten einen besonders hohen Blutzoll im Kampf gegen die spanischen Truppen des Herzogs von Alba zu zahlen: Nach Einnahme der Stadt im Jahr 1573 wurden mehrere Tausend von ihnen hingerichtet.

Nachdem die Spanier zu Beginn des 17. Jh. in den südlichen Teil der Niederlande zurückgedrängt worden waren, strömten viele flämische Flüchtlinge in die Stadt. Mit ihnen begann der Aufstieg Haarlems zu einer Hochburg der Tuch- und Garnbleicherzunft. Auch in Frankreich verfolgte Hugenotten fanden hier eine neue Heimat und gründeten Textilmanufakturen. Haarlem, die Hauptstadt der Provinz Noord-Holland, Gewerbestandort und wichtiger Umschlagplatz für die Blumenzwiebelplantagen, zählt heute 155 000 Einwohner.

Den zentralen **Grote Markt** nutzten die Grafen von Holland einst als Turnierplatz. Reich geschmückte Giebelhäuser des 17. Jh. zeugen vom Wohlstand ihrer Erbauer. Ein Standbild erinnert an den Haarlemer *Laurens J. Coster*, der zeitgleich mit Gutenberg den Buchdruck erfunden haben soll. Das **Stadhuis**, eine alte Burg der Grafen von Holland, wurde entschei-

Zu Anfang des 20. Jh. wurde der Turm des Stadhuis nach alten Plänen neu aufgebaut

Die unterschiedlichen Giebelformen und Baustile der vergangenen Jahrhunderte zeigen die noblen Backsteinhäuser am Haarlemer Grote Markt

dend vom Stadtbaumeister Lieven de Key modernisiert. 1597 gestaltete er die Außentreppe und später auch die klassizistische Fassade. Auch die **Vleeshal** (Grote Markt 16) von 1603 an der Südseite des Platzes ist ein Werk De Keys. Mit seiner prächtigen Giebelfassade gilt das ehem. Zunfthaus der Fleischer als eines der schönsten Beispiele niederländischer Renaissance.

TOP TIPP Auf der Südostseite des Platzes erhebt sich die **Grote** oder **St. Bavokerk** (Mo–Sa 10–16 Uhr). Rund um die spätgotische Kreuzbasilika aus dem 15. Jh. wurden einst Buden angebaut, die zum Teil auch heute noch kleine Geschäfte beherbergen. Wer den 80 m hohen *Vierungsturm* hinaufsteigt, wird mit einem weiten Blick über die Stadt belohnt. Im Innern erscheint das 125 m lange Hauptschiff mit seiner Zedernholzdecke durch die zwei recht flachen Seitenschiffe besonders hoch. Der Bildersturm der Reformation hat viel Wertvolles der früheren Ausstattung ›hinweggefegt‹. Erhalten blieben das schöne, kupferne Chorgitter von 1517 sowie das kunstvoll geschnitzte Chorgestühl von 1513. Im Chor der Kirche befindet sich die Grabstätte des Malers *Frans Hals* (1580–1666), der die meiste Zeit seines langen Lebens in Haarlem verbrachte. Drei von der Decke hängende historische Schiffsmodelle dokumentieren die enge Verbindung der nur 7 km von der Küste entfernt liegenden Stadt mit der Seefahrt. Besondere Erwähnung verdient die berühmte, von Christian Müller 1738 gebaute *Barockorgel* mit ihren mehr als 5000 Pfeifen, auf der bereits Händel und der 10-jährige Mozart musizierten. Noch heute wird die Orgel im Sommer für Konzerte genutzt.

Das nicht weit entfernte **Corrie ten Boom Huis** (Barteljorisstraat 19, April–Okt. Di–Sa 10–16, Nov.–März Di–Sa 11–15 Uhr, www.corrietenboom.nl) erinnert mit Fotos und Dokumenten an seine frühere mutige Bewohnerin, die in den Jahren der deutschen Besatzung Juden und andere Verfolgte in einem Geheimversteck vor der Gestapo verbarg. Nach der Entdeckung wurden diese und viele ihrer Freunde in Konzentrationslager verschleppt. Als einzige Überlebende kehrte Corrie ten Boom aus dem KZ Ravensbrück zurück.

Wenige Schritte östlich des Grote Markt, am Spaarne-Ufer, befindet sich das

In der spätgotischen St. Bavokerk wurde der Haarlemer Maler Frans Hals bestattet

bereits 1778 eröffnete **Teylers Museum** (Spaarne 16, Di–Sa 10–17, So 12–17 Uhr, www.teylersmuseum.nl), eines der ältesten Museen der Niederlande. Die umfangreiche Sammlung des wohlhabenden Tuch- und Seidenhändlers *Pieter Teyler van der Hulst* (1702–1778) zeigt eine bunte Mischung aus Kunst und naturwissenschaftlichen Exponaten, z. B. Zeichnungen von Michelangelo und Raffael, aber auch Fossilien, Mineralien und physikalische Apparaturen.

In einem von der Stiftung *Groot Heiligland* betriebenen Altersheim für Männer verbrachte Frans Hals seine letzten Lebensjahre. Dieses Gebäude, 1608 von Lieven de Key errichtet, beherbergt seit 1913 das **Frans Hals Museum** (Groot Heiligland 62, Di–Sa 11–17, So 12–17 Uhr, www.franshalsmuseum.nl) mit der Städtischen Kunstsammlung Haarlems. Hochkarätiger Mittelpunkt sind Hals' berühmte Regentenporträts und Schützenstücke. Neben weiteren Gemälden des 16. und 17. Jh., vornehmlich Haarlemer Maler, komplettieren Porzellan, Keramiken, Silber und Möbel des 18. Jh. das Angebot.

Schon von weitem weist die mächtige Kuppel der südlich des Zentrums gelegenen **Kathedraal St. Bavo** (Leidsevaart 146, April–Okt. Mo, Sa/So 13–16, Di–Fr 10–16 Uhr) den Besuchern den Weg. Um 1900 von Petrus J. H. Cuypers erbaut, vereint die große Kreuzbasilika mit ihren zahlreichen Türmchen und Kapellenanbauten gotische und arabische Stilelemente. Kostbares Liturgiegerät wird in der *Schatzkammer* gezeigt.

In Haarlem gibt es noch etwa zwei Dutzend **Hofjes**, Wohnhöfe, die einst Laien ein zurückgezogenes frommes Leben erlaubten und oft von mildtätigen Stiftungen betrieben wurden. Wenige Schritte von der Straße öffnen sich beschauliche, mit Arkaden und Gärten geschmückte Innenhöfe. Besonders schöne Beispiele der heute noch durchweg bewohnten Hofjes findet man am Koudenhorn 64 (Teylershofje), in der Witte Herenstraat 24 (Frans Loenen Hofje) oder in der Barrevoetstraat 7 (Hofje van Loo). Die älteste Hofanlage Haarlems ist das 1395 gestiftete *Hofje de Bakenesserkamer* am Wijde Appelaarsteeg 11.

Wie aus dem Leben gegriffen wirken die Porträtierten beim ›Festmahl der Offiziere der St. Georgsschützen‹ von 1616, das sich im Frans Hals Museum befindet

Die ausladende Kathedraal St. Bavo ist im Vergleich zur spätmittelalterlichen St. Bavokerk geradezu blutjung, denn erst um 1900 entstand der mehrere Stile verbindende Bau

TOP TIPP Zandvoort

Nur wenige Kilometer westlich von Haarlem liegt Zandvoort, das nach Scheveningen zweitgrößte niederländische Strandbad. Der 15 km lange Sandstrand mit seinen vielfältigen Sportmöglichkeiten und die strandnahen Cafés und Bars bieten reichlich Abwechslung. Darüber hinaus sorgt ein Kasino für Nervenkitzel. Der Ort ist auch für seines Rennstrecke bekannt, auf der regelmäßig Auto- und Motorradrennen ausgetragen werden.

Einsamer und ruhiger ist es in dem nördlich gelegenen, für Motorfahrzeuge gesperrten **Nationalpark de Kennemerduinen**, dessen kleine Trampelpfade zum Wandern und Radeln einladen.

i Praktische Hinweise

Information: VVV Zuid-Kennemerland, Stationsplein 1, Haarlem, Tel. 09 00/616 16 00, Fax 023/534 05 37, www.vvvzk.nl

Schiff

Woltheus Cruises, Spaarne 11a, Haarlem, Tel. 023/535 77 23. Viermal täglich Kanalrundfahrten (April–Okt.).

Einkaufen

Candlelight, Donkere Spaarne 24, Haarlem, Tel. 023/532 64 45. Kerzen en gros und en détail in einer der größten Kerzengießereien der Niederlande.

Nachtleben

Patronaat, Oostvest 54, ab Ende 2005 im Neubau am Zijlsingel 2, Tel. 023/

Kurze Wege für Badende – Erfrischungen und Snacks gibt's am Strandkiosk

532 60 10, www.patronaat.nl. Livemusik unterschiedlicher Stilrichtungen für ein tanzfreudiges, eher jüngeres Publikum.

Hotels

**Joops Hotel, Oude Groenmarkt 20, Haarlem, Tel. 023/532 20 08, Fax 023/512 53 00. Gemütliche Zimmer und Apartments in Nachbarschaft zur Grote Kerk.

*Stayokay Hostel, Jan Gijzenpad 3, Haarlem, Tel. 023/537 37 93, Fax 023/537 11 76, www.stayokay.com. Jugendherberge mit 2-, 4-, 6- und 8-Bett-Zimmern 3 km nördlich des Zentrums.

Restaurants

Bronkhorst & Bruijns, Twijnderslaan 7-9, Haarlem, Tel. 023/531 07 17. Zeitgemäße holländisch-internationale Küche, nette Atmosphäre (Di geschl., Sa/So nur abends).

De Pêcherie Haarlem aan Zee, Oude Groenmarkt 10, Haarlem, Tel. 023/531 48 48. Köstliche Fischgerichte im nachempfundenen Ambiente eines Strandlokals der 1920er-Jahre.

De Smikkel, Kruisweg 57, Haarlem, Tel. 023/532 06 31. Die Qual der Wahl: Pfannkuchen in 44 Varianten stehen auf der Speisekarte.

11 Alkmaar

Sommerliches Käsespektakel in der romantischen Altstadt.

Von Mitte April bis Mitte September dreht sich an Freitagen in Alkmaar alles um den Käse. Schon seit 600 Jahren verkaufen die Bauern der Umgebung in der von Singelgracht und Nordhollandse Kanaal umflossenen pittoresken Altstadt ihre Käsekugeln und -laiber auf dem Markt. Hierbei tragen die traditionell weiß gewandeten Mitglieder verschiedener Gilden, an den Farben ihrer Hutbänder zu unterscheiden, die Partien verkauften Käses in die historische **Waag**, die mit Türmchen und Spitzen an ihre frühere Bestimmung als Kapelle zum Heiligen Geist (1341) erinnert. Das Käsespektakel lockt Scharen von Urlauber an, die das Geschehen dicht gedrängt hinter der Absperrung verfolgen. In der Waag erfahren Besucher des dort eingerichteten *Kaasmuseum* (April–Okt. Mo–Do + Sa 10–16, Fr 9–16 Uhr, www.kaasmuseum.nl) viel Interessantes rund um das allseits beliebte Milchprodukt.

Bei dem ganzen Käse sollte man aber nicht vergessen, durch die von Grachten durchzogene malerische **Altstadt** zu schlendern, die noch viele historische

◁ *Von Alkmaar aus erreicht man schnell den gepflegten Strand von Egmond aan Zee*

Gebäude vor allem aus dem 17. Jh. aufweist. Ebenfalls aus dem Jahrhundert stammt die prächtige *Barockorgel* der spätgotischen St. Laurenskerk am Kerkplein.

Ausflüge

Nur 7 km westlich von Alkmaar liegen nahe beieinander zwei hübsche Badeorte: das Seebad **Bergen aan Zee**, in dem sich viele Künstler niedergelassen haben, und südlich **Egmond aan Zee**. In den Sommermonaten treffen sich viele, vorwiegend holländische Urlauber an den schönen, von Dünen und Wäldern gesäumten Stränden.

i Praktische Hinweise

Information: VVV Alkmaar, Waagplein 2–3, Alkmaar, Tel. 072/511 42 84, Fax 072/ 5 11 75 13, www.noord-holland-tourist.nl

Camping

De Woudhoeve, Driehuizerweg 8, Alkmaar, Egmond a. d. Hoef, Tel. 072/ 506 95 55, www.woudhoeve.nl. Von Kanälen durchzogenes und von Büschen aufgelockertes Gelände an einem künstlichen See. Entfernung zum Meer ca. 2,5 km.

Restaurant

Het Hof van Alkmaar, Hof van Sonoy 1, Alkmaar, Tel. 072/512 12 22. Regionalküche mit Übersee-Einflüssen (Mo geschl.).

Café und Bar

Café Lindeboom, Verdronkenoord 114, Tel. 0 72/512 17 43. Bier und Genever in geselliger Atmosphäre.

Im Laufschritt wird der Käse auf dem Markt von Alkmaar zur Stadtwaage transportiert

Beschaulich wirkt der Hafen von Hoorn heute, die großen Entdeckungsfahrten sind schon längst Geschichte ▷

12 Hoorn

Seefahrerhafen mit dem Duft der großen weiten Welt.

Die Stadt am Ijsselmeer blickt auf eine große Seefahrer-Vergangenheit zurück. Kapitän *Willem Schouten* brach 1616 von Hoorn auf, um mit seinem Segler als Erster über die Südspitze Südamerikas, die er Kap Hoorn taufte, den Pazifik zu erreichen. Die Fahrten von *Abel Tasman*, der 1642 Neuseeland und Tasmanien entdeckte, nahmen ebenfalls hier ihren Ausgangspunkt. Und dann gab es da noch *Jan Pietersz. Coen*, den Begründer der Kolonie Niederländisch-Ostindien, des heutigen Indonesien. An ihn erinnert ein Standbild auf dem **Rode Steen**, dem Marktplatz von Hoorn. Hier steht auch die 1609 nach Plänen von Hendrik de Keyser errichtete öffentliche Waage. Das gegenüberliegende **Westfries Museum** (Rode Steen 1, Mo–Fr 11–17, Sa/So 14–17 Uhr, www.wfm.nl) in einem reich verzierten Giebelhaus von 1632 erläutert die Siedlungsgeschichte der Stadt, deren Patrizier-, Speicher- und Kontorhäuser heute noch die vergangene Größe dokumentieren, und beschäftigt sich mit den kolonialen Eroberungen, die von Hoorn ihren Ausgang nahmen. Im Hafengelände zeugt noch der stattliche, 1542 als Wehrturm erbaute **Hoofdtoren** von kriegerischen Zeiten.

Auch bei einer Grachtenrundfahrt kann man einen Blick auf die historische Waag werfen

Enkhuizen

Rund 10 km nordöstlich von Hoorn gelegen, war der Ort einst Zentrum des Pfefferhandels der Ostindischen Kompanie. Lagen damals stets mehrere Fernsegler im Hafen, steuern heute Freizeitkapitäne die Marina an. Ein Spaziergang durch den zauberhaften Ortskern der Hafenstadt sollte das **Zuiderzee Museum** (Wierdijk 12–22, Mo–So 11–17, April–Sept. 10–17 Uhr, Juli/Aug. tgl., www.zuiderzeemuseum.nl) einschließen. In dem einstigen Lagerhaus (17. Jh.) der Ostindischen Handelskompanie sind zahlreiche Exponate zur Schifffahrt und zum Fischereiwesen auf der früheren, zum Meer hin offenen Zuiderzee (dem heutigen Ijsselmeer) zusammengetragen. Zum Museum gehört die 500 m weiter nördlich gelegene *Freilichtanlage* mit alten Bauernhäusern, öffentlichen Gebäuden, einer Kirche und Handwerksbetrieben aus der Region. Das ansprechen-

TOP TIPP

de Museumsdorf veranschaulicht die Lebensbedingungen vor gut 100 Jahren.

Medemblik

Die Hafenstadt nördlich von Hoorn wurde im Jahre 334 erstmals in Dokumenten erwähnt. Hauptattraktion des ältesten Orts von Westfriesland ist das **Kasteel Radbout** (Oudevaartsgar 8, Mai–Mitte Sept. Mo–Sa 11–17, So 14–17 Uhr), die aus dem 7. Jh. stammende Burg des gleichnamigen Friesenfürsten. Sie wurde im 13. Jh. als Zwingburg der Grafen von Holland überbaut. Im 19. Jh. wurde die verfallene Anlage restauriert. Heute dient die von einem Wassergraben umgebene Burg als Veranstaltungszentrum.

i Praktische Hinweise

Information: VVV Hoorn, Veemarkt 4, Hoorn, Tel. 072/511 42 84, Fax 02 29/21 50 23, www.vvvhoorn.nl; VVV Enkhuizen, Tussen twee havens 1, Enkhuizen, Tel. 02 28/31 31 64, Fax 02 28/31 55 31

Hotel

****Die Port Van Cleve**, Dijk 76, Enkhuizen, Tel. 02 28/31 25 10, Fax 02 28/31 87 65, www.hetmonument.com. Gemütliche alte Herberge nicht weit vom Wasser.

Restaurant

De Waag, Rode Steen 8, Hoorn, Tel. 02 29/21 51 95. Kaffee und warme

Der Hoofdtoren empfängt schon seit Jahrhunderten die Schiffe im Hafen von Hoorn ▷

Präsent auf allen Weltmeeren – als Holland Großmacht war

1602 gründeten holländische Kaufleute die **Ostindische Kompanie** als erste Aktiengesellschaft für den Handel mit Produkten aus Indien, Indonesien und dem fernen Osten. 1621 folgte die **Westindische Kompanie**, die schon bald Niederlassungen in der Neuen Welt hatte, an der Ostküste von Nord- und Südamerika sowie in der Karibik. Nur wenig später kamen noch Stützpunkte im diamantenreichen Südafrika hinzu. 1605 gaben holländische Seefahrer dem heute als Australien bekannten Kontinent den Namen Neu-Holland. Der Kapitän **Willem Schouten** aus der Hafenstadt Hoorn umsegelte 1616 als Erster die heute Kap Hoorn genannte Südspitze Südamerikas. Der Friese **Pieter Minuit** kaufte 1626 im Auftrag der Westindischen Kompanie einheimischen Indianern an der Ostküste Nordamerikas eine bei der Mündung des Hudson River in den Atlantik gelegene Halbinsel (Manhattan) ab. Dort gründete er eine Niederlassung namens Nieuw Amsterdam. Sie wurde später von den Engländern zu Ehren des Herzogs von York in New York umgetauft. 1642 entdeckte der Holländer **Abel Tasman** im Südpazifik die Inseln des heutigen Neuseeland.

Nach der Vertreibung der Spanier aus den Niederlanden erlebte das Land im 17. Jh., seinem ›Goldenen Zeitalter‹, einen ungeheuren wirtschaftlichen Aufschwung. Die Randlage im Nordwesten des europäischen Kontinents geriet zum strategischen Vorteil. Holländische Schiffbauer entwickelten schnelle und wehrhafte Segler, mit denen Admirale und Kaufleute den Interessen des Landes weltweit Respekt verschaffen konnten. In den **Kolonien**, z. B. in Niederländisch-Ostindien, dem heutigen Indonesien, bauten einheimische Zwangsarbeiter und Sklaven die in Europa begehrten Waren wie Muskat, Pfeffer, Palm- und Kokosöl, Kaffee, Tee, Kakao oder Tabak an, mit denen die Aktionäre der Kolonialgesellschaften ein Vermögen verdienten. Auch beim Handel mit **Arbeitssklaven** fuhren holländische Händler und Kapitäne märchenhafte Gewinne ein. Bereits 1609 landete ein holländischer Segler mit den ersten für Nordamerika bestimmten afrikanischen Sklaven in Jamestown, der neu gegründeten britischen Kolonie Virginia.

Erst die langen Auseinandersetzungen mit der gleichfalls aufstrebenden Seefahrernation **England** setzten dem Drang nach weltweiter Präsenz und Herrschaft Grenzen. Die Niederlande mussten sich auf die Ausbeutung weniger Kolonialgebiete konzentrieren, deren Ausdehnung jedoch die des Mutterlandes immer noch um ein Vielfaches übertraf.

Historische Stadtansicht der 1619 von der Holländisch-Ostindischen Kompanie gegründeten indonesischen Stadt Batavia, des heutigen Jakarta

Auf dem Rode Steen ragt das Standbild des großen Sohnes der Stadt Hoorn, Jan Pietersz. Coen, vor der aufwendig gestalteten Fassade des heutigen Westfries Museum empor

Mahlzeiten im historischen Gebäude der Waage.

Hendrickje-Stoffels, Oude-Doelenkade 3–5, Tel. 02 29/21 04 17. Holländische und internationale Gerichte in gepflegtem Ambiente.

13 Den Helder

Marinestützpunkt und Fährhafen zu den Inseln im Wattenmeer.

Die militärisch-maritime Tradition des ehemaligen Fischerortes reicht bis 1811 zurück, als Napoleon den Hafen gegen die Briten zum *Gibraltar des Nordens* befestigen ließ. Heute liegen im Haupthafen der Niederländischen Kriegsmarine Schnellboote, Zerstörer und U-Boote vor Anker. Besucher des *Cape Holland Attractiepark* können im **Marinemuseum** (Hoofdgracht 3, Di–Fr 10–17, Sa/So 12–17, Juni–Aug. auch Mo 10–17 Uhr, www.marinemuseum.nl) die vergangenen 500 Jahre niederländischer Marinegeschichte Revue passieren lassen. Interessante Ausstellungsstücke sind z. B. zwei ausgemusterte Kriegsschiffe und der Minensucher *Abraham Crijnssen*, dem es 1942 – als tropische Insel getarnt – gelang, vor den Japanern aus Niederländisch-Ostindien zu flüchten. Im **Nationaal Reddingmuseum Dorus Rijkers** (Bernhardplein 10, Mo–Sa 10–17, So 13–17 Uhr, www.reddingmuseum.nl) dreht sich alles um das hervorragende Können holländischer Seenotretter. Auch historische Schiffe, Piratenabenteuer und Cafés gehören zum Marinepark.

In dem zu Den Helder gehörenden Örtchen Huisduinen ragt der 1887 aus Gusseisen errichtete signalrote Leuchtturm **De Lange Jaap** 57 m in den holländischen Himmel.

i Praktische Hinweise

Information: VVV Den Helder, Bernhardplein 18, Den Helder, Tel. 02 23/62 55 44, Fax 02 23/61 48 88, www.koprannoordholland.nl

Schiff

Rederij TESO, Pontweg 1 (Hafen), Den Helder, Tel. 02 22/36 96 91, www.teso.nl. Autofähre Den Helder – Insel Texel.

Camping

De Donkere Duinen, Jan Verfailleweg 616, Den Helder, Tel. 02 23/61 47 31, Fax 02 23/61 50 77, www.donkereduinen.nl. Etwa 800 m vom Meer entfernt, mit vielfältigen Sportmöglichkeiten.

AMSTEL
BIER
DE GRIË
geopend
vanaf
dinsdag
gesloten
Zomer
Zotheid
Roomijs met
aardbeien, kersen
slagroom
9.50

Westfriesische Inseln, Friesland und der Norden – Urlaubsperlen im Wattenmeer und fruchtbare Marschen

Friesische Bauernhäuser stemmen sich mit tief heruntergezogenem Dach gegen den Wind. Viele von ihnen stehen auf *Terpen*. Diese künstlichen Erdhügel sollten den Menschen in der Vergangenheit Schutz bieten, wenn Sturmfluten das flache Land unter Wasser setzten. Heute verlässt man sich eher auf stabile Deiche. Die Marschen entlang der Küste werden zu Viehzucht und Ackerbau genutzt. Im Hinterland zieht sich die **Friesische Seenplatte** bis an die Küste des Ijsselmeers. Gemütliche Dörfer und die beiden größeren Städte **Leeuwarden** und **Groningen** lohnen mit ihren schönen historischen Zentren und interessanten Museen einen Besuch. Das gilt genauso für die Kette vorgelagerter Inseln, die **Waddeneilanden** genannt werden. Bei Ebbe fallen große Teile des Meeresbodens zwischen den Inseln und dem Festland trocken. Auf dem von Wasserläufen, sog. Prielen, durchzogenen schlickigen Grund kann man wandern – jedenfalls sofern man sich auskennt und die genaue Zeit der nächsten Flut beachtet. Bis auf das nordholländische **Texel** und einige kleine Eilande im Nordosten, die zur Provinz Groningen zählen, gehören die Wattinseln zu Friesland. Mit ihren breiten Sandstränden, den bis zu 30 m hohen Dünen und den kleinen Kiefernwäldchen sind die Inseln beliebte Ziele für Sommerurlauber.

14 Texel

Wasservögel, Schafe und Sommerurlauber auf Hollands Wattinsel.

Von Den Helder aus setzt man per Autofähre nach Texel über. Das 25 km lange und 8 km breite Eiland, die größte der niederländischen Wattinseln, gehört noch zur Provinz Noord-Holland. In den Sommermonaten kommen zu den 13 000 ständigen Bewohnern über 30 000 Urlaubsgäste hinzu, die vor allem von den schier endlos scheinenden *Stränden* entlang der Westküste angezogen werden. Das flache Eiland mit den zahlreichen, pittoresk auf grünen Wiesen weidenden Schafen eignet sich aber auch hervorragend für erholsame Spaziergänge. Zu Fuß oder mit dem Rad lassen sich ebenso Texels einsame Naturreservate und Vogelschutzgebiete erkunden.

Den Burg ist der zentral gelegene Hauptort der Insel mit Einkaufszentrum, Kino und einem kleinen Heimatmuseum. Im Umland werden die Lämmer gezüchtet, deren zartes Fleisch in Feinschmeckerrestaurants in ganz Holland geschätzt wird.

Bei **Den Hoorn** im Südwesten der Insel erhebt sich der schlanke weiße *Turm* der reformierten Kirche, der schon im 16. Jh. vorbeifahrenden Schiffen als Landmarke diente. Heute ist er vor allem ein beliebtes Fotomotiv. Das an der Westküste gelegene Dorf **De Koog** wird in den Sommermonaten von Urlauberscharen bevölkert, denn hier erstreckt sich das schönste Strandgebiet der Insel. Wassersport wird an der Küste natürlich groß geschrieben: Parachuting, Katamaran-

◁ **Oben:** *In Harlingen an der Waddenzee liegen sog. Plattbodenschiffe vor Anker*
Unten: *Putzige Kneipen wie ›De Grië‹ laden auf Terschelling zum Einkehren ein*

In Den Hoorn auf Texel lassen sich Kühe das Gras vor der kleinen Kirche schmecken

Segeln, Seekajak, Windsurfen – alles ist im Angebot. Und für das Leben abseits vom Strand gibt es Dutzende von Imbissen, Bed & Breakfast-Unterkünfte, Geschäfte und Bowling-Anlagen. Das naturhistorische Museum **EcoMare** (Ruijslaan 92, Tel. 02 22/31 77 41, tgl. 9–17 Uhr, www.ecomare.nl) präsentiert das Thema Meer in all seinen Facetten. In der Aufzuchtstation kümmert man sich um ausgesetzte und verletzte Seehunde. Mitarbeiter des Zentrums veranstalten auch geführte Touren durch einen geschützten Dünenpark.

Beim alten Hafen **Oudeschild** auf der Wattenmeerseite, in dem sich heute Freizeitboote ein Stelldichein geben, lohnt das originelle **Maritiem en Jutters Museum** (Barentszstraat 21, Di–Sa 10–17, Juli/Aug. auch Mo 10–17 Uhr, www.duyfken.nl) mit einer wunderbaren Sammlung von Strandgut (*Jutterij* = Sammeln von Strandgut) und alten Schiffsmodellen einen Besuch.

Wer die artenreichen Natur- und **Vogelschutzgebiete** von *Schorren*, *Dijkmanshuizen* und *Bol* besuchen möchte, kann sich an das **EcoMare** (siehe oben) wenden, dort werden Erkundungswanderungen organisiert.

Praktische Hinweise

Information: VVV Texel, Emmalaan 66, Den Burg, Tel. 02 22/31 47 41, Fax 02 22/31 00 54, www.texel.net

Öffentliche Verkehrsmittel

Der Inselbusdienst fährt kontinuierlich alle sieben Inseldörfer an.

Schiff

TESO, Tel. 02 22/36 96 91, www.teso.nl. Betreibt die Fährlinie zwischen Den Helder auf dem Festland und 't Horntje auf Texel (ca. 30 Min.). Auch Autos werden transportiert.

Garnalenkotter, TX 10 Emmie, Tel. 02 22/31 36 39, und TX 35 De Zeester, Tel. 02 22/31 35 45. Ausfahrten zum Krabbenfang und zum Angeln (Ostern bis Nov.).

Camping

De Krim, Roggeslootweg 6, De Cocksdorp, Tel. 02 22/39 01 11, Fax 02 22/39 01 21, www.krim.nl. Schönes Dünen- und Wiesengelände im Norden der Insel, auch Bungalows, angrenzend ein Golfplatz.

Hotels

******Opduin**, Ruyslaan 22, De Koog, Tel. 02 22/31 74 45, Fax 02 22/31 77 77, www.opduin.nl. Gepflegte, gut ausgestattete Anlage am Dünenrand mit geräumigen Zimmern mit überwiegend prächtigen Panoramaausblicken über Strand und Meer. Drei Restaurants befinden sich im Haus.

****Pension Brinkvis**, Brink 12, De Koog, Tel. 02 22/31 75 45. Gemütliche Herberge mit freundlichem Gastgebern; Fahrradverleih im Haus.

Restaurants

De Taveerne, Dorpstraat 119, De Koog, Tel. 02 22/31 75 85. Köstlich sind die Lamm- und Fischgerichte.

Het Vierspan, Gravenstraat 3, Den Burg, Tel. 02 22/31 31 76. Spitzenrestaurant der Insel, besonders empfehlenswert das zarte Deichwiesenlamm und Wild (Mo/Di geschl.).

Ausgesprochen hübsch ist dieses Ferienhäuschen auf Vlieland

Mit Kind und Kegel – der feinsandige Strand von Terschelling begeistert große und kleine Badeurlauber

15 Terschelling

TOP TIPP *Idyllisches Urlauberparadies vor der friesischen Küste.*

Die 30 km lange und bis zu 5 km breite Insel ist die zweitgrößte des Wattenmeers. Sie ist, wie auch ihre Nachbarinsel Vlieland, mit einer Fähre vom Festlandhafen Harlingen aus zu erreichen. Im Sommer lockt Terschelling nicht nur Menschen, sondern auch Vögel in Scharen an. Die Urlauber kommen nach West-Terschelling und Midsland und genießen den langen, feinen, von Dünen gesäumten **Sandstrand**, der sich die ganze Nordseeseite entlangzieht, während die vielen Tausend Vögel den Osten bevorzugen. Sie brüten im Reservat Boschplaat, das man nach der Brutperiode bei einer Planwagentour (Tel. 05 62/44 88 37) erkunden kann.

Wer einmal Pause vom Strandleben machen möchte, kann sich im reizenden Hafenort West-Terschelling umsehen. Hier ist in einem ehem. Kapitänshaus aus dem 17. Jh. das **'t Behouden Huys** (Commandeurstraat 30, April–Okt. Mo–Fr 10–17, Sa 13–17, Mitte Juni – Sept. auch So 13–17 Uhr, www.behouden-huys.nl) untergebracht, ein Museum, das nautische Instrumente, aber auch traditionelle Einrichtungen und Haushaltsgegenstände präsentiert. Das **Centrum Voor Natuur en Landschap** (Burgemeester Reedekerstraat 11, April–Okt. Mo–Fr 9–17, Sa/So 14–17 Uhr, Tel. 05 62/44 23 90) stellt Pflanzen und Tiere der Insel vor. Herzstück der Ausstellung ist ein großes Aquarium.

Vlieland

Besucher müssen ihr Auto auf dem Festland stehen lassen und die 20 km lange und bis zu 2 km breite, von Kiefernwald und Dünen bedeckte Insel westlich von Terschelling zu Fuß, per Fahrrad oder per Inselbus erkunden. Nur wenige Hundert Insulaner bewohnen heute das Eiland. Im Sommer jedoch vervielfacht sich die Zahl durch die Urlauber, die der rund 12 km lange Sandstrand an der Westseite anlockt.

Eine ungeheure Sturmflut spülte 1746 Teile der Insel mit der Ansiedlung West-Vlieland ins Meer und riss 1600 Menschen in den Tod. Dem verbliebenen Eiland mit dem Ort **Oost-Vlieland**, kurz Vlieland genannt, verleihen einige hübsche Giebelhäuser des 17. Jh. den Charme vergangener Zeiten. Das 1575 erbaute **Tromps Huis** (Dorpstraat 99, Okt–April Di–Sa 14–17, Mai–Sept. Di–Fr 11–17, Sa 14–17 Uhr) bewahrt als Museum zur Lokalgeschichte Malereien, Geschirr und Gläser sowie die Kunstsammlung der aus Norwegen stammenden Malerin Betzy Akersloot-Berg

Hier sind wohl echte Romantiker zu Hause: Ein üppiger Teerosenbusch ziert ein Häuschen auf der Insel Schiermonnikoog

In der Provinz Friesland flattert allenthalben das Seerosen-Banner im Wind

Friesisch herb – Volksstamm mit Selbstbewusstsein

Wer den Nordosten der Niederlande bereist, kann es nicht übersehen: Die Region ist **zweisprachig**. Die Orte Sneek und Sloten werden gleichzeitig als Snits und Sleat angekündigt. Die Provinz Friesland heißt Fryslân. Und ihre Hauptstadt Ljouwert kennen die meisten besser als Leeuwarden. Dabei ist das **Friesische** nicht etwa ein holländischer Dialekt, sondern eine eigene, wenn auch verwandte Sprache. Die überwiegende Mehrheit in Friesland versteht Frysk, drei Viertel der etwa 600 000 Friesen unterhalten sich in der friesischen Mundart – nicht nur privat, sondern sogar in Regionalparlamenten und Gemeindevertretungen. Vorbei sind die Zeiten, in denen man vom Friesischen abfällig als ›Dünenplatt‹ sprach. Es gibt eine Akademie für die friesische Kultur in Leeuwarden und Verbindungen zu Ost- und Nordfriesen bis hinauf an die süddänische Nordseeküste.

Schon im ersten vorchristlichen Jahrhundert berichteten die Römer von den Friesen als einem Volk, das in den unwirtlichen Küstenmarschen lebt. **Bonifatius**, der Bekehrer der Heiden, wurde vermutlich 754 bei Dokkum von Friesen erschlagen. Erst im 14. Jh. gelang es den **Grafen von Holland**, das kampfeslustige Volk zu unterwerfen.

Heute pochen die Friesen in den Niederlanden erfolgreich auf ihre Rechte. Den für Friesland stehenden Autoaufkleber **FRL** und das schräg blau-weiß gestreifte **friesische Banner** mit den sieben roten Seerosenblättern kann man zwischen Dokkum und Harlingen recht häufig sehen. Großer Wert wird vor allem auf den Sprachunterricht an Schulen und damit auf die Bewahrung der friesischen Kultur gelegt.

(1850–1922), die das Haus einst bewohnte. Im **Bezoekerscentrum De Noordwester** (Dorpstraat 150, Mai–Sept. tgl. 10–12 und 14–17, Okt.–April Mi und Sa 14–16 Uhr) kann man sich über Flora und Fauna der Insel informieren oder zu geführten Touren mit Vogelbeobachtung anmelden.

Ameland und Schiermonnikoog

Mit seinen Dünen, Wäldern und Vogelschutzgebieten gehört **Ameland** zu den Naturschönheiten der Wattinseln. Die vier kleinen Dörfer Hollum, Ballum, Buren und der Fährort Nes haben mit ihren alten Kommandeurshäuschen viel von der Atmosphäre der Walfängerzeit im 18. und 19. Jh. bewahren können. Ein echter ›Hingucker‹ ist der Eingang der Schule in Nes, der aus meterhohen Walknochen geformt wurde. Heute lebt die kleine Insel mit ihrem kilometerlangen Strand vorwiegend vom Fremdenverkehr.

TOP TIPP Die 1982 zum Nationalpark erklärte autofreie Insel **Schiermonnikoog** hat knapp 1000 ständige Einwohner. Vor der Reformation lebten hier

In solchen strohgedeckten Kommandeurshäuschen wohnten einst auf Ameland, einem früheren Zentrum des Walfischfangs, die Kapitäne der Flotte

nur die Mönche eines Zisterzienserklosters. Im Ort Schiermonnikoog informiert das **Bezoekerscentrum** (Torenstreek 20, Mitte März–Okt. Mo–Sa 10–12 und 13.30–17.30, Nov.–Mitte März Sa 13.30–17.30 Uhr, Tel. 05 19/53 16 41) über die Insel und ihre Vogelschutzgebiete Kapeglob, Westerduinen und Kobbeduinen. Der feine breite **Sandstrand** an der Nordküste gehört zu den schönsten in Europa. Ob Sonnenanbeter, Surfer oder Schwimmer, hier finden alle ihr Plätzchen.

i Praktische Hinweise

Information: VVV Terschelling, Willem Barentszkade 19a, West-Terschelling, Tel. 05 62/44 30 00, Fax 05 62/44 28 75, www.terschelling.nl

VVV Ameland, Bureweg 2, Nes, Tel. 05 19/54 65 46, Fax 05 19/54 65 47, www.ameland.nl; VVV Schiermonnikoog, Reeweg 5, Schiermonnikoog, Tel. 05 19/53 19 00, Fax 05 19/53 13 25, www.vvvschiermonnikoog.nl; VVV Vlieland, Hafenweg 10, Vlieland, Tel. 05 62/45 11 11, Fax 05 62/45 13 61, www.vlieland.net

Schiff

Rederij Doeksen, Tel. 05 17/ 49 15 00, www.rederij-doeksen.nl. Pendelt mindestens dreimal pro Tag zwischen Harlingen und *Terschelling* (90 Min.) sowie nach *Vlieland*; ein Hydrofoil-Schnellboot schafft die Strecke in der halben Zeit.

Rederij Wagenborg, Tel. 05 19/54 61 11 (Ameland) und 05 19/34 90 50 (Lauwersoog), www.wpd.nl. Von Holwerd benötigt die alle 2 Std. verkehrende Fähre ca. 45 Min. bis nach *Ameland*. Mehrmals täglich pendeln Fährschiffe der Rederei in 45 Min. zwischen Lauwersoog auf dem Festland und *Schiermonnikoog*.

Camping

Duinoord, Jan van Eijkweg 4, bei Nes/Ameland, Tel. 05 19/54 20 70, Fax 05 19/54 21 46, www.duinoord.net. Naturbelassenes Dünenareal, 200 m vom Wasser; mit vielfältigem Freizeitprogramm.

Kampeerterrein Nieuw Formerum, Formerum Noord, Terschelling, Tel. 05 62/44 89 77, Fax 05 62/44 83 70, www.nieuwformerum.nl. Durch Büsche und Bäume unterteiltes Wiesengelände; 1,5 km vom Strand.

Hotels

******Graaf Bernstorff Apartment-Hotel**, Reeweg 1, Schiermonnikoog, Tel. 05 19/53 20 00, Fax 05 19/53 20 50, www.bernstorff.nl. Moderne Anlage mit Hotelzimmern und Apartments; das Restaurant hat eine schöne Terrasse.

******Resort Hotel d'Amelander Kaap**, Oosterhiemweg 1, Hollum/Ameland, Tel. 05 19/55 46 46, Fax 05 19/55 48 09, www.amelander-kaap.nl. Komfortable Ferienanlage mit geräumigen Zimmern und Apartments, dazu Sauna, Pools, Tennis, Bistro und Restaurant.

**Badhotel Bruin, Dorpstraat 88, Vlieland, Tel. 05 62/45 13 01, Fax 05 62/45 12 27, www.badhotelbruin.com. Angenehme Unterkunft mit gutem Fischrestaurant.

**Paal 8, Badweg 4, West-Terschelling, Tel. 05 62/44 90 90, Fax 05 62/44 91 15, www.paalacht.nl. Modernistische Architektur aus den 1950er-Jahren, hell und freundlich.

Restaurants

De Grië, Oosterend 43, West-Terschelling, Tel. 05 62/44 84 99. Einfallsreiche Küche in einem umgebauten Bauernhaus, im Winter knistert ein Kaminfeuer in der Gaststube.

Van der Werff, Reeweg 2, Schiermonnikoog, Tel. 05 19/53 12 03. Charmantes Restaurant im Traditionshotel der Insel.

16 Harlingen

Schmucke Hafenstadt mit schönem Ensemble alter Patrizierhäuser.

In Harlingen (friesisch: *Harns*), dem Fährort an der Waddenzee, kann man sog. Plattbodenschiffe für gemütliche Rundfahrten mieten, auch komplett mit Kapitän. Die traditionellen Segler mit einem fast ebenen Boden fallen bei Ebbe auf dem Watt trocken, ohne umzukippen. Im früheren Importhafen für Weine aus Spanien und Portugal liegt heute der größte Teil der niederländischen Krabbenkutterflotte.

Dem Jungen, der einer Legende nach eine Überflutung der Stadt verhindert hat, weil er ein Loch im Deich mit seinem Finger verstopfte, ist in der denkmalgeschützten Altstadt das *Jonkje*-Denkmal gewidmet. In einem dieser stattlichen Patrizierhäuser ist das **Hannemahuis Museum** (Voorstraat 56, Tel. 05 17/41 36 58, April –Mitte Juli und Mitte Sept. – Anf. Nov. Di–Sa 13.30–17, Mitte Juli – Mitte Sept. Di–Sa 10–17, So 13.30–17 Uhr) untergebracht. Mit kostbaren Interieurs, Gemälden und Kacheln sowie alten Plänen, Stadt- und Schiffsmodellen wird die Geschichte des Ortes und der Seefahrt lebendig.

Besonders im Westen Frieslands, nördlich und südlich der Linie Harlingen–Leeuwarden, fallen Erdhügel mit abgeflachter Kuppe ins Auge, rund 12 m hoch. Meist befindet sich ein Gebäude auf ihnen, ein friesischer Bauernhof oder die Dorfkirche. Im schleswig-holsteinischen Nordfriesland nennt man sie Warften, hier heißen die schon seit 2000 Jahren als

Auf dem Slotermeer, einem großen Binnensee östlich von Sneek, blähen sich während der Sneekweek die Segel der Plattbodenschiffe bei der Skûtjes-Regatta im Wind

Wer braucht schon ein Hotel? Gesellige Hausboot-Tour auf der Friesischen Seenplatte

Über Seen und Flüsse – mit dem Sportboot unterwegs

Von Leeuwarden nach Südwesten bis zum Ijsselmeer erstreckt sich die **Friesische Seenplatte**: ein fruchtbares Gebiet mit einer mehr als 60 km langen Kette von Seen, die durch Kanäle, Bäche und kleine Flüsse miteinander verbunden sind. Freizeitkapitäne schätzen das ›Friese Merengebied‹ als eines der größten zusammenhängenden **Erholungs- und Wassersportgebiete** in Westeuropa. Mit dem Sneeker Meer, dem Tjeukemeer, dem Slotermeer und dem Heegermeer reihen sich die vier größten friesischen Binnenseen unmittelbar östlich von **Sneek** aneinander. Kein Wunder, dass die größte Marina Hollands gerade in dieser Stadt zu finden ist und die Regatten der **Sneekweek** im August zu den wichtigsten Segelwettbewerben des Landes gezählt werden. Höhepunkt sind die Rennen der Skûtjes, flache Frachtensegler mit geringem Tiefgang, die an der deutschen Nordseeküste Plattbodenschiffe heißen.

Schutz vor der Flut errichteten Hügel **Terpen**. Nicht selten zogen die Friesen später Deiche zwischen einzelnen Terpen und versuchten so, ihre Felder vor dem regelmäßigen Ansturm der Nordsee zu schützen.

i Praktische Hinweise

Information: VVV Harlingen, Norderhaven 50, Harlingen, Tel. 09 00/5 40 00 01, Fax 05 17/41 51 76, www.vvv-harlingen.nl

Schiff

Fähren s. Terschelling [Nr. 15]

Hotel

Anna Casparii, Noorderhavven 67, Harlingen, Tel. 05 17/41 20 65, Fax 05 17/ 41 45 40, www.annacasparii.nl. Komfortable Zimmer in Hafennähe. Im Restaurant wird fangfrischer Fisch zubereitet.

17 Franeker

Mittelalterliche Friesenstadt mit Privatplanetarium aus dem 18. Jh.

Einige historische Professorenhäuser in der Voorstraat erinnern noch daran, dass Franeker von 1585 bis zur Schließung durch Napoleon 1811 Sitz der renommierten Friesenuniversität war. Der französische Philosoph René Descartes und Pieter Stuyvesant, der später zum Gouverneur der nordamerikanischen Kolonie Nieuw Amsterdam ernannt wurde, sind zwei ihrer berühmtesten Studenten.

Die dreischiffige **Martinikerk** von 1421, in der viele Universitätsprofessoren begraben sind, und das dekorative, im Stil der niederländischen Renaissance erbaute **Stadhuis** von 1591 bilden das Zentrum der historischen Altstadt. In einem unscheinbaren Bürgerhaus gegenüber vom Rathaus ist eine hochinteressante Kuriosität zu bestaunen, das **Eise Eisinga Planetarium** (Eisingastraat 3, Di–Sa 10–17, So 13–17 Uhr, April–Okt. auch Mo 13–17 Uhr, www.planetarium-friesland.nl). Mittels einer komplizierten Mechanik aus Eichenholzrädern, an der er 1774–81 baute und die bis heute präzise funktioniert, versuchte der Wollkämmer und Privatastronom *Eise Eisinga* seinen Mitbürgern den Lauf der Planeten zu erläutern und ihnen dadurch die Furcht vor einem Zusammenstoß der Himmelskörper und dem damit verbundenen Weltuntergang zu nehmen.

Als einziges Relikt der früheren Stadtbefestigung blieb in Sneek das doppeltürmige Waterpoort aus dem Jahr 1613 erhalten

i Praktische Hinweise

Information: VVV Franeker, Sint Martiniplantsoen 43, Franeker, Tel. 09 00/540 00 01, Fax 05 17/53 30 63, www.friesekust.de

18 Workum und Makkum

Geschichtsträchtige Städtchen am Bade- und Surferdorado Ijsselmeer.

Auch im *Ijsselmeer*, dem riesigen Binnensee zwischen den Provinzen Noord-Holland, Flevoland und Friesland, wird gebadet, gesegelt und gesurft. Die Anlieger Workum, das wenig nördlich gelegene Makkum sowie das südliche Hindeloopen sind historische Friesenstädtchen. **Workum** wurde bereits 1255 gegründet. Alte friesische Giebelhäuser, überwiegend aus dem 17. Jh., rahmen das Rathaus mit seiner schönen Rokokofassade. Die ehem. Waage (1650) auf dem Marktplatz beherbergt heute das Museum zur Regionalgeschichte *Warkums Erfskip* (Merk 4, Di–Fr 11–17, Sa/So 13–17 Uhr).

In **Makkum** wird seit dem 16. Jh. getöpfert. Seit mehr als 300 Jahren in Familienbesitz, fertigt **Tichelaars Koninklijke Aardewerken** (Turfmarkt 65, Rundgänge Mo–Do 10–12 und 13–16, Fr bis 14.30 Uhr, Verkaufsraum Mo–Fr 9–17.30, Sa 10–17 Uhr) Kacheln und Töpfereien friesischen Dekors, die auch bei Hofe Anklang finden.

i Praktische Hinweise

Information: VVV Makkum, Pruikmakershoek 2, Makkum, Tel. 09 00/540 00 01, www.friesekust.de

Hotel

****Recreatie Vigilante**, De Holle Poarte 10, Makkum, Tel. 05 15/23 82 22, Fax 05 15/23 19 55, www.makkumbeach.nl. Freundliche Anlage mit Zimmern und Apartments direkt am Strand, angeschlossen ist ein Restaurant.

19 Sneek

Tor zur Friesischen Seenplatte und Jachtzentrum.

Das malerische **Waterpoort** von 1613 am südlichen Innenstadtrand, ein Brückentor über das Flüsschen Geeuw mit zwei spitzen, achteckigen Türmen, ist das letzte Überbleibsel der Stadtmauer, die zu Beginn des 18. Jh. zerstört wurde. Das Zentrum von Sneek präsentiert sich als Puppenstube mit backsteinernen Giebelhäuschen. Die gotische, mehrfach umgebaute **Martinikerk** (Oudkerkhof, Mitte Juni–Mitte Sept. Mo–Sa 14.30–17, Juli/Aug. auch 7.30–12 Uhr) aus dem 15. Jh. hat nur noch einen Turm, aber eine Schnitger-Orgel von 1710. Das nicht weit entfernte ehem. **Rathaus** lohnt wegen seiner schön gestalteten Rokokofassade aus dem 18. Jh. einen längeren Blick. Östlich davon, im **Fries Scheepvaart Museum** (Kleinzand 14, Mo–Sa 10–17, So 12–17 Uhr), sind eine reiche Sammlung maritimer Ausstellungstücke, darunter diverse Schiffsmodelle, und friesische Silberarbeiten zu sehen.

Die Stadt mit der größten Marina des Landes liegt am Rande der *Friesischen Seenplatte*, einem beliebten Wassersportrevier.

i Praktische Hinweise

Information: VVV Sneek, Marktstraat 18, Sneek, Tel. 05 15/41 40 96, Fax 05 15/ 42 37 03, www.vvvsneek.nl

Wassersport

Boot Charter Holland, Eeltjebaasweg 3, Sneek, Tel. 05 15/42 46 17. Vermietung unterschiedlicher Bootstypen für Touren und Ausflüge.

Zeilschool de Friese Meren, Eeltjebaasweg 7, Sneek, Tel. 05 15/41 21 41, www.zeilschoolsneek.nl. Segelkurse für verschiedene Bootstypen.

Camping

Camping-Recreatiecentrum de Potten, Offingawier, Sneek, Tel. 05 15/41 52 05, Fax 05 15/41 14 71, www.rcn.nl. Durch viel Grün aufgelockertes Gelände am Sneeker Meer; diverse Wassersportmöglichkeiten werden geboten.

Hotel

****De Wijnberg**, Marktstraat 23, Sneek, Tel. 05 15/41 24 21, Fax 05 15/41 33 69, www.hoteldewijnberg.nl. Familiäre Unterkunft mit gutem Restaurant.

Café

Café de draai, Wijde Noorderhorne 13, Sneek, Tel. 05 15/42 28 66. Gemütliches sog. *Bruin Café*, die niederländische Bezeichnung für Kneipe, mit frisch gezapften Bieren und kleiner Speisekarte.

20 Leeuwarden

Attraktive Friesenhauptstadt und Geburtsort von Mata Hari.

Das wirtschaftliche, kulturelle und politische Zentrum Frieslands entstand 1435 aus mehreren kleineren Siedlungen. Vom 16. bis 18. Jh. residierten hier die Grafen von Nassau als Statthalter Frieslands. Das historische Zentrum von Leeuwarden wird von zwei Wasserläufen durchzogen und sternförmig von einem Grachtengürtel umgeben. Ein Spaziergang entlang der Kanäle führt an zahlreichen backsteinernen, im Stil der friesischen Renaissance errichteten Giebelhäusern vorbei. Unweit südlich des zentralen Rathausplatzes liegt der *Waagplein* mit der historischen **Waag** (1595–98). Heute werden hier jedoch nicht mehr Butter und Käse gewogen, sondern Bankgeschäfte erledigt. Etwas weiter nordwestlich, an der Korfmakerspijp-Brücke, erinnert eine Statue an die in Leeuwarden geborene Tänzerin Margaretha Geertruida Zelle (1876–1917), die in ganz Europa als exotische Tänzerin *Mata Hari* berühmt war und gegen Ende des Ersten Weltkrieges im französischen Vincennes unter dem Vorwurf der Spionage für die Deutschen hingerichtet wurde. Im **Fries Museum** (Turfmarkt 11, Di–So 11–17 Uhr, www.fries museum.nl), östlich des Rathausplatzes, wird die Lebensgeschichte dieser ungewöhnlichen Frau anhand von Dokumenten und Fotos aufgeblättert. Außerdem gibt das Museum mit wertvollen Sammlungsstücken einen ausgezeichneten Einblick in Geschichte und Kunst der Friesen. Nicht weit entfernt steht das wohl schönste Gebäude der Stadt, die **Kanselarij** (Turfmarkt 13), die ehem. Stadtkanzlei von 1566. Der wunderbare Giebelbau im spätgotischen Stil prunkt mit einer prächtigen Renaissancefassade.

Wer sich für Keramik und Porzellan interessiert, sollte das westlich des Rathausplatzes gelegene **Museum Het Princessehof** (Grote Kerkstraat 11, Di–So 11–17 Uhr, www.princessehof.nl) aufsuchen, das einen sehr guten Ruf genießt. Insbesondere die Sammlung asiatischer Stücke sucht ihresgleichen. In diesem Gebäude wurde übrigens der Künstler Maurits Cornelis Escher (1898–1972) geboren.

In eisigen Wintern ist Leeuwarden Ausgangs- und Endpunkt des legendären **Elfstedentocht**, eines Eislaufmarathons über elf friesische Städte.

Die Waag von Leeuwarden wurde Ende des 16. Jh. im Renaissancestil erbaut

Der **Aqua Zoo Friesland** (Kleine Wielen 4, 4 km Richtung Dokkum, Mai–Juni tgl. 9.30–18, Juli/Aug. 9–18, Sept. 9.30–18, Okt. –April 10–17 Uhr) liegt bereits etwas außerhalb von Leeuwarden. Zur Freude gerade der jüngeren Besucher leben hier Otter in einer nach natürlichen Bedingungen gestalteten Landschaft, inmitten eines Erholungs- und Freizeitgebietes. Auch Biber und Pinguine fühlen sich hier wohl.

i Praktische Hinweise

Information: VVV Leeuwarden, Sophialaan 4, Leeuwarden, Tel. 09 00/202 40 60, Fax 058/215 35 93, www.vvvleeuwarden.nl

Nachtleben

De Plankier, Grote Hoogstraat 32, Leeuwarden, www.cafeplankier.nl. Tanzlokal mit Café und Bar, vor allem für Fans von House Music.

Hotel

*****Bilderberg Oranje Hotel**, Stationsweg 4, Leeuwarden, Tel. 058/212 62 41, Fax 058/212 14 41, www.bilderberg.nl. Zentrales Hotel mit freundlichem Service und geräumigen Zimmern, das Restaurant ist empfehlenswert.

Restaurant

Eindeloos, Korfmakerstraat 17, Leeuwarden, Tel. 058/216 11 07. Mediterrane Köstlichkeiten mit friesischem Akzent.

21 Groningen

Muntere Universitätsstadt mit avantgardistischem Museumsbau.

Die Hauptstadt der gleichnamigen Provinz gehört mit 170 000 Einwohnern, davon etwa 40 000 Studenten, zu den größeren Städten des Landes. Das Zentrum, in dem nur wenige historische Gebäude der Zerstörung des Zweiten Weltkrieges entgangen sind, wird von einem Grachtenring eingefasst.

Mit dem neogotischen Hauptbahnhof von 1896 kontrastiert das schräg gegenüber errichtete **Groninger Museum** (Museumeiland 1, Di–So 10–17, Juli/Aug. auch Mo 13–17 Uhr, www.groninger-museum.nl), ein moderner Kunsttempel. Der italienische Architekt und Designer *Alessandro Mendini* setzte das Museumsgebäude 1994 im Stil des Dekonstruktivismus mit ungewöhnlichen Formen und dramatischen Farben auf eine Insel in den Zuiderhaven Verbindingskanaal. Spektakuläre Sonderausstellungen, aber auch die ständigen Sammlungen zu Archäologie, Kunsthandwerk und bildender Kunst (von 1500 bis heute) sorgen für regen Besucherandrang.

Das **Noordelijk Scheepvaartmuseum** (Brugstraat 24, Di–Sa 10–17, So 13–17 Uhr, www.noordelijkscheepvaartmuseum.nl) ist in zwei der ältesten Gebäude der Stadt untergebracht. Schiffsinventar, die Entdeckungsfahrten zu fernen Kontinenten und die Tradition Groningens als Hansestadt sind hier die Schwerpunkte, während das im selben Haus untergebrachte **Niemeyer Tabakmuseum** (Öffnungszeiten wie oben) die Geschichte der so geliebten wie verfluchten Tabakpflanze in Europa von 1500 bis heute dokumentiert. Zum alten *Vismarkt* öffnet sich das neoklassizistische Gebäude der ehem. Getreidebörse, **Korenbeurs**, dessen Fassade u. a. ein Standbild Merkurs, des römischen Gottes des Handels, ziert. Heute versucht ein Edel-Supermarkt dessen Kräfte zu beschwören. Am *Groten Markt* verdeckt der moderne Anbau des neoklassizistischen Rathauses die prächtige Renaissancefassade des **Goudkantoor** von 1635, in dem einst die Qualität des Goldes geprüft wurde.

Auf der anderen Marktseite ragt die **Martinikerk** mit ihrem 96 m hohen Turm, der einen wunderbaren Blick über die Stadt bietet, in den Groninger Himmel. Seit der Gründung im 13. Jh. wurde das Gotteshaus häufig umgebaut. Heute präsentiert es sich überwiegend im spätgotischen Stil. Bei Restaurierungsarbeiten zu Beginn des 20. Jh. wurden im Chor fast 500 Jahre alte Wandmalereien freigelegt. Die mächtige Orgel aus dem 15. Jh. schuf Rudolf Agricola.

Der großzügige Backsteinbau des **Prinsenhof** (Martinikerkhof 23, nicht öf-

Rasante Läufer beim friesischen Schlittschuhmarathon Elfstedentocht

Nationalsport Eisschnelllauf – Weltcup in Heerenveen und Elfstedentocht

Wer Winterbilder holländischer Maler des 16. und 17. Jh. betrachtet, mag vermuten, dass Kanäle und Grachten in der kalten Jahreszeit stets zufrieren und von einer munteren Schar Schlittschuhläufer bevölkert werden. Doch das passiert immer seltener und beileibe nicht jedes Jahr. Sobald aber die Temperaturen unter den Gefrierpunkt sinken und die Einbruchgefahr signalisierende Rote Fahne eingerollt wird, gleiten Tausende von Holländern elegant über das Eis, als ob sie mit Schlittschuhen auf die Welt gekommen wären. Eisschnelllauf ist **Nationalsport** und die Thialf-Halle im friesischen Ort Heerenveen gilt mit ihren 13 000 Sitzplätzen als Kathedrale des Eisschnelllaufs. Der Gewinn des hier im Frühjahr ausgetragenen **Weltcups** bedeutet Spitzensportlern ähnlich viel wie eine olympische Medaille. Unter den zum Teil karnevalistisch kostümierten Zuschauern ist die Stimmung ausgelassen.

In der Mehrzweckhalle können Schlittschuhläufer das ganze Jahr über für die **Elfstedentocht** trainieren, die seit 1909 ausgetragene, 200 km lange Schlittschuhtour über elf friesische Städte (u. a. Leeuwarden, Sneek, Hindeloopen und Workum). Unter dem Jubel Hunderttausender beteiligen sich alljährlich bis zu 16 000 Läufer an dem Marathon – immer vorausgesetzt, es wird kalt genug und eine dicke Eisdecke überzieht die Wasserwege.

Im **Eerste Friese Schaatsmuseum** (Kleine Weide 1, Mo–Sa 10–18, So 13–17 Uhr) in Hindeloopen sind Pokale sämtlicher Wettkämpfe aufgereiht, historische Dokumente und noch vieles mehr rund ums Eislaufen wurde hier zusammengetragen.

Vor einem hohen goldfarbenen Turm gruppieren sich die leuchtend bunten, unterschiedlich geformten Architekturteile des Groninger Museum

fentlich zugänglich), ein ehem. Kloster aus dem 15. Jh., diente ab 1594 einem Prinzen als Wohnquartier und war danach Residenz der friesischen Statthalter.

i Praktische Hinweise

Information: VVV Groningen, Grote Markt 25, Groningen, Tel. 00 90/ 202 30 50, Fax 050/311 38 55, www.vvvgroningen.nl

Schiff

Rederij Kool, beim Hauptbahnhofanleger, Groningen, Tel. 050/312 83 79. Veranstaltet zwischen Juni und August Kanalrundfahrten.

Nachtleben

Café Kachel, Schuitendiep 62, Groningen, Tel. 050/314 48 15. Angesagte Disco mit studentischem Publikum.

Hotels

*****Hotel de Ville**, Oude Boteringestraat 43, Groningen, Tel. 050/318 12 22, Fax 050/318 17 77, www.deville.nl. Das Stadthotel bietet eine Kombination aus sachlichen Zimmern und stilvoller Lobby.

****Auberge Corps De Garde**, Oude Boteringestraat 74, Groningen, Tel. 050/ 314 54 37, Fax 050/313 63 20, www.corpsdegarden.nl. Einfache, ordentliche Zimmer zu vernünftigen Preisen.

Restaurants

Muller, Grote Kromme Elleboog 13, Groningen, Tel. 050/318 32 08. Elsässische Kochkunst mit gelungenen kulinarischen Kapriolen (nur abends, So/Mo geschl.).

Onder de Linden, Burg. van Barneveldweg 3, Aduard, Tel. 050/403 14 06. Einfallsreiches Spitzenrestaurant im Nordwesten von Groningen mit köstlichen Meeresspezialitäten (nur abends, So/Mo geschl.).

Schathoes Verhildersum, Wierde 42, Leens, Tel. 05 95/57 22 04. Die köstliche Landesküche mit Inspirationen vom Mittelmeer lohnt den kleinen Umweg (Mo–Di geschl.).

Café

Café d'Opera, Poelenstraat 17, Groningen, Tel. 0 50/3 13 11 81. Gepflegtes Eetcafé, also auch mit kleiner Speisekarte.

Ijsselmeer, Flevoland und Utrecht – Neuland aus dem Binnenmeer und eine romantische Schlösserroute

Mit der Fertigstellung des 32 km langen und 90 m breiten *Afsluitdijk* am 28. Mai 1932, der die Provinzen Friesland und Noord-Holland durch eine Dammstraße miteinander verbindet, wurde die Zuiderzee von einer offenen Meeresbucht zu einem Binnengewässer und hieß fortan **Ijsselmeer** – wobei im Niederländischen *Zee* Meer bedeutet und *Meer* dem deutschen See entspricht. Bald nach Vollendung des Abschlussdeiches begann man im Ijsselmeer Polder mit Deichen abzugrenzen und trockenzulegen. Mit dem Noordoostpolder und Flevoland wurden bislang 2200 km² Neuland gewonnen, das überwiegend landwirtschaftlich genutzt wird. Südlich an diese jüngste, erst 1986 gegründete niederländische Provinz **Flevoland**, zu der auch der Noordoostpolder gehört, schließt sich die Provinz **Utrecht** mit ihrer gleichnamigen, rund 2000 Jahre alten Hauptstadt an. Viele Schlösser, wie zum Beispiel das **Kasteel De Haar**, finden sich in der Umgebung der alten Bischofsstadt. Ausgesprochen reizvoll ist eine Fahrt auf der sanft geschwungenen *Vecht* nördlich von Utrecht, deren Ufer malerische Dörfer, prächtige Villen und Herrensitze säumen.

22 Houtribdijk

Die Trockenlegung der Zuiderzee als größtes Landgewinnungsprojekt der Menschheit.

Auch wenn im Laufe der Jahre dem Meer riesige Gebiete abgerungen wurden, ist der jahrhundertelange Kampf mit der Nordsee nicht mehr als ausgeglichen. Noch vor etwa 2000 Jahren zeigte die Landschaft rund um das heutige Ijsselmeer ein ganz anderes Gesicht. Die Römer fanden statt der Zuiderzee ein überschaubares, weit im Landesinneren gelegenes Gewässer vor, das sie *Flevo lactus* nannten. Erst im 13. Jh. und viele Sturmfluten später hatte die Nordsee von der Küste her eine Verbindung geschaffen und verschiedene kleinere Seen und Teiche zu einer ausgedehnten Meeresbucht verbunden.

Der Houtribdijk teilt das südliche Markermeer vom Ijsselmeer ab. Eigentlich sollte das Markermeer wie Flevoland als Polder trockengelegt und besiedelt werden. Doch Befürchtungen der Bevölkerung in den Hafenorten, dass eine weitere eingedeichte Landfläche von 40 000 ha Klima und Lebensumstände verändern würden, führten zur Zurückstellung des Projekts. So verbindet der Houtribdijk als Dammstraße die alte Hafenstadt **Enkhuizen** in Noord-Holland mit dem am Ostufer des Ijsselmeers auf Flevoland gelegenen, supermodernen **Lelystad**.

◁ *Das wehrhafte Äußere des in der Umgebung von Utrecht gelegenen Kasteel De Haar täuscht, umkämpft wurde es nie, da es erst Ende des 19. Jh. entstand*

23 Urk

Alter Inselort auf jungem Polderland.

Die frühere Insel Urk liegt nach der Eindeichung des Ijsselmeers am Rande des Noordoostpolder. An den engen Straßen

Im alten Inselort Urk scheint die Zeit stehen geblieben zu sein, wenn heute die Fischer vom Fang heimkehren und wie eh und je ihre Ware direkt am Hafen verkaufen

des 966 erstmals urkundlich erwähnten gleichnamigen Inselortes reihen sich schmucke Backsteinhäuser, nicht wenige mit geschnitzten Holztüren, aneinander. Auf einer Werft werden Schiffe gebaut oder überholt und am munteren Fischereihafen wird wie eh und je der frische Fang direkt vom Kutter verkauft. Hier stehen – wie aus dem Bilderbuch – die Fischer in ihrer dunklen, wetterfesten Kluft, die schwarzen Holzschuhe an den Füßen. Viele Bewohner tragen, zumindest an Feiertagen, noch traditionelle Kleidung. Und die Regeln der Kirche scheinen hier mehr zu gelten als anderswo: Sonntags mit dem Boot oder dem Auto auszufahren ist verpönt. Im kleinen alten Rathaus stellt das lokalgeschichtliche **Museum Het Oude Raadhuis** (Wijk 2/2, Ostern–Sept. tgl. 10–17 Uhr) alte Trachten aus und zeigt die Bautraditionen des Dorfes.

Im Museum Het Oude Raadhuis wurde eine traditionelle Urker Stube rekonstruiert

Schokland

16 km südöstlich von Urk befindet sich die kleine Ansiedlung Schokland. Das besondere Highlight des in alten Kirchenräumen eingerichteten **Schokland Museum** (zwischen den Orten Ens und Nagele, April–Okt. Di–So 11–17, Nov.–März Fr–So 11–17 Uhr) sind Fundstücke, die bei der Trockenlegung des Polders im einstigen Meeresgrund ans Tageslicht kamen: Mammutknochen, Werkzeuge aus der Bronzezeit sowie 1000 Jahre alte Steinsärge und Töpferarbeiten.

i Praktische Hinweise

Information: VVV Urk, Wijk 2/2, Urk, Tel. 05 27/68 40 40, Fax 05 27/68 61 80, www.vvvflevoland.nl

Einkaufen

Die Spezialität von Urk sind geräucherte Aale, die im Ort angeboten werden.

Camping

Rekreatiepark Hazevreugd, Vormtweg 9, Urk, Tel. 05 27/68 17 85, Fax 05 27/68 62 98, www.hazevreugd.nl. Wald umgebenes ebenes Wiesengelände mit vielfältigen Freizeitangeboten, insbesondere für Pferdefreunde.

Restaurant

Mes Amis, Wijk 1/65, Urk, Tel. 05 27/68 87 36. Feine Küche ohne Schnörkel in gemütlicher Atmosphäre, im Sommer mit Terrasse (So geschl., Sa nur abends).

24 Giethoorn

Malerische Reetdachhäuser am niederländischen Canal Grande.

Der Vergleich mit Venedig wird gerne bemüht, beschränkt sich aber lediglich auf die Kanäle, die in dem pittoresken Ort inmitten eines seenreichen Gebiets die Straßen ersetzen. Die *Punter* genannten, gestakten oder per Motor angetriebenen flachen Kähne transportieren alles: Güter, Kühe, den Postboten und natürlich auch die zahlreichen Touristen. Die mit Reet gedeckten Häuschen liegen auf kleinen Inseln, die durch Brücken und Stege miteinander verbunden sind. Eine Sekte von Geißlern aus dem Mittelmeerraum soll den Ort 1280 gegründet haben. Sein Name geht auf Geißenhörner zurück, die man in größerer Zahl im Moor fand. Jahrhundertelang wurde hier Torf als Brennstoff gestochen. Dabei füllte bald Grundwasser die Gruben, so entstanden Binnenseen und Verbindungskanäle.

i Praktische Hinweise

Information: VVV Giethoorn, Beulakerweg 114 A, Giethoorn, Tel. 09 00/567 46 37, Fax 05 21/36 22 81

Wassersport

Punter- und Kanuverleih bei mehreren Anbietern im Ort.

Restaurants

TOP TIPP **De Lindenhof**, Beulakerweg 77, Giethoorn, Tel. 05 21/36 14 44. Niederländisch-französische Spitzenküche, einfallsreich mit bestem Geschmack und wunderbar präsentiert. 7 Zimmer zum Übernachten (Do geschl.).

De Witte Hoeve, Zuiderpad 32, Giethoorn, Tel. 05 21/36 14 28. Im Sommer werden die 60 Pfannkuchensorten auch auf der Terrasse am Wasser serviert.

Die kleine Ansiedlung Schokland, bis zur Eindeichung des Noordoostpolders (1937–42) auf einer Insel im IJsselmeer gelegen, wurde 1995 zum UNESCO Weltkulturerbe ernannt

Der 1932 fertig gestellte Abschlussdeich riegelte die ›wilde‹ Zuiderzee vom offenen Meer ab

Holland in Not – die große Flut

Die Provinz Zeeland im Mündungsgebiet von Schelde, Maas und Rhein wurde im Laufe der Jahrhunderte mehr als 600-mal überschwemmt. An die gewaltige **St.-Elisabeth-Flut** von 1421 erinnern noch heute Gedenktafeln in manchen Kirchen. Zehntausende kamen um, große Teile Südhollands und Flanderns waren von den Wassermassen bedeckt. Allein um Dordrecht wurden 72 Dörfer von den Fluten fortgespült. In den Jahren 1828 bis 1916 trat die **Zuiderzee**, durch Wind und Flut unterstützt, mehr als ein Dutzend Mal großflächig über die Ufer und verwüstete das umliegende Land.

Ein Orkan, der am 31. Januar 1953 ohnehin auflaufende Wasser zusätzlich an die Küsten trieb, brachte das gesamte Flutschutzsystem des Landes ins Wanken. Überall brachen die Deiche. Fast 2000 Menschen und mehr als 200 000 Tiere ertranken, über 200 000 ha Land und 50 000 Gebäude waren vom Salzwasser der Nordsee bedeckt.

Erst die Verwirklichung des **Deltaplanes** mit der Verbreiterung und Erhöhung der Deiche und des 1997 fertig gestellten gewaltigen Sturmflutsperrwerks im Mündungsgebiet der drei großen Flüsse hat den zerstörerischen Fluten der Nordsee wohl endgültig einen Riegel vorgeschoben.

25 Kampen

Alte Hansestadt an der IJssel mit Zugang zur Nordsee.

Die im 12. Jh. gegründete Stadt (heute gut 30 000 Einw.) besticht durch ein historisches Zentrum mit sage und schreibe 500 unter Denkmalschutz stehenden Gebäuden. Sie zeugen vom einstigen Reichtum der Handelsstadt an der damals schiffbaren IJssel, die mit England, Deutschland und dem Baltikum Wirtschaftsbeziehungen unterhielt. Um 1400 gehörte Kampen zu den größten Städten des Landes, schloss sich 1441 dem mächtigen Städtebund der Hanse an und wurde 50 Jahre später zur kaiserlichen, freien Reichsstadt ernannt. Von den einst 21 **Stadttoren** sind drei besonders eindrucksvolle noch erhalten: das *Koornmarktspoort*, das *Cellebroederpoort* und das *Broederpoort*. Sie alle wurden im 15. Jh. angelegt und im frühen 17. Jh. umgestaltet.

Das **Oude Raadhuis** (Oudestraat 133, VVV informiert über Öffnungszeiten) aus der 1. Hälfte des 14. Jh. musste nach einem Brand Mitte des 16. Jh. komplett wieder aufgebaut werden. Besonders beachtenswert ist der reiche Fassadenschmuck mit Figuren Alexanders des Großen und Karls des Großen sowie Allegorien der Bescheidenheit, Treue, Gerechtigkeit und Liebe. Im Inneren beeindruckt der eichengetäfelte *Schepenzaal*, in dem die Schöffen der Stadt tagten, mit geschnitztem Eichengestühl und einem steinernen Renaissancekamin von 1545. Nicht weit entfernt, ebenfalls an der zentralen Oudestraat, fällt das heimatkundliche **Stedelijk Museum** (Oudestraat 158, Di–Sa 11–17 Uhr, www.khkampen.nl) ins Auge, das angemessen im *Gotische Huis*, einem aufwendig restaurierten Kaufmannshaus des 15. Jh., untergebracht ist.

In Rathausnähe informiert das **Tabakmuseum** (Botermarkt 3, April–Nov. Do–Sa 11–12.30 und 13.30–17 Uhr) über die lange Geschichte des Tabakanbaus in der Region. Spektakuläres Schaustück ist eine 5 m lange, 1983 gedrehte Zigarre, die ins Guinness-Buch der Rekorde aufgenommen wurde. Weiter im Süden, beim Koornmarktspoort, erhebt sich die zwischen dem 14. und 16. Jh. errichtete **Bovenkerk** (Koornmarkt 28, Mai–Mitte Sept. Mo/Di 13–16, Mi–Fr 10–16 Uhr). Im geräumigen Inneren der fünfschiffigen Kreuzbasilika beeindrucken ein gotischer Chor mit Kapellenkranz, die steinerne go-

Kampen grüßt seine Besucher mit einer malerischen Stadtsilhouette und lädt zu einem reizvollen Spaziergang durch das historische Zentrum ein

tische Kanzel sowie eine prachtvolle Barockorgel, auf der im Sommer Konzerte gegeben werden.

Zwolle

Das 14 km östlich gelegene Zwolle ist Haupt- und mit 100 000 Einwohnern nach Enschede zweitgrößte Stadt der Provinz Overijssel, zu der auch Kampen gehört. In der von Stadsgracht und Achtergracht sternförmig eingefassten Altstadt sind viele historische Gebäude erhalten. Besonders eindrucksvoll präsentiert sich der zentrale *Grote Markt*. Den Platz umgeben zahlreiche alte Patrizierhäuser sowie das Rathaus aus dem 15. Jh. und die gotische, 1406–46 errichtete **Grote Kerk** (Mai–Sept. tgl. 9–16 Uhr, Tel. 0 38/4 21 75 96) in seiner Mitte. Im Inneren zieht eine mit drastischen Figuren reich verzierte Kanzel von 1622 die Blicke auf sich. Berühmt ist die mächtige Arp-Schnitger-Orgel von 1721 mit 4000 Pfeifen und vier Manualen.

Das wuchtige, fünftürmige **Sassenpoort** (1408) an der Sassenstraat, südöstlich des Hauptplatzes, ist Teil der früheren Stadtbefestigung und gehört heute zu den Wahrzeichen Zwolles.

In den südlichen Außenbezirken der Stadt lockt das **Ecodrome** (Willemsvaart 19, April–Okt. tgl. 10–17, Nov.–März Mi, Sa/So 10–17 Uhr, Tel. 038/421 50 50, www.ecodrome.nl) Kinder und Jugendliche mit spannenden Ausstellungen zu Geologie und Biologie, die Entstehung und Bevölkerung der Erde auf unterhaltsame Weise präsentieren.

i Praktische Hinweise

Information: VVV Kampen, Oudestraat 151, Kampen, Tel. 09 00/112 23 75, Fax 038/332 89 00, www.vvvkampen.nl; VVV Zwolle, Grote Kerkplein 15, Tel. 09 00/112 23 75, Fax 038/422 26 79, www.vvvzwolle.nl

Schiff

Vadesto, Veenrand 5, Hattern, Tel. 038/444 54 28, www.vadesto.nl. Verleih von Kanus und anderen Booten für reizvolle Kanalausflüge.

Hotel

****City Hotel**, Rode Torenplein 10, Zwolle, Tel. 038/421 81 82, Fax 038/422 08 29, www.hotelzwolle.com. Einfaches, aber ordentliches Hotel, das einzige im historischen Zentrum.

Restaurants

De Ijssel, Ijsselkade 59, Kampen, Tel. 038/332 10 01. Großzügiges Grand Café mit gepflegter holländischer Speisekarte, Ijssel-Blick inklusive.

TOP TIPP **De Librije**, Broerenkerkplein 13, Zwolle, Tel. 038/421 20 83. Köstliche Fischgerichte in den ehrwürdigen Räumen einer früheren Klosterbibliothek.

26 Lelystad

Junge Provinzhauptstadt auf dem Grund der ehem. Zuiderzee.

Die zu Ehren des Ingenieurs Dr. Cornelius Lely, dem Initiator des Abschlussdamm-Projekts, Lelystad genannte Ansiedlung ist gleichzeitig Verwaltungssitz von Flevoland, der erst 1986 von Königin Beatrix ausgerufenen jüngsten niederländischen Provinz. Die Polder östlich der Stadt werden landwirtschaftlich intensiv genutzt, ausgedehnte Gemüse- und riesige Blumenfelder wechseln sich ab. Dazwischen sieht man immer wieder große Rotorblätter, die den stetigen Wind in elektrische Energie umwandeln. Ein zweistelliger Prozentsatz des Strombedarfs der Provinz wird inzwischen aus Windenergie gedeckt. Immer wieder fallen dekorativ in der Landschaft stehende Plastiken und Kunstwerke auf, darunter der ›Garden of Love and Fire‹, ein Arrangement des bekannten Künstlers und Architekten Daniel Libeskind. Lelystad und die anderen jungen Polderstädte wurden gegründet, um die dicht besiedelte Region von Randstad, vor allem Amsterdam, zu entlasten. Der futuristische Bahnhof und das Zentrum des mehr als 60 000 Einwohner zählenden Lelystad entsprechen nicht dem typischen Bild einer holländischen Kleinstadt. Zu den viel besuchten Museen gehört die **Batavia Werf** (Oostvaardersdijk 1–9, tgl. 10–17 Uhr) mit dem VOC-Dreimaster *Batavia*, der Rekonstruktion eines der Schiffe der Ostindischen Kompanie, die auf weltweite Entdeckungsfahrten gingen und im Handel mit den Gewürzinseln des Fernen Osten reich beladen heimkehrten. Auf dem Gelände sind auch einige der zahlreichen Schiffswracks ausgestellt, die, nachdem das Wasser des Ijsselmeeres abgepumpt war, auf dem Grund des heutigen Polders gefunden wurden. Gleich nebenan zeigt das **Nieuw Land Poldermuseum** (Oostvaardersdijk 1–13, Mo–Fr 10–17, Sa/So 11.30–17 Uhr, Tel. 03 20/26 07 99) mit Filmen, Fotos und Modellen sehr anschaulich, wie die Polder-Landgewinnung vonstatten ging.

Der Dreimaster Batavia ist das Paradestück des Museums Batavia Werf in Lelystad

Das Ende 2003 neu eröffnete **Aviodrome** (Flughafen/Luchthaven Lelystadt, Di–So 10–17 Uhr, www.aviodrome.nl) stellt in einem Themenpark allerlei Stücke rund ums Fliegen aus, darunter auch viele historische Fluzgzeuge und Modelle. Flugveranstaltungen runden das Angebot ab.

Das große von Weiden und Schilf bewachsene Feuchtgebiet **Oostvaardersplassen** am Rande des Ijsselmeers zwischen Almere und Lelystad wurde als Vogelschutzzone eingerichtet, um Löffelreihern, Kormoranen sowie Tausenden von Zugvögeln auf ihrem Weg von Skandinavien nach Afrika Lebensraum zu bieten. Das Schutzgebiet ist nur im Rahmen einer durch das **Bezoekerscentrum Oostvaardersplassen** (Kitsweg 1, Tel. 03 20/25 45 85, www.staatsbosbeheer.nl, Nov–März Di–So 10–16, April–Okt. Di–So 10–17 Uhr) oder das VVV Lelystad organisierten Tour zu besichtigen.

Östlich von Lelystad, ebenfalls in Zuider Flevoland, liegt der nach amerikanischem Vorbild mit abenteuerlichen Ach-

Architektur und Thematik entsprechen sich – das untere Bauteil des Nieuw Land Poldermuseum in Lelystad stellt den stilisierten Querschnitt eines Deiches dar

Land aus dem Meer – die Polderwirtschaft

In den Niederlanden, so sagt man, sei die Schöpfungsgeschichte etwas anders abgelaufen. Hier schuf Gott zunächst den Menschen. Der erledigte dann für ihn die Trennung von Land und Meer mit Deichen und Poldern und erschuf damit selbst das Land für Äcker und Siedlungen.

Ein Landgebiet, das komplett vor dem höher gelegenen Wasser eingedeicht ist, wird in den Niederlanden **Polder** genannt. Es gibt sie in vielen Größen und Formen. Etwa 2800 Polder kann man zwischen Friesland und Zeeland zählen, einstige Meeresbuchten oder Seen, die längst zu fruchtbarem Ackerboden geworden sind. **Flevoland** ist mit einer Fläche von 48 000 ha der größte Polder. Und beim Überqueren der Brücke zwischen Noordoostpolder und Flevoland kann man erkennen, dass das Wasser deutlich höher liegt als das vom Deich geschützte Land.

Die Menschen im Polder leben und arbeiten in einer besonderen Gemeinschaft, die Kooperation und die strikte Einhaltung vereinbarter Regeln erfordert. Ein Deich ist immer nur so stark wie seine schwächste Stelle und ein kleiner Fehler kann furchtbare Folgen für alle nach sich ziehen. Die Geschichte der Niederlande ist gleichzeitig eine unablässige Auseinandersetzung mit dem Wasser. Keine einzige Steilküste bietet zuverlässigen Schutz vor Sturmfluten. Wenn alle Deiche und Schleusen auf einmal ihre Funktion aufgeben würden, hätten sieben von zehn Niederländern ihr Haus in den Fluten der Nordsee verloren. Das Meer würde nicht nur Flevoland, sondern auch die Städte Amsterdam, Rotterdam, Haarlem, Den Haag, Delft, Leiden und Gouda ganz oder zumindest in wesentlichen Teilen bedecken.

Der Begriff **Poldermodell** hat in den Niederlanden eine doppelte Bedeutung bekommen. Er beschreibt sowohl das gemeinsame Leben hinter dem Deich als auch den Prozess der Meinungsbildung in einer demokratischen Gesellschaft, die nur dann stark ist, wenn sich am Ende einer Auseinandersetzung über strittige Fragen alle an die mehrheitlich vereinbarten Regeln und Gesetze halten.

terbahnen und Wildwasserrutschen für jedes Alter ausgestattete Vergnügungspark **Walibi World** (Spijkweg 30, Tel. 09 00/92 92, www.walibi.nl, Biddinghuizen, April–Nov. ab 10 Uhr, Schlusszeiten variieren zwischen 17 und 22 Uhr).

Extravagantes Wohnhaus der Siedlung De Fantasie in Almere

Praktische Hinweise

Information: VVV Lelystad, Stationsplein 186, Lelystad, Tel. 03 20/24 34 44, Fax 03 20/28 02 18, www.vvvflevoland.nl

Restaurant

't Dijkhuysje, Oostvaardersdijk 57, Lelystad, Tel. 03 20/26 20 22. Gut zubereitete Speisen, holländische und mediterrane Küche. Im Sommer mit Terrasse.

27 Almere

Experimentierfeld der Stadtplaner.

Beiderseits der Autobahn A 6, die Lelystad und Almere mit Amsterdam verbindet, sieht man Pappeln und Birken, die vor etwa 30 Jahren gepflanzt wurden. Und so alt ist auch Flevoland, das durch Eindeichung und Trockenlegung dem IJsselmeer abgetrotzt wurde. Überall moderne, bisweilen geradezu futuristisch anmutende Architektur. Und hoch aufragende Kräne zeigen, dass weiter gebaut wird. Almere, die mit mehr als 170 000 Einwohnern größte Stadt von Flevoland, soll einmal 400 000 Menschen beherbergen. Gebäude in ungewöhnlichen Formen und gelben, grünen, roten oder anderen knalligen Farben fallen ins Auge. Statt gemütlicher holländischer Kleinstadtidylle avantgardistische Wohnviertel, die z. B. *De Fantasie* oder *De Realiteit* heißen.

Praktische Hinweise

Information: VVV Almere-Stad, Spoordreef 20, Tel. 036/533 46 00, Fax 036/534 36 65, www.vvvflevoland.nl

28 Amersfoort

Mittelalterliche Atmosphäre im Zentrum der Niederlande.

Tuchhandel und Bierbrauerei haben die Hansestadt im Mittelalter reich gemacht. Zeugnis von dieser Blüte legt die gut erhaltene, von einem doppelten Grachtengürtel umgebene Altstadt ab. Heute zählt Amersfoort etwa 120 000 Einwohner und gehört dank seiner chemischen und Metall verarbeitenden Betriebe zusammen mit dem nahen Utrecht zu den wirtschaftlich aufstrebenden Regionen. Als Amersfoort im 14./15. Jh. immer weiter anwuchs, begann man die alte Stadtmauer niederzureißen, um weiter außerhalb eine neue zu errichten. Auf dem Fundament der ausgedienten Befestigung wurden nun Wohnhäuser errichtet. Diese *Muurhuizen* stehen wie die alte Stadtmauer eng an eng in einer Straße gleichen Namens. In drei dieser Mauerhäuser ist das **Flehite Museum** (Westsingel 50, Di–Fr 11–17, Sa/So 13–17 Uhr, www.museumflehite.nl) untergebracht, das über die Geschichte der Stadt informiert. Auch die Legende von *Dollen Jonker*, der zu Beginn des 17. Jh. 400 Bürger dazu gebracht haben soll, einen 7 t schweren Findling durch die Stadt zu schleifen, um eine Wette zu gewinnen, fehlt nicht.

Im Zentrum der Altstadt, am *Grote Markt*, erhebt sich die **Grote** oder **St. Joriskerk** mit einem Turm aus dem 13. Jh. Die dreischiffige Hallenkirche selbst stammt nach einem Brand im 14. Jh. und mehrfachen späteren Umbauten im Wesentlichen aus dem 15. und 16. Jh. Im Inneren fallen schöne Wandmalereien sowie ein gotischer Lettner ins Auge.

Der fast 100 m hohe spätgotische **Onze Lieve Vrouwen Toren** südwestlich vom Markt gehört zu den Wahrzeichen der Stadt. Die einst dazugehörige Kirche flog 1787 bei einer Pulverexplosion in die Luft. Der Liebfrauenturm, der genau im geographischen Zentrum der Niederlande steht, bietet bei gutem Wetter einen weiten Blick über Amersfoort. Von den alten Stadttoren sind noch drei erhalten: das zweitürmige Wassertor **Monnikendamsepoort** (15. Jh.) im Südosten, das noch aus der ersten Stadtummauerung stammende **Kamperbinnenpoort** (13. Jh.) östlich des Marktes und das über der Eem erbaute, kombinierte Wasser- und Landtor **Koppelpoort** (15. Jh.) im Nordwesten.

Doch Amersfoort ist nicht nur Mittelalter. Hier wurde der Maler *Piet Mondrian* (nl. *Mondriaan*, 1872–1944), einer der Wegbereiter der abstrakten Kunst, geboren. Im heutigen **Mondriaanhuis** (Kortegracht 11, Di–Fr 10–17, Sa/So 13–17 Uhr, www.mondriaanhuis.nl) verbrachte Piet seine ersten acht Lebensjahre. Neben Exponaten zu Leben und Werk des Künstlers ist eine Nachbildung seines Pariser Ateliers (1926) zu sehen.

Im Museum der Bierbrauerei **De Drie Ringen** (Kleine Spui 18, Do 13–18, Fr/Sa 13–19 Uhr, Führungen ab 10 Personen, Tel. 033/465 65 75, www.dedrieringen.nl) erfährt man alles über die Kunst des Bierbrauens.

i Praktische Hinweise

Information: VVV Amersfoort, Stationsplein 9–11, Amersfoort, Tel. 09 00/112 23 64, Fax 033/465 01 08, www.vvvamersfoort.nl

Hotels

****__De Klepperman__, Oosterdorpsstraat 11, Amersfoort-Hoevelaken, Tel. 0 33/2 53 41 20, Fax 2 53 74 34, www.klepperman.nl. Gepflegte Anlage östlich von Amersfoort mit diversen Wellness-Einrichtungen und gutem Restaurant.

**__Logies de Tabaksplant__, Coninckstraat 15, Amersfoort, Tel. 033/472 97 97, Fax 033/4 70 07 56, www.tabaksplant.nl. Angenehme Bed & Breakfast-Unterkunft in einem Stadthaus aus dem 17. Jh.

*__Stayokay__, Bosstraat 16, Soest (12 km nordwestlich von Amersfoort), Tel. 035/601 22 96, Fax 035/602 89 21, www.stayokay.com. Einfache Herberge mit 2- bis 8-Bett-Zimmer.

Restaurants

In den kleinen Hap, Langestraat 95, Amersfoort, Tel. 033/462 13 65. Pfannkuchen, Apfelkuchen, Erbsensuppe und andere holländische Klassiker zu günstigen Preisen (So geschl.).

Tollius, Utrechtseweg 42, Amersfoort, Tel. 033/465 17 93. Französisch-niederländische Gerichte, ausgezeichnete Weinkarte (So–Mo geschl., Sa nur abends).

Café

Het Filmhuis, Groenmarkt 8, Amersfoort, Tel. 033/465 55 50. Freundlich-helles Café mit leckeren Sandwiches bei der St. Joriskerk.

29 Utrecht

Mittelalterlicher Bischofssitz und dynamische Provinzhauptstadt.

Die viertgrößte niederländische Stadt (235 000 Einw.) ist ein wichtiger Gewerbestandort mit einer renommierten Universität und blickt auf eine fast 2000 Jahre alte Geschichte zurück. Römer errichteten 48 n. Chr. am heutigen Domplatz das befestigte Lager *Traiectum ad Rhenum*, um eine Furt über den Rhein zu schützen. Später siedelten hier Franken und Friesen. Seit dem frühen Mittelalter ist Utrecht Bischofssitz und bis heute das Zentrum der katholischen Kirche in den Niederlanden. Die stimmungsvolle *Altstadt*, die im Osten von dem Singel genannten Wallgraben eingefasst wird, lässt sich wunderbar zu Fuß erkunden. Im Sommer laden zahlreiche Cafés an den Ufern der *Oude* und *Nieuwe Gracht*, recht tief liegende Kanäle, die die Innenstadt queren, zu einer Erfrischung ein.

Die **Domkerk** 1 (So 14–16, Mai–Sept. Mo–Fr 10–17, Sa 10–15.30; Okt.–April Mo–Fr 11–16, Sa 11–15.30 Uhr) liegt nicht nur im Zentrum der historischen Altstadt, son-

Das trutzige viergeschossige Huis Oudaen erhebt sich an der Utrechter Oudegracht

dern bildet auch den Mittelpunkt des *Utrechter Kerkenkruis*, eines Kreuzes aus vier weiteren mittelalterlichen Kirchen, der Janskerk (Norden), der Pieterskerk (Osten), der Nicolaaskerk (Süden) und der Buurkerk (Westen). Der mächtige gotische Dom, der 1254 auf den Fundamenten einer romanischen Kirche errichtet und erst 1517 fertig gestellt wurde, besteht heute nur noch aus dem Chor und dem Querschiff mit Seitenkapellen. Das fünfschiffige Langhaus fiel 1674 einem Gewittersturm zum Opfer und wurde nicht wieder aufgebaut. Die Bilderstürmer der Reformation sind für das recht nüchterne Innere des Gotteshauses verantwortlich. Seit dieser turbulenten Zeit Ende des 16. Jh. fehlen z. B. die Statuen der Apostel an den zwölf Säulen. Neben mehreren Bischöfen sind hier auch die beiden in Utrecht verstorbenen deutschen *Kaiser Konrad II.* und *Heinrich IV.* bestattet – allerdings nur ihre Eingeweide, ihre Gebeine wurden in den Dom zu Speyer überführt. Zum Dom von Utrecht gehören auch ein sehenswerter Klostergarten und der alte Kreuzgang aus dem 14./15. Jh. Auf dem Domplein (Domplatz) sind die Umrisse des zerstörten Langhauses mit dunklen Steinen markiert. Sie führen bis zum frei stehenden, 112 m aufragenden **Domturm**, der einen Aufstieg über 465 Stufen mit einer prächtigen Aussicht auf die Stadt belohnt.

Ganz in der Nähe, auf der anderen Seite der Oude Gracht, präsentiert heute in der ältesten Kirche der Stadt, der *Buurkerk* aus dem 13. Jh., das **Nationaal Museum van Speelklok tot Pierement** 2 (Steenweg 6, Di–Sa 10–17, So 12–17 Uhr, www.museumspeelklok.nl) eine Vielzahl kostbarer bis kurioser Spieluhren und mechanischer Musikinstrumente.

Weiter westlich erstreckt sich bis zum Hauptbahnhof das gigantische Einkaufszentrum **Hoog Catharijne** 3 mit rund

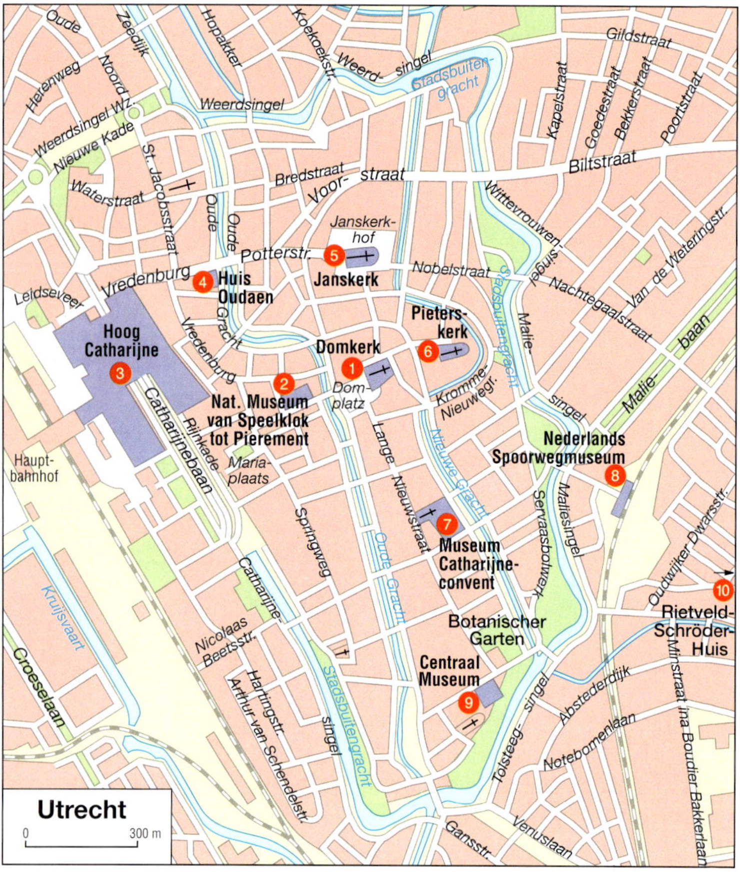

In der Utrechter Innenstadt sind manch idyllische Grachtenszenerien zu entdecken, wobei der mächtige viereckige Domturm fast immer die markante Kulisse bildet

200 Geschäften, Kinos, einem Theater und Konzertsälen. Nahebei, an der Oudegracht 99, steht das wehrhafte Patrizierhaus **Huis Oudaen** 4 (14. Jh.), in dem 1713 der *Frieden von Utrecht*, der den spanischen Erbfolgekrieg beendete, unterzeichnet wurde. Heute befinden sich eine traditionsreiche Bierbrauerei und ein Gourmetrestaurant in seinen Mauern.

Am *Janskerkhof*, nahe der Nieuwe Gracht, steht die um 1050 als romanische Säulenbasilika erbaute, im 16. und 17. Jh. umgestaltete **Janskerk** 5 (Di–Fr 9–17 Uhr) mit einem schön bemalten hölzernen Tonnengewölbe aus dem 13. Jh. Das Unwetter des Jahres 1674 kostete sie den Turm. Unweit südöstlich schmiegt sich die **Pieterskerk** 6 (am 1. und 3. Wochenende des Monats 11.30–15.30 Uhr) in eine Biegung der Nieuwe Gracht. Ihr Bau wurde bereits im 11. Jh. begründet. Der Sarkophag des Bischofs Bernold († 1054), auf den das *Utrechter Kerkenkruis* (fünf Kirchen bilden ein Kreuz im Stadtplan) zurückgeht, steht in der romanischen Säulenkrypta. Hochchor und Querschiff sind im gotischen Stil erbaut. Der gewaltige Sturm von 1674 machte auch vor der Pieterskerk nicht Halt und verwüstete die beiden romanischen Kirchtürme.

Die in Richtung Süden verlaufende Nieuwe Gracht führt bald zum ehem. Johanniterkloster, dem heutigen **Museum Catharijneconvent** 7 (Nieuwegracht 63, Di–Fr 10–17, Sa/So 11–17 Uhr, www.catharijneconvent.nl), das mit einer umfangrei-

Nur wenige Kilometer von Utrecht entfernt, bietet sich das wunderschöne, in einen weitläufigen Schlosspark gebettete Kasteel De Haar als Ziel eines Fahrradausflugs an

chen Sammlung von Modellen, Dokumenten und religiöser Kunst der christlichen Kulturgeschichte des Landes gewidmet ist.

Für Eisenbahnfans lohnt sich der Abstecher zum **Nederlands Spoorwegmuseum** 8 (Maliebaan Station, Di–So 10–17 Uhr, während der Ferien tgl., www.spoorwegmuseum.nl) am Singel, denn in dem umfassend renovierten und erweiterten Gebäude erfährt man anhand von Originalen und Modellen alles über historische niederländische Schienenfahrzeuge. Im **Centraal Museum** 9 (Nicolaaskerkhof 10, Di–So 11–17 Uhr, www.centraalmuseum.nl) etwas weiter im Süden sind neben einer Kostümsammlung, Silberarbeiten und Skulpturen auch Gemälde überwiegend von Utrechter Malern ausgestellt, darunter *Jan van Scorel* (1495–1562), der unter dem ebenfalls aus Utrecht stammenden Papst Hadrian VI. ab 1522 Konservator im Vatikan war.

Vom Centraal Museum verwaltet wird das **Rietveld-Schröder-Huis** 10 (Prins-Hendrik-Laan 50, Tel. 030/236 23 10, Führungen nur auf Vereinbarung, drei Tage vorher anrufen!) am östlichen Rand der Innenstadt. Das von dem Künstler und Architekten *Gerrit Rietveld* 1924 gestaltete Wohnhaus ist heute UNESCO-Weltkulturerbe. Mit seinen weißen und grauen Rechteckformen, die von roten, gelben und schwarzen Linien akzentuiert werden, verkörpert es unverkennbar die Prinzipien der niederländischen Kunstbewegung *De Stijl*, der auch Mondrian angehörte. Entsprechend gestaltete Rietveld das Innere des Hauses.

Ausflüge

Wer die Umgebung von Utrecht erkundet, findet in malerisch gestalteten Parklandschaften einige der schönsten Schlösser und Landsitze Hollands.

TOP TIPP

Allen voran **Kasteel De Haar** (Kasteellaan 1, Haarzuilens, nur im Rahmen von Führungen, Mo geschl., ansonsten unterschiedliche Öffnungszeiten je nach Saison, Park und Gärten tgl. 10–17 Uhr, Tel. 030/677 85 15, www.kasteeldehaar.nl) einige Kilometer westlich der Provinzhauptstadt. Das romantische Bilderbuchschloss mit Wassergraben und Schlosspark wurde Ende des 19. Jh. von Petrus J. H. Cuypers auf den Fundamenten einer mittelalterlichen Anlage errichtet. Interessant im Innern sind die reichen Sammlungen von Möbeln, Gobelins, Gemälden und chinesischen Vasen.

An der nach Norden fließenden *Vecht* reihen sich einige prächtige *Herrenhäuser* des 16. und 17. Jh. aneinander. Neben Adligen – selbst der preußische Soldatenkönig Friedrich Wilhelm I. besaß hier einen Landsitz – ließen zu Reichtum gekommene Kaufleute aus Amsterdam oder Utrecht ihre Palais an den kurvigen

Ufern des Flüsschens errichteten. Ebenfalls an der Vecht, in der Nähe des beschaulichen **Breukelen**, Namensgeber für den New Yorker Stadtteil Brooklyn, liegen mehrere schöne Anwesen wie *Kasteel Gunterstein* oder *Schloss Nijenrode*, in dem heute eine Hochschule residiert.

Das östlich von Utrecht gelegene **Doorn** ist vor allem als Exil für den deutschen Kaiser Wilhelm II. bekannt, der nach seiner Flucht aus der Heimat von 1920 bis zu seinem Tod 1941 im Schlösschen *Huis Doorn* (Langbroekerweg 10, Mitte März–Okt. Di–Sa 10–17, So 13–17; Nov.–Mitte März Di–So 13–17 Uhr, www.huisdoorn.nl) lebte. Das im 18. Jh. klassizistisch umgestaltete Gebäude bewahrt neben Adelsporträts, Porzellan und Stilmöbeln auch des Kaisers Sammlung von Schnupftabakdosen.

Schöner wohnen im Grünen – gediegene Landvilla bei Breukelen

i Praktische Hinweise

Information: VVV Utrecht, Vinkenburgstraat 19, Utrecht, Tel. 09 00/128 87 32 48, www.12utrecht.nl

Schiff

Rederij Schuttevaer, Lange Viestraat/ Oudegracht, Utrecht, Tel. 030/272 01 11. Bootsfahrten auf den Grachten und der Vecht bis Loenen (Mitte Mai–Sept.).

Sport

Kanu- oder Fahrradverleih für Touren entlang oder auf der *Vecht* oder um den See *Loosdrechtse Plassen* z. B. bei:

Eerste Aanleg, Scheendijk 7, Breukelen, Tel. 03 46/26 18 13. Kanuverleih.

Verkuil, Eendrachtlaan 81, Breukelen, Tel. 03 46/26 12 48. Fahrradverleih.

Einkaufen

Hoog Catherijne, Hoog Catherijne-Godebaldkwartier 325, Utrecht, Tel. 030/ 231 76 20. Der ausgedehnte luxuriöse Konsumtempel mit knapp 200 Geschäften aller Art lässt keine Wünsche offen.

Hotels

*****Malie**, Maliestraat 2, Utrecht, Tel. 030/231 64 24, Fax 030/234 06 61, www.maliehotel.nl. Ehem. Stadtvilla mit Charme und modernen Annehmlichkeiten.

*****NH Centre Utrecht**, Janskerkhof 10, Utrecht, Tel. 030/231 31 69, Fax 030/ 231 01 48, www.nh-hotels.com. Ganz zentral gelegenes Hotel mit ordentlichen Zimmern.

***Hostel Strowis**, Boothstraat 8, Utrecht, Tel. 030/238 02 80, Fax 030/241 54 51, www.strowis.nl. Einfache Unterkunft mit Einzel- und Doppelzimmern sowie Schlafsälen.

Restaurants

De Hoefslag, Vossenlaan 28, Bosch en Duin, Tel. 030/225 10 51. Elegantes Landrestaurant, nordöstlich von Utrecht, mit sorgfältig zubereiteten Fisch- und Wildspezialitäten. Gästezimmer verfügbar.

De Soepterrine, Zakkendragerssteeg 40, Utrecht, Tel. 030/231 70 05. Leckere Suppen aus aller Welt und dazu Salate – alles zu günstigen Preisen.

Stadskasteel Oudaen, Oudegracht 99, Utrecht, Tel. 030/231 18 64. Gepflegtes Restaurant mit Café in einem ehem. Stadtpalais des 14. Jh.

Bar

Belgie, Oudegracht 196, Utrecht, Tel. 030/231 26 66. Diverse belgische Biere sorgen für stets gute Stimmung bis weit nach Mitternacht.

Drenthe, Overijssel und Gelderland – die ländlichen Ostprovinzen

Die deutlich über dem Meeresspiegel liegenden östlichen Provinzen der Niederlande entsprechen mit ihren ausgedehnten Wäldern und Heideflächen, mit trockengelegten Mooren, Parks und Landsitzen sowie beschaulichen Städten nicht dem typischen Bild der Niederlande. Als Landschaftsgestalter wirkten die letzten Eiszeiten, die im Osten von Gelderland, in Drenthe und in Overijssel Hügelketten bis zu einer Höhe von 100 m zusammengeschoben haben. Seit jeher spielt die *Landwirtschaft* eine wichtige Rolle, es werden verschiedene Gemüse angebaut und, vor allem im *Gelderschen Rivierengebied*, vielerlei Obstsorten kultiviert.

Durch den Twentekanaal war die von der Textilindustrie geprägte Region um **Enschede** mit der Ijssel und folglich mit dem Fernhandel verbunden. Heute finden sich Metall verarbeitende Industrie sowie chemische Betriebe vor allem entlang der Maas und dem Rhein, der bei dem hübschen Universitätsstädtchen **Nijmegen** den Namen Waal annimmt.

Bei **Apeldoorn** mit seinem königlichen Lustschloss **Het Loo** erstreckt sich der ausgedehnte **Nationalpark De Hoge Veluwe**, der mit Rotwild, Wildschweinen und zahlreichen schützenswerten Pflanzenarten, aber auch mit einem exzellenten Kunstmuseum aufwartet.

30 Emmen

Ein interessanter Tierpark und jede Menge Hünengräber.

Mit 93 000 Einwohnern ist Emmen die größte Stadt der Provinz Drenthe. Nennenswerte historische Bauten gibt es hier keine, dafür aber einen Zoo, den **Noorder Dierenpark** (Hoofdstraat 18, Juni–Aug. tgl. 10–18, Sept. tgl. 10–17.30, März–Mai und Okt. tgl. 10–17 Uhr, www.dierenpark-emmen.nl), der, vor allem wegen seiner mehr als 1500 farbenprächtigen tropischen Schmetterlinge, einen ausgezeichneten Ruf genießt.

Interessantes zur Frühgeschichte kann man in der Umgebung der Stadt entdecken: Mehr als 50 Hünengräber sind rund um Emmen, Borger und Assen noch erhalten. Das **Nationaal Hunebedden Infocentrum** (Hunebedstraat, Mo–Fr 10–17, Sa/So 11–17 Uhr) in Borger, einem Örtchen 17 km nordwestlich von Emmen, hält viele nützliche Informationen sowie Karten der Region mit den wichtigsten Fundstätten der 4000 bis 5000 Jahre alten Steinzeitgräber bereit. Das **Drents Museum** (Brink 1, Di–So 11–17 Uhr, www.drents-museum.nl) in Assen, etwa 35 km nordwestlich von Emmen, informiert ebenfalls über die *Hunebedden* und zeigt darüber hinaus Funde aus römischer Zeit sowie keltische und fränkische Waffen, Keramik und Schmuck.

Der jüngeren Vergangenheit widmet sich der nur wenige Kilometer von Emmen entfernte **Veenpark** (Berkenrode 4, Barger Compascuum, April–Okt. tgl. 10–17 Uhr, www.veenpark.nl), ein Freilichtmuseum nah der deutschen Grenze, in dem das Leben in einer Torfstecherkolonie gegen Ende des 19. Jh. vorgestellt wird.

◁ *Schöne Aussicht im Nationalpark De Hoge Veluwe bei Apeldoorn: Henry Moores Plastik ›Drei Stehende Figuren‹ von 1956 und das Jagdschloss St. Hubertus von 1920*

Praktische Hinweise

Information: VVV Emmen, Hoofdstraat 22, Emmen, Tel. 09 00/202 23 93, Fax 05 91/64 41 06, www.vvvemmen.nl

Hotel

**Boerland, Hoofdstraat 57, Emmen, Tel. 05 91/61 37 46, Fax 05 91/61 65 25, www.stads-hotelboerland.nl. Nette Zimmer in nostalgischem Gebäude.

Restaurant

De Kamer, Marktplein 7, Emmen, Tel. 05 91/61 81 80. Das Restaurant-Café mit abwechslungsreicher Speisekarte ist auch Verkaufsgalerie für lokale Künstler.

31 Enschede

Moderne Skulpturen in der größten Stadt von Overijssel.

Die einstige Textilmetropole mit heute knapp 150 000 Einwohnern liegt dicht an der deutschen Grenze und ist beliebtes Einkaufsziel des Umlandes. In die Schlagzeilen kam Enschede durch eine verheerende Explosion in einer Feuerwerksfabrik am 13. Mai 2000, die 22 Menschenleben forderte und ein ganzes Wohnviertel dem Erdboden gleichmachte.

Originelle Gestalten bevölkern das Dach des Theaters von Enschede

Historische Gebäude sind zwar nicht erhalten, dafür aber präsentiert sich die Stadt als Kunstliebhaberin mit diversen, über das autofreie Zentrum verteilten Skulpturen zeitgenössischer Künstler. Der alten wie der modernen Kunst verschrieben hat sich das **Rijksmuseum Twenthe** (Lasondersingel 129–131, Di–So 11–17 Uhr, www.rijksmuseum-twenthe.nl) mit seiner nicht nur umfangreichen, sondern auch qualitätvollen Sammlung. Unbedingt sehenswert sind die mittelalterlichen Manuskripte und Skulpturen sowie Gemälde von Lucas Cranach, Hans Holbein, Jan van Goyen u. a.

Oldenzaal

Besondere Attraktion des 15 km weiter nördlich gelegenen Städtchens ist die im 12. Jh. aus Bentheimer Sandstein errichtete **St. Plechelmusbasiliek** (Mo–Sa März–Okt. 13–16, Juni–Aug. 10–16 Uhr, Tel. 05 41/51 47 94, www.plechelmusbasiliek.nl). Die romanische Basilika soll auf den Fundamenten einer bereits um 950 entstandenen Kirche erbaut sein. In ihrem 63 m hohen Turm (13. Jh.) befindet sich eine Glockenstube mit 48 (!) Glocken.

Praktische Hinweise

Information: VVV Enschede, Oude Markt 31, Enschede, Tel. 053/432 32 00, Fax 053/430 41 62, www.vvvenschede.nl

Hotel

TOP TIPP *****De Wiemsel**, Winhofflaan 2, Ootmarsum, Tel. 05 41/29 21 55, Fax 05 41/29 32 95, www.wiemsel.nl. Nördlich von Enschede gelegenes Wellness-Landgut für die totale Entspannung, mit fantastischem Mittelmeerrestaurant *De Wanne*.

Restaurant

Het Koetshuis Schuttersveld, Hengelosestraat 111, Enschede, Tel. 05 41/4 32 28 66. Krönung der kulinarischen Genüsse sind die herrlichen Desserts (Sa nur abends, So/Mo geschl.).

32 Apeldoorn

Eine alte königliche Residenz und ein ›kunstvoller‹ Naturpark.

Besonders reizvoll ist die Lage Apeldoorns (152 000 Einw.) am Rande des großen Landschaftsschutzgebietes *Veluwe*.

Recht schmucklos und streng wirkt die einstige königliche Residenz Paleis Het Loo, deren Ehrenhoffassade ein Mittelrisalit mit Treppe und Dreiecksgiebel gliedert

Das Zentrum des wichtigen gelderländischen Gewerbestandortes ist von Funktionalität geprägt, doch schöne Parkanlagen und ruhige Villenviertel machen die Stadt auch als Wohnsitz für wohlhabende Senioren beliebt.

Ziel zahlreicher Besucher von nah und fern ist das im Norden der Stadt gelegene TOP TIPP **Paleis Het Loo** (Koninklijk Park 1, Di–So 10–17 Uhr, www.paleishetloo.nl). Bis 1975 nutzte die königliche Familie das unter Wilhelm III. Ende des 17. Jh. errichtete Lustschloss als Residenz. Heute sind der imposante Bau und die kunstvollen, in französischem Stil gestalteten Gärten der Öffentlichkeit zugänglich. Die Münz- und Gemäldesammlung derer von Oranien-Nassau, ein Museum für Orden und Ehrenzeichen sowie die große Kollektion historischer Pferde- und Motorkutschen der königlichen Familie bilden die Hauptanziehungspunkte der Anlage.

Ausflüge

Das nur 12 km nordöstlich von Apeldoorn an der Ijssel gelegene **Deventer**, einst blühende Handelsstadt und Mitglied der Hanse (15. Jh.), lohnt wegen seiner malerischen Altstadt mit Bauwerken des 16. und 17. Jh. einen Abstecher. Ein 5500 ha großes Areal von Wald-, Heide- und Wasserflächen, in dem sich zahlreiche Tiere (u. a. Mufflons) tummeln, bildet das Naturschutzgebiet des zwischen Appeldoorn und Arnhem gelegenen TOP TIPP **Nationalpark De Hoge Veluwe** (Zugänge in Hoenderloo, Otterlo und Schaarsbergen, tgl. 8 Uhr bis Sonnenuntergang, www.hogeveluwe.nl). Im Besucherzentrum, das sich auf halbem Weg zwischen den Zugängen Hoenderloo und Otterlo befindet, erhält man nützliche Infos. Hier stehen auch 800 der insgesamt 1300 gebührenfreien Leihfahrräder bereit, mit denen man auf verschiedenen Rundtouren den Park erkunden kann.

Eine Stiftung, in die das Industriellenehepaar Kröller-Müller sein weitläufiges Jagdrevier nebst Jagdschloss **St. Hubertus** (1914–20, am nördlichen Parkrand, Besichtigung nur im Rahmen von Führungen, Karten im Besucherzentrum) und Gemäldesammlung einbrachte, bildet die Basis der einzigartigen Anlage. In der Nähe des Besucherzentrums wartet das **Museum Kröller-Müller** (Houtkampweg 6, Di–So 10–17 Uhr, www.kmm.nl) mit einer der bedeutendsten Kunstsammlungen des Landes auf, allein 278 Werke von *Vincent van Gogh* können hier bewundert werden. Darüber hinaus besitzt der Skulpturenpark rund 100 Plastiken namhafter Künstler wie Aristide Maillol, Henry Moore und Claes Oldenburg.

i Praktische Hinweise

Information: VVV Apeldoorn, Stationsstraat 72, Apeldoorn, Tel. 055/578 88 84, Fax 055/521 12 90, www.vvvapeldoorn.nl

Camping

De Pampel, Woeste Hofweg 35, Hoenderloo, Tel. 055/378 17 60, Fax 055/378 19 92, www.pampel.nl. Naturbelassene Wiesen- und Waldstellplätze, mit gutem Freizeitprogramm.

Hotels

****__De Keizerskroon__, Koningstraat 7, Apeldoorn, Tel. 055/521 77 44, Fax 055/521 47 37, www.keizerskroon.nl. Noble Herberge vis-à-vis vom Paleis Het Loo.

**__Gilde Hotel__, Nieuwstraat 41, Deventer, Tel. 05 70/64 18 46, Fax 05 70/64 18 19, www.gildehotel.nl. Moderne, einfache Zimmer in einem gotischen Gebäude im Zentrum.

Restaurants

De Leest, Kerkweg 1, Vaassen (5 km nördlich von Apeldoorn), Tel. 05 78/57 13 82. Kulinarische Entdeckungen .

Rijzenburg, Koningsweg 17, Schaarsbergen, Tel. 026/443 67 33. Köstlichkeiten internationaler Küche am südlichen Nationalparkeingang.

Café

Bussinks, Brink 84, Deventer, Tel. 05 70/61 42 46. Hier gibt es original Deventer Honigkuchen mit Tee oder Kaffee.

33 Arnhem

Eine umkämpfte Brücke und ein ›Schaukasten‹ der ländlichen Niederlande.

Wenngleich *Arnheym* bereits gegen Ende des 9. Jh. erstmals urkundlich erwähnt wurde, um 1233 Stadtrechte erhielt und im 15. Jh. zur Hansestadt aufstieg, sind doch in Gelderlands Provinzkapitale (134 000 Einw.) gerade mal eine Hand voll historische Gebäude erhalten. Grund sind vor allem die schweren Zerstörungen während des Zweiten Weltkrieges, die nur 150 Häuser unversehrt ließen. Auch die am Markt gelegene spätgotische **Grote Kerk** (1450–1540) mit einem Marmorsarkophag des Grafen Egmont (1538) im Chor ist im Wesentlichen Ergebnis grundlegender Restaurierungskunst. Wer vom *Turm* eine schöne Panoramasicht über Stadt und Umland genießen möchte, trägt ein gläserner Fahrstuhl komfortabel auf 73 m Höhe hinauf. An der Chorseite der Basilika schließt sich das Alte Rathaus an, das um 1540 als Stadtvilla des Heerführers *Maarten van Rossum* erbaut wurde. Wegen der drei Teufelsfratzen an der Fassade wird es auch Duivelshuis genannt.

Die in die Geschichtsbücher eingegangene südliche Rheinbrücke erinnert mit ihrem Namen **John Frostbrug** an den britischen Oberst, dessen Fallschirmjäger

In der Hindelooper Pronkkamer des Nederlands Openluchtmuseum haben sich drei in prächtige Trachten gewandete Damen zum Kaffeeklatsch eingefunden

Das ›Selbstbildnis an der Staffelei‹ von 1888 ist im Besitz des Van Gogh Museum

Vincent van Gogh – Zauberer der Farbe

Der 1853 als Sohn eines Landpfarrers in Zundert bei Breda (Noord-Brabant) geborene Vincent van Gogh wollte ebenfalls Geistlicher werden, wandte sich nach einem abgebrochenen Theologiestudium jedoch der Malerei zu. In meist schweren, **dunklen Farbtönen** stellte er die Bauern und Arbeiter seiner Heimat dar (z. B. ›Kartoffelesser‹, 1885). Die beiden frühen Jahre in Nuenen bei Eindhoven (1883–85) gehörten zu den produktivsten seines Schaffens. In den winzigen Atelierräumen, die er bei seiner Abreise nach Antwerpen zurückließ, fand man 185 Bilder und 250 Zeichnungen – ein Viertel seiner gesamten Produktion.

Schließlich zog er, unterstützt von seinem Bruder Theo, nach Frankreich, lebte in **Paris** und später in der **Provence**. Unter dem Einfluss der Impressionisten und der südlichen Sonne hellte sich seine Palette auf. Mit dynamischen Pinselstrichen setzte Van Gogh nun die ungemischten **reinen Farben** so auf die Leinwand, dass sie sich zu einer magischen, oft dramatischen Komposition entwickelten, die seine Stimmungen und seine oft labile psychische Verfassung widerspiegelten. Selbst während seiner Aufenthalte in verschiedenen Hospitälern für geistig Verwirrte malte er in lichten Momenten weiter. Im Mai 1890 jedoch setzte der erst 37-Jährige seinem Leben mit einer Pistolenkugel ein Ende.

Zurück blieb das vielfältige Werk eines zu Lebzeiten verkannten Genies, eines der wichtigsten Vorläufer der modernen Kunst. Im Amsterdamer **Van Gogh Museum** und im **Museum Kröller-Müller** im Park ›De Hoge Veluwe‹ kann man seine weltberühmten Gemälde mit ihrer faszinierenden Farbenpracht und dem unvergleichlichen Pinselduktus auf sich wirken lassen.

die strategisch wichtige Brücke im September 1944 in einer äußerst verlustreichen Operation vier Tage besetzt hielten. Das **Airborne Museum Hartenstein** (Utrechtseweg 232, Oosterbeek, 7 km westlich von Arnhem, April–Okt. Mo–Sa 10–17, Nov.–März 11–17 Uhr, www.airbornemuseum.nl) dokumentiert die auch verfilmte Schlacht von Arnhem (dt. Arnheim).

TOP TIPP Einer ganz anderen Thematik widmet sich das 33 ha große **Nederlands Openluchtmuseum** (Schelmseweg 89, Ende März–Okt. tgl. 10–17 Uhr, Winter Mo geschl., www.openluchtmuseum.nl). Hier wurden 300 Jahre alte Bauernhäuser, Scheunen und Ställe, Wind- und Wassermühlen, Werkstätten und vieles andere mehr aus den ländlichen Niederlanden ›zusammengetragen‹, um sie der Nachwelt zu erhalten.

Der benachbarte **Burgers' Zoo** (Anton van Hooffplein 1, April–Sept. tgl. 9–19, Okt.–März 9 Uhr bis zur Dämmerung, www.burgerszoo.nl) ist mit seinem Safari-Park, einem (überdachten) tropischen Regenwald und einem tropischen Riff bei Groß und Klein sehr beliebt.

i Praktische Hinweise

Information: Tourist Info Arnhem, Velperbuitensingel 25, Arnhem, Tel. 09 00/112 23 44, Fax 0 24/329 78 79 (Büro Nijmegen), www.vvvarnhem.nl

Schiff

Rederij Eureka, Vertretung in Düsseldorf, Tel. 02 11/200 71 15, www.rederij-eureka.de. Rundfahrten auf dem Rhein und der Ijssel.

Jahrhunderte trennen die Grote Kerk vom benachbarten Arnhemer Stadhuis von 1968

Hotel

**Hotel Blanc, Coehoornstraat 4, Arnhem, Tel. 026/4428072, Fax 026/4434749, www.hotel-blanc.nl. Freundliche Hotelpension, nicht weit vom Bahnhof.

Restaurant

Restaurant Koks aan de Rijn, Rijnkade 54a, Arnhem, Tel. 026/443 36 66. Schickes Restaurant mit Terrasse am Rhein.

34 Nijmegen

Älteste Siedlung der Niederlande und lebendige Universitätsstadt.

Um 70 n. Chr. eroberten die Römer eine heute nicht mehr namentlich bekannte Siedlung und errichteten hier den Stützpunkt *Noviomagnus*. Karl der Große ließ 768 auf einer Anhöhe über der *Waal* (= Name des südlichen Rheinarms) eine Kaiserpfalz errichten, von der im Valkhof-Park noch die karolingische Kapelle *St. Nikolaus* (799 geweiht) mit einem achteckigen Turm erhalten ist. Im Laufe der Geschichte wechselte die Stadt mehrmals den Besitzer. Bereits 1591 konnte *Moritz von Oranien* die Spanier aus Nijmegen vertreiben. Später besetzten die Franzosen die strategisch wichtige Stadt. Nachdem die Befestigungen Ende des 19. Jh. geschleift und Industrieanlagen angesiedelt waren, begann der wirtschaftliche Aufstieg der Stadt. Im Zweiten Weltkrieg wurde das Zentrum durch die deutsche Wehrmacht stark zerstört.

Heute leben etwa 145 000 Einwohner in der munteren Rheinmetropole Nijmegen (dt. Nimwegen), darunter 13 000 Studenten der katholischen Universität.

Die **Grote** oder **St. Stevenskerk** (Di/Mi/Fr 10–14 Uhr) steht im Zentrum der Altstadt. Der Bau wurde bereits um 1260 im romanischen Stil begonnen, aber erst etwa 300 Jahre später nach diversen Um- und Erweiterungsbauten im gotischen Stil abgeschlossen. Die Kirche und der viereckige Renaissanceturm (um 1600) mit seinem achteckigen, überkuppelten Glockenturm mussten nach dem Zweiten Weltkrieg umfassend restauriert werden. Im Chorumgang sowie in der Grabkapelle sind Reste von Wandmalereien des 16. Jh. erhalten. Im Chor selbst befindet sich das prächtige *Grabmal* der 1469 verstorbenen Catharina von Bourbon, Herzogin von Geldern. Auch die von Joost Jacobs geschaffene *Renaissance-Kanzel* (1639) mit mächtigem, sechseckigen Baldachin hat die Kriegszerstörungen überstanden.

Nur einige Schritte von der Kirche entfernt erhebt sich die 1612 aus Backstein mit schwarz-roten Fensterluken und einer Freitreppe erbaute **Waag**, ein typisches Beispiel der niederländischen Renaissance. Beeindruckend ist auch die nahe Lateinschule, die 1545 errichtete **Latijnse School**, mit einer prachtvollen, figurengeschmückten Fassade aus gotischen und Renaissanceelementen. Am benachbarten Marktplatz steht eine Bronzefigur der *Mariken van Nieumeghen*, die der Legende nach des Bündnisses mit dem Teufel verdächtigt wurde und deren Eisenfesseln sich von selbst aufgebogen haben sollen. Das **Stadhuis** (Korte Nieuwstraat 6, Tel. 0 24/3 29 30 01) von 1555 wurde nach dem Krieg originalgetreu wieder aufgebaut. Im Innern sind wertvolle Wandteppiche aus dem 17. Jh. zu sehen, die den Krieg nur deshalb überdauerten, da sie zwecks Restaurierung entfernt worden waren.

Nicht weit von der Rheinbrücke und unterhalb vom Valkhof dokumentiert das **Nationaal Fietsmuseum Velorama** (Waalkade 107, Mo–Sa 10–17, So 11–17 Uhr, www.velorama.nl) mit mehr als 250 Fahrrädern die Entwicklung des gerade in Holland viel geliebten Fortbewegungsmittels vom ersten Laufrad bis heute.

Auf dem dreieckigen Marktplatz von Nijmegen, den der Turm der St. Stevenskerk überragt und die Stadtwaage (rechts) flankiert, steht das bronzene Mariken

Ausflüge

Zwei Besichtigungsziele in der näheren Umgebung von Nijmegen verdienen besondere Erwähnung. Südöstlich Richtung **Groesbeek** sind in dem ungewöhnlichen **Bijbels Openluchtmuseum Heilig Land Stichting** (Profetenlaan 2, April–Okt. tgl. 10–17 Uhr, www.bijbelsopenluchtmuseum.nl) in einem hügeligen Park Stätten des Heiligen Landes nachgebaut, ein jordanisches Dorf ebenso wie eine Karawanserei. Schwerpunkt ist das Alltagsleben zur Zeit Jesu mit nachgebildeten jüdischen, ägyptischen und arabischen Wohnhäusern und Werkstätten.

In **Berg en Dal** gibt das **Afrika-Museum** (Postweg 6, April–Okt. Mo–Fr 10–17, Sa/So 11–17, Nov.–März Di–Fr 10–17, Sa/So 13–17 Uhr, www.afrikamuseum.nl) mit einer reichen Sammlung (u. a. Masken) und auf einem Freigelände nachgebauten Siedlungen aus Angola, Benin oder Mali faszinierende Einblicke in afrikanische Kulturkreise.

i Praktische Hinweise

Information: VVV Nijmegen, Keizer Karelplein 2, Nijmegen, Tel. 09 00/112 23 44, Fax 024/329 78 79, www.vvvnijmegen.nl

Schiff

Rederij Tonissen, Waalkade (beim Casino), Nijmegen, Tel. 024/323 32 85, www.tonissen.nl. Fahrten auf Rhein und Waal.

Nachtleben

Tango El Corte, Graafseweg 108, Nijmegen, Tel. 024/323 30 63, www.elcorte.com. Sept.–Juni jeden Fr ab 23 Uhr Tanz im Salon von Eric Jorissen, dem ›Tango-König‹ Europas.

Camping

Heumens Bos, Vosseneindseweg 36, Heumen, Tel. 024/358 14 81, Fax 024/358 38 62, www.heumensbos.nl. Wiesen mit Hecken und Bäumen; viele Freizeitaktivitäten, insbesondere für Kinder.

Hotel

******Belvoir Nijmegen**, Graadt van Roggenstraat 101, Nijmegen, Tel. 024/323 23 44, Fax 024/323 99 60, www.belvoir.nl. Zentral gelegenes Hotel mit reizvollem Ausblick über die Waal.

Restaurant

Divas, Franseplaats 1, Nijmegen, Tel. 024/365 67 08. Niederländische Küche, kompromisslos lecker (Mo–Di geschl., nur abends).

Café

Weetje Wel, Priemstraat 11, Nijmegen, Tel. 024/322 82 02. Hier ist der Apfelkuchen (*Appelgebak*) besonders lecker.

SONY
Brand BIER
diebels

Limburg, Brabant und Zeeland – südliches Flair an der Grenze zu Belgien

Die Provinzen Limburg und Brabant gibt es auch in Belgien. Lange gehörten sie zusammen, erst 1831, nachdem Belgien ein unabhängiger Staat geworden war, wurden sie endgültig durch die Landesgrenzen geteilt. Das hügelige und bewaldete *Limburg* wird wegen seiner guten Küche weithin geschätzt, u. a. steht der Spargel aus **Venlo** bei Feinschmeckern hoch im Kurs. Die Gegend um die Provinzhauptstadt **Maastricht** und das romantische **Valkenburg** gehören mit weitläufigen unterirdischen Steinbrüchen und erholsamen Thermen zu den beliebtesten Urlaubszielen vieler Niederländer.

»In *Brabant* sind die Mönche fett und die Bauern mager«, lautet eine niederländische Redensart. Lange galt der Landstrich als arm und zurückgeblieben, was Van Goghs ›Kartoffelesser‹ und andere Darstellungen aus seiner Zeit im brabantischen Nuenen eindrucksvoll unterstreichen. Dennoch sind hier, vor allem im 14./15. Jh., als die Region Herzogtum und Teil des burgundischen Reiches war, bedeutende gotische Kirchen und Kathedralen wie in **Breda** oder **'s-Hertogenbosch** entstanden.

Ganz im Südwesten der Niederlande liegt *Zeeland* mit der Inselwelt des Mündungsdeltas von Rhein, Maas und Schelde. Verlockend sind die ausgedehnten Strände dieser Provinz, aber auch hübsche Städtchen wie das mittelalterlich anmutende **Zierikzee** und **Middelburg** mit einer uralten Abtei sowie die beeindruckende Technikschau **Delta Expo** auf dem *Oosterscheldedam* lohnen einen Besuch.

35 Venlo

Wirtschaftszentrum von Nordlimburg und Spargelhauptstadt der Niederlande.

Das wirtschaftliche, administrative und kulturelle Zentrum des nördlichen Limburg präsentiert sich heute – nach schweren Verwüstungen im Zweiten Weltkrieg – als moderne Stadt. Eines der wenigen Relikte vergangener Zeiten ist die gotische **Hoofd-** oder **St. Martinuskerk** (Grote Kerkstraat, tgl. 9–12 und 14–16 Uhr). Auch sie wurde im Krieg stark beschädigt, doch man baute sie nach alten Plänen wieder auf. Zu den Sehenswürdigkeiten im Innern zählen ein Taufbecken von 1621 sowie eine geschnitzte Altarwand (15. Jh.) mit biblischen Szenen. Das schöne **Stadhuis** (Rathaus) von 1596 hat die Zeit ebenfalls überdauert.

Die Umgebung der Stadt ist bekannt für ihre landwirtschaftlichen Produkte, allen voran der Spargel, der im Mai und Juni überall gestochen wird. Im **Nationaal Asperge- en Champignonmuseum** (Koppertweg 5, Horst-Melderslo, Di, Do, So 14–17 Uhr, www.delocht.nl), nordwestlich von Venlo, erfährt der Besucher alles Wissenswerte über die Anbaubedingungen und die Verarbeitung des ›königlichen Gemüses‹.

◁ **Oben:** *Venlo kann mit einem prächtigen Rathaus im Renaissancestil aufwarten*
Unten: *Zierikzee gibt sich malerisch mit Zugbrücke und wuchtigem Zuidhavenpoort*

Roermond

Gut 30 km südlich von Venlo gelegen, lohnt Roermond mit seiner von zwei historischen Kirchen überragten Altstadt einen Ausflug. Mit dem Bau der **Onze Lie-**

ve Vrouwe Munsterkerk (Munsterplein, April–Sept. tgl. 14–17 Uhr, Okt.–März Sa 14–16 Uhr) im Zentrum wurde bereits 1218 im spätromanischen Stil begonnen. Ende des 19. Jh. wurde sie von Petrus J. H. Cuypers restauriert. Aus dieser Zeit stammen die zahlreichen neogotischen Bauelemente. Die Grabtomba von Graf Gerard III. und seiner Frau Margaretha von Brabant (13. Jh.) unter der Vierungskuppel und ein geschnitzter, farbig gefasster Brabanter Altar (16. Jh.) gehören zu den hochrangigen Ausstattungsstücken im Inneren. In der im 15. Jh. errichteten **St. Christoffel Kathedraal** (Grote Kerkstraat, bis voraussichtlich Ende 2005 wg. Renovierung geschl.) sind Chorgestühl und Altar aus dem 16. Jh. sowie mehrere kostbare Gemälde, u. a. ein Christuskopf von Rubens, sehenswert.

i Praktische Hinweise

Information: VVV Venlo, Koninginneplein 2, Venlo, Tel. 077/354 38 00, Fax 077/320 77 70, www.vvvvenlo.nl

Camping

De Eekhoorn, Maalbekerweg 25, Belfeld (8 km südwestlich von Venlo), Tel. 077/475 13 26, Fax 077/475 17 63, www.de-eek hoorn.nl. Naturplatz auf waldreichem Hügel mit Strandbad an Baggersee.

Hotel

****Château Holtmühle**, Kasteellan 10, Tegelen (4 km westlich von Venlo), Tel. 077/373 88 00, Fax 077/ 374 05 00, www. bilderberg.nl. Behagliches Hotel im Landhausstil in ausgedehntem Park; gutes Restaurant ›Die Alde‹ im Haus.

Restaurant

Valuas, St. Urbanusweg 11, Venlo, Tel. 0 77/3 54 11 41. Überzeugende holländische Kochkunst mit Mittelmeeranleihen und umfangreicher Weinkarte (Sa nur abends, So geschl.).

36 Maastricht

Lebhafte Kulturmetropole mit reicher Vergangenheit.

Die Kapitale (120 000 Einw.) der Provinz Limburg präsentiert sich Besuchern als springlebendige Stadt mit kulturvoller Atmosphäre. Vor allem im Sommer sind die Straßencafés gut gefüllt und zwischen den ehrwürdigen Bauten im Zentrum herrscht munteres Treiben. Bereits um 50 v. Chr. haben die Römer an einer Furt über die Maas die befestigte *Garnison Traiectum ad Mosam* angelegt. Die spätere Maasbrücke galt im Reich Karls des Großen, bei den späteren Herzögen von Brabant und auch im Befreiungskampf der Niederländer gegen Spanien als strategisch bedeutsam. Die Gründung des belgischen Königreiches 1831 beraubte die Stadt jedoch ihres Hinterlandes. Erst im Rahmen der Europäischen Union und der offenen Grenzen hat Maastricht nun erneut an Bedeutung gewonnen. Der **Maastrichter Vertrag** von 1992, der den Startschuss für die Einführung des Euro gab, machte die Provinzhauptstadt schließlich europaweit bekannt.

Das historische Zentrum erstreckt sich links der Maas. Seine düstere Vergangenheit als Friedhof und Hinrichtungsort sieht man dem von Geschäften und Restaurants gesäumten, weiträumigen **Vrijthof** heute nicht mehr an. Rings um den Platz finden sich einige der bedeutendsten Sehenswürdigkeiten der Stadt. Im Frühjahr feiert hier der Maastrichter *Karneval Triumphe* und am letzten Wochenende im August versammeln sich Feinschmecker zum *Preuvenemint* [s. S. 129], einem Gourmet-Festival.

Die im 11. Jh. über der Grabkapelle des Bischofs Servatius aus dem 6. Jh. erbaute katholische **St. Servaasbasiliek** (tgl. 11–17 Uhr) dominiert mit ihrer von zwei Türmen flankierten Choranlage den Platz. Sehr kunstvoll gearbeitet ist das *Bergportal* (13. Jh.) an der Kirchensüdseite mit üppigem Figurenschmuck in den Spitzbogen und einem dreigeteilten Tympanonrelief, das Tod, Auferstehung und Krönung Mariens darstellt. Das Innere der romanischen Basilika mit dreischiffigem Langhaus, Querhaus, Chor und Kreuzgang besitzt eine reiche Ausstattung. Besonderes Prunkstück ist ein spätromanischer, aus Eiche, Kupfer und Gold gearbeiteter *Reliquienschrein* von 1160 mit den Gebeinen des hl. Servatius († 384) in der **Schatzkammer**. Die Krypten beherbergen neben dem Grab des Kirchenpatrons das Grabmal Karls von Lothringen sowie die Sarkophage verschiedener Bischöfe.

Bei der benachbarten gotischen **St. Janskerk** (Ostern–Mitte Okt. tgl. 11–16 Uhr) aus dem 14./15. Jh. fällt ihr 70 m aufragender Turm ins Auge. Das Innere zeigt sich bis auf eine Kanzel im Louis-seize-Stil protestantisch schlicht. In dem Gebäude des **Spaans Gouvernement** (Vrijthof 18, Mi–So 13–17 Uhr, www.museumspaans gouvernement.nl) von 1545 residierten die spanischen Gouverneure und Herzöge von Brabant. Es ist mit Emblemen habsburgischer Macht dekoriert und beherbergt heute ein Museum mit Einrichtungsgegenständen und Kunst vorwiegend aus dem 17. und 18. Jh.

Das **Stadhuis** auf dem unweit nördlichen Marktplatz wurde um 1660 vom Architekten Pieter Post zunächst als Tuchhalle errichtet. Zum Portal an der klassizistischen Fassade führt eine Doppeltreppe, damit der Herzog von Brabant als weltliches und der Bischof von Lüttich als geistliches Stadtoberhaupt gleichzeitig eintreten konnten. Vom Markt erreicht man direkt die *Wilhelminabrug* oder etwas weiter flussaufwärts die auf eine ältere Brücke des 13. Jh. zurückgehende *St. Servaasbrug*. Von beiden Maasbrücken bietet sich ein schöner Blick auf die Altstadt. Von der St. Servaasbrug ist es durch das verwinkelte Stokstraatviertel nicht weit zum baumbestandenen *Onze Lieve Vrouweplein*, dem im Sommer der rege Café- und Restaurantbetrieb unter freiem Himmel südliches Flair verleiht. Monumentaler Blickfang ist die am Rande des Platzes emporragende, wie eine Festungsmauer konstruierte Fassade der **Onze Lieve Vrouwekerk ›Sterre de Zee‹**

Der Chor der St. Servaasbasiliek schließt den Vrijthof nach Osten hin ab

(tgl. 11–17 Uhr), der Liebfrauenkirche ›Stern des Meeres‹, mit deren Bau um das Jahr 1000 begonnen wurde. Im nur von schmalen Lichtschlitzen erhellten Innenraum kann man an den dunklen Säulen des Chorumgangs reich skulptierte Kapitelle (12. Jh.) ausmachen. Von der seit Jahrhunderten verehrten Gnadenfigur ›Unserer Lieben Frau‹ in der Seitenkapelle, durch die man die Kirche betritt, versprechen sich bis heute viele Gläubige wundersame Hilfe.

Durch das mittelalterliche **Helpoort**, das Höllentor genannte Stadttor aus dem

Aldo Rossi ließ sich beim Maastrichter Bonnefanten Museum, das auf einstigem Fabrikgelände entstand, offensichtlich von Industriearchitektur inspirieren

frühen 13. Jh., erreicht man den Stadtpark, der Teil der früheren Schanzanlagen ist. Das **Naturhistorisk Museum** (De Bosquetplein 7, Mo–Fr 10–12.30 und 13.30–17, Sa/So 14–17 Uhr, www.nhmmaastricht.nl) etwas weiter im Westen erläutert die Entstehung der Landschaft Südlimburgs sowie ihrer Flora und Fauna anhand von in der Region gefundenen Fossilien und anderen Exponaten.

Das **Bonnefanten Museum** (Av. Céramique 250, Di–So 11–17 Uhr, www.bonnefanten.nl) liegt bereits am rechten Maasufer, im Stadtteil Wijk. Das moderne, vom italienischen Stararchitekten *Aldo Rossi* konzipierte Backsteinensemble (1993–95) auf dem Gelände einer früheren Fabrik schließt eine denkmalgeschützte Werkhalle mit ein und wird von einem futuristischen, silberfarbenen Kuppelbau akzentuiert. Der Bogen der Exponate spannt sich von archäologischen Funden der Region über mittelalterliche Skulpturen und Gemälde des 14.–17. Jh. (u. a. Pieter Brueghel d. Ä., Peter Paul Rubens) bis zur zeitgenössischen Kunst.

Unterhalb des **St. Pietersbergs** im Süden der Stadt erstreckt sich ein endloses Labyrinth von Grotten und Gängen. Seit römischer Zeit wurde hier Mergelstein als Baumaterial abgebaut. Während der deutschen Besatzung im Zweiten Weltkrieg dienten die Grotten zusätzlich als Versteck für Kunstschätze (Information über Besichtigungen beim VVV).

i Praktische Hinweise

Information: VVV Maastricht, Kleine Staat 1, Maastricht, Tel. 043/325 21 21, Fax 043/321 37 46, www.vvvmaastricht.nl

Schiff

Rederij Stiphout, Maaspromenade 81, Maastricht, Tel. 043/351 53 00. Bootstouren auf der Maas und Busrundfahrten durch die Stadt.

Einkaufen

Olivier Bonbons, Kesselskade 55, Maastricht, Tel. 043/321 51 75. Köstliche Bonbons und Pralinen aus eigener Herstellung: Wer kann da widerstehen?

Nachtleben

Theater an het Vrijthof, Vrijthof 47, Maastricht, Tel. 043/350 55 55, www.theateraanhetvrijthof.nl. Beliebter Aufführungsort für Musik-, Tanz- und Theatergruppen aller Art.

Hotels

****__Botticelli__, Papenstraat 11, Maastricht, Tel. 043/352 63 00, Fax 043/352 63 36, www.botticellihotel.com. Stilvolles Haus im Zentrum, mit modernem Interieur und verführerischem Frühstücksbuffet.

**__De Poshoorn__, Stationsstraat 47, Maastricht, Tel. 043/321 73 34, Fax 043/321 07 47, www.poshoorn.nl. Zentral gelegenes kleines Hotel mit gemütlichem Café-Restaurant.

Restaurants

TOP TIPP **Beluga**, Plein 1992 / 12, Maastricht, Tel. 043/321 33 64. Unwiderstehliche kulinarische Kreationen mit frischen Zutaten aus der Region, dazu wunderbare französische Weine (So/Mo geschl., Sa nur abends).

t'Plenkske, Plankstraat 6, Maastricht, Tel. 043/321 84 56. Bistro-Ambiente im Stil der 1950er-Jahre; Limburger Küche.

Toine Hermsen, St. Bernardusstraat 2–4, Maastricht, Tel. 043/325 84 00. Ambitioniertes Spitzenrestaurant gleich bei der Liebfrauenkirche mit gut sortierter Weinkarte (Di–Fr nur mittags, So geschl.).

Bars

Take One, Rechtstraat 28, Maastricht, Tel. 043/321 64 23. Bierbar im Stil der 1930er-Jahre (Di/Mi geschl.).

37 Valkenburg

Höhlen, Burgen und heilende Bäder.

Das von Hügeln umgebene Städtchen Valkenburg aan de Geul (18 000 Einw.), über dem malerisch eine Burgruine aus dem 12. Jh. thront, ist im Sommer Ziel zahlreicher, überwiegend holländischer Touristen. Die meisten Hausfassaden sind aus heimischem Mergel gestaltet, weshalb die Stadt auch ›Mergelstad‹ genannt wird. Wie in Maastricht wurde auch hier bereits in römischer Zeit mit dem Abbau des Kalksandsteins aus Höhlen begonnen. Einige, wie die weit verzweigte **Gemeentegrot** (Cauberg 4, Führungen stündl. April–Okt. tgl. 9–17, Nov.–März Mo–Fr um 14, Sa/So 10–16 Uhr, www.gementegroot.nl) können zumindest teilweise besichtigt werden. Manche Räume sind von Künstlern verschiedener Jahrhunderte ausgestaltet, andere bergen fossile Schätze. Weitere Attraktionen des idyllischen Städtchens sind seine Ther-

Pilgerreise zur Kunst – die monumentale gotische St. Janskathedraal in 's-Hertogenbosch entzückt Kunstinteressierte mit ihrem überaus reichen Maßwerkschmuck

malbäder, z. B. die futuristisch gestaltete Anlage **Thermae 2000** (Kuurpark Cauberg 27, tgl. 9–23 Uhr, www.thermae.nl). Hier findet man Entspannung von einem aufregenden Abend im **Spielkasino** (Kuurpark Cauberg 28, tgl. 13.30–3 Uhr).

i Praktische Hinweise

Information: VVV Valkenburg, Valkenburg, Th. Dorrenplein 5, Tel. 043/609 85 18, Fax 043/609 86 08, www.vvvzuidlimburg.nl

Sport

Cycle Center, De Valkenberg 8b, Valkenburg, Tel. 043/601 53 38, www.cyclecenter.nl. Verleih von Fahrrädern und Mopeds.

Camping

Stadscamping den Driesch, Heunsbergerweg 1, Valkenburg, Tel. 043/601 20 25, Fax 043/601 61 39, www.campingden driesch.nl. Schön gelegener Platz auf einer Anhöhe am Stadtrand von Valkenburg.

Hotels

TOP TIPP ****Château St. Gerlach, Joseph-Corneli-Allée 1, Valkenburg, Tel. 0 43/608 88 88, Fax 043/604 28 83, www.stgerlach.com. Luxuriöses Landgut in einem ehem. Kloster, gemütliche, mit Antiquitäten eingerichtete Zimmer, üppiges Frühstück.

Hotel Dupuis, Lindenlaan 5, Valkenburg, Tel. 043/601 51 81, Fax 043/601 48 46, www.hoteldupuis.nl. Ruhiges Haus mit gut ausgestatteten Zimmern.

Restaurant

Prinses Juliana, Broekhem 11, Valkenburg, Tel. 043/601 22 44. Hervorragende französisch-niederländische Küche und besondere Weinmenüs.

38 's-Hertogenbosch

Gotische Kathedrale im ›Wald der Herzöge‹.

Die Hauptstadt der Provinz Noord-Brabant wird von ihren knapp 100 000 Bewohnern meist kurz *Den Bosch* genannt. Die Altstadt des Handels- und Gewerbezentrums am Zusammenfluss von Aa und Dommel präsentiert sich mit ihren Grachten, Giebelhäusern und Kirchen als besonderer Anziehungspunkt. Im Mittelpunkt des Besucherinteresses TOP TIPP steht die **St. Janskathedraal** (Torenstraat 16/Parade, Mo–Fr 10–16.30, Sa/So 13–16.30 Uhr), eine der schönsten gotischen Kirchen des Landes – gestaltet nach dem Vorbild der Kathedrale des nordfranzösischen Amiens. Mit der Errichtung, die sich gut 150 Jahre hinzog, wurde 1380 begonnen. Lediglich der Turm geht noch auf einen um 1280 entstandenen romanischen Vorgängerbau zurück. Mit einer Länge von 115 m und einer Breite von 62 m ist St. Jan der größte Kirchenbau der Niederlande. Mit mehr als 600 Figuren auf den Strebebogen und den szenischen Reliefs über den Fenstern weist sie eine unvergleichliche Ornamentik auf. 150 Bündelpfeiler tragen das Gewölbe des fünfschiffigen Inneren, das trotz des reformatorischen Bildersturms eine Fülle von Kunstschätzen bewahren konnte. Herausragend sind ein kupfernes Taufbecken (1492) von Art van Tricht, das Gemälde ›Jesus und Maria halten Fürbitte‹ (1656) von Abraham Bloemaert neben der Taufkapelle, die Renaissancekanzel aus dem 16. Jh., das wahrscheinlich aus dem 13. Jh. stammende Gnadenbild ›Zoete Lieve Vrouwe van Den Bosch‹ in der Marienkapelle sowie das wunderbar geschnitzte Chorgestühl von 1480.

Hieronymus Bosch (um 1450–1516), berühmtester Sohn der Stadt, hatte einst für die Kathedrale sechs Bilder nach alttestamentarischen Motiven geschaffen. Nach Abzug der Spanier waren sie jedoch nicht mehr auffindbar, sodass es heute in der Stadt keine Originalwerke des Künstlers mehr gibt. Ein *Standbild* vor dem **Stadhuis** am Markt erinnert an den weltbekannten Maler des Fantastischen. 1671 wurde das spätgotische Rathaus im klassizistischen Barockstil umgestaltet. Im Giebel zeigen Ritterfiguren eines Spielwerks halbstündlich ihre Kampfeskunst bei einem Reiterturnier. Gegenüber hat sich im ältesten Backsteinbau der Stadt, dem Anfang des 13. Jh. errichteten Haus **De Moriaan**, das Tourismusbüro eingerichtet.

Ein Spaziergang auf den Wallanlagen aus dem 17. Jh. führt zu mehreren noch erhaltenen kanonenbewehrten Bastionen. In der 1629 errichteten **Citadel** im Norden der Altstadt, in der heute das Reichsarchiv von Brabant untergebracht ist, sind einige Kanonen auf die Stadt ausgerichtet: So sollte aufmüpfigen Bürgern militärische Macht demonstriert werden.

TOP TIPP Kasteel Ammersoyen

Von s'-Hertogenbosch bietet sich ein Ausflug zum 11 km nordwestlich gelegenen *Kasteel Ammersoyen* (Kasteellaan 7, Ammerzoden, Mitte April–Okt. Di–Sa 10–17, So 13–17 Uhr) an. Die von einem Wallgraben geschützte Befestigungsanlage aus dem 14. Jh. macht mit vier wuchtigen, durch hohe Mauern verbundenen Türmen einen uneinnehmbaren Eindruck. Zu besichtigen sind u. a. der *Ridderzaal* mit altem Mobiliar und die Turmzimmer, die man über steinerne Wendeltreppen erreicht.

Der Wallgraben und die wuchtigen Mauern des mittelalterlichen Kasteel Ammersoyen deuten darauf hin, dass es in der Region nicht immer so friedlich zuging wie heute

Eindhoven

Knapp 30 km südlich von 's-Hertogenbosch liegt Eindhoven, eine 200 000 Einwohner zählende Industriestadt mit riesigen Fertigungsbetrieben des Elektrokonzerns Philips, was ihr den schönen Beinamen ›Stadt des Lichts‹ eingebracht hat. In der modernen Innenstadt ziehen verschiedene Kunstwerke, darunter Claes Oldenburgs knallgelbe ›Flying Pins‹ aus dem Jahr 2000, Blicke auf sich. Das **Van Abbemuseum** (Bilderdijklaan 10, Di–So 11–17 Uhr, www.vanabbemuseum.nl) präsentiert eine ausgezeichnete Sammlung von Malerei ab 1900. Vertreten sind u. a. die Künstlergruppen *De Stijl* und *CoBrA*.

i Praktische Hinweise

Information: VVV 's-Hertogenbosch, Markt 77, 's-Hertogenbosch, Tel. 073/613 96 29, Fax 073/ 612 89 30, www.vvvs-hertogenbosch.nl

Restaurants

De Raadskelder, Markt 1a, 's-Hertogenbosch, Tel. 073/613 69 19. Abwechslungsreiche regionale Küche im stimmungsvollen gotischen Kellergewölbe des Rathauses.

Café Cordes, Parade 4, 's-Hertogenbosch, Tel. 073/612 42 24. Munteres ›Eetcafé‹ nicht weit von der Kathedrale.

39 Tilburg

Klappernde Webstühle und ein Märchenpark.

Wer sich für die Geschichte der Textilindustrie interessiert, sollte einen kurzen Abstecher in die moderne Industriestadt (200 000 Einw.) unternehmen, die bis heute der wichtigste Standort der niederländischen Textilproduktion ist. Das hochinteressante, in einer ehem. Textilfabrik eingerichtete **Nederlands Textielmuseum** (Goirkestraat 96, Di–Fr 10–17, Sa/So 12–17 Uhr, www.textielmuseum.nl) vermittelt plastisch die Fertigung von Geweben, angefangen bei alten Webstühlen und Gerätschaften bis zu modernen computergesteuerten Anlagen. Wer dagegen mehr über die Anfänge und die Entwicklung der Bürokommunikation wissen möchte, sollte das Museum **Scyption** (Spoorlaan 434a, Di–Fr 10–17, Sa/So 13–17 Uhr, www.scryption.nl) aufsuchen.

Die Wildwasserbahn ist eine der zahlreichen Vergnügungen im Park De Efteling

Kinder zieht es vor allem in den großen Vergnügungspark **De Efteling** (Europalaan 1, bei Kaatsheuvel, 8 km nördlich von Tilburg, April–Okt. tgl. 10–18, Mitte Juli/ Aug. bis 21 Uhr, www.efteling.nl), einem vor über 50 Jahren gegründeten Märchenpark mit Spukschloss, fliegender Pagode und Riesenschaukel.

i Praktische Hinweise

Information: VVV Tilburg, Spoorlaan 364, Tilburg, Tel. 013/532 37 23, Fax 013/545 36 63, www.vvvtilburg.nl

Restaurant

De Pannekoekenbakker, Heuvelstraat 40, Tilburg. Bei 200 Variationen findet jeder seinen Lieblings-Pfannkuchen.

40 Breda

Festungsstadt mit dem Stammschloss der Oranier.

Schon im 12. Jh. entwickelte sich die Stadt im Schutz einer Festung. Ihre strategisch günstige Lage am Zusammenfluss von Mark und Aa war wohl der Grund für zahlreiche Belagerungen und Eroberungen im Laufe ihrer Geschichte. Auch heute spielt Breda als Garnisonsstadt mit mehreren Kasernen und Bildungseinrichtungen des niederländischen Militärs eine wichtige Rolle.

Das von Wassergräben umgebene und von vier Ecktürmen bewachte **Kasteel van Breda** am nördlichen Grachtengürtel gilt als niederländisches Stammschloss des heutigen Königshauses. Graf Heinrich III. von Oranien-Nassau, Erzieher und Berater des Kaisers Karl V., gab 1530 den Startschuss für den Umbau einer alten Burg zu einem Renaissanceschloss. Seit dem frühen 19. Jh. hat die niederländische Militärakademie hier ihren Sitz, das Gebäude ist deshalb nur im Rahmen von Führungen (Info beim VVV) zu besichtigen.

Die von einem Grachtengürtel eingefasste Innenstadt lädt mit ihren schmucken Bürgerhäusern aus dem 18. und 19. Jh. sowie zahlreichen Geschäften und Cafés zu einem Bummel ein. Die im 14./15. Jh. im Stil der Brabanter Gotik am Markt errichtete **Grote** oder auch **Onze Lieve Vrouwe Kerk** (Mo–Sa 10–17, So 13–17 Uhr) mit ihrem 97 m aufragenden Kirchturm ist das bedeutendste Bauwerk der Stadt. Im Inneren zieht vor allem das aufwendig gestaltete Renaissance-Grabmal des 1504 verstorbenen Grafen Engelbrecht II. von Nassau und seiner Gemahlin Cimburga von Baden in der Prinzenkapelle die Blicke auf sich. Beachtenswert ist auch das Schnitzwerk des Kapellengitters, des spätgotischen Chorgestühls und der Kanzel (um 1600). Weitere historische Gebäude wie die **Vleeshal** (17. Jh.) und das **Stadhuis** (18. Jh.) säumen den Markt.

Nach Plänen eines italienischen Architekten wurde eine alte Burg zum Renaissanceschloss Kasteel van Breda umgebaut, das mit einem hübschen Arkadenhof aufwartet

i Praktische Hinweise

Information: VVV Breda, Willemstraat 17, Breda, Tel. 076/522 89 24, Fax 076/521 85 30, www.vvvbreda.nl

Hotel

*****Mastbosch**, Burgemeester Kerstenslaan 20, Breda, Tel. 076/565 00 50, Fax 076/560 00 40, www.mastbosch.nl. Entspannter Luxus in Waldnähe am Stadtrand.

41 Bergen op Zoom

Austern, Spargel und Erdbeeren in ehem. Festungsstadt.

Das Delta-Sperrwerk schützt die Stadt an der Oosterschelde vor den Fluten der Nordsee. Der Schelde-Rijnkanaal führt direkt an Bergen op Zooms vorbei und verbindet den von Fischerei und Landwirtschaft geprägten Ort mit Rotterdam und dem belgischen Antwerpen. Im Hafen werden Austern und Muscheln angelandet und umgeschlagen, in der Umgebung Spargel und Erdbeeren angebaut. Einen Besuch lohnt das am Markt gelegene **Stadhuis** (Mai–Okt. Di/Mi/Do/Sa 13–16.30 Uhr) aus dem 15. Jh., das bereits Anfang des 16. Jh. eine neue Fassade erhielt. Die Eingangshalle wurde mit historischen Familienwappen geschmückt. Sehenswert im Innern des Rathauses ist ein

Bei der Hochzeit des Kronprinzen Willem-Alexander mit der Argentinierin Máxima Zorreguieta im Februar 2002 war Prinz Claus (re.) noch an der Seite von Königin Beatrix

Oranier – Herrschergeschlecht der Niederen Lande

Wenn holländische Fußballfans sich bei Länderspielen die Gesichter orangefarben anmalen, hat der Stammvater des Königshauses, **Wilhelm der Schweiger** (1533–1584) aus dem Hause Nassau-Dillenburg, Schuld. Als gleichzeitiger Herrscher über das südfranzösische Fürstentum von Orange (Oranien) gab er späteren Generationen damit die Nationalfarbe vor. Der zunächst vom spanischen König Philipp II. eingesetzte Statthalter führte bald schon den Aufstand um die Unabhängigkeit der niederländischen Provinzen an.

Die gegenwärtige **Königin Beatrix** (geb. 1938) ist das fünfte Staatsoberhaupt aus dem Hause Oranien. Die Mehrheit der Niederländer schätzt das Königshaus und befürwortet die konstitutionelle Monarchie, auch wenn regelmäßig Diskussionen über deren Fortbestand geführt werden. Dabei gehört nicht jedes Mitglied der königlichen Familie gleichzeitig zum Königshaus. Gegenwärtig werden nur 17 Personen mit ihren Ehepartnern zum Königshaus gerechnet und mit repräsentativen Aufgaben für den Staat bedacht. Zu ihnen zählt die amtierende Monarchin sowie die Mitglieder der Familie bis zum dritten Grad mit Ansprüchen auf den Thron, sofern sie nicht gegen den Willen des Parlaments geheiratet haben. Das niederländische Königshaus gehört unabhängig der staatlichen Apanage von knapp 8 Mio. € zu den reichsten Familien Europas. Das amerikanische Finanzmagazin Forbes schätzt ihr Vermögen auf 3,2 Mrd. US-Dollar. Der Reichtum beruht neben dem Grund- und Immobilienbesitz vor allem auf einem Aktienpaket von 25 % am Ölkonzern Royal Dutch/Shell. Die meisten Königsschlösser gehören dagegen dem Staat.

Die **königliche Homepage** (www.koninklijkhuis.nl) präsentiert – auch in deutscher Sprache – eine gut aufgemachte Selbstdarstellung mit Kurzbiografien und Bildern zu allen Mitgliedern des Königshauses und zur Geschichte des Hauses Oranien-Nassau.

prachtvoller gotischer Kamin von 1521. Zuvor schmückte dieser den spätgotischen **Markiezenhof** (Steenbergsestraat 8, April–Sept. Di–So 11–17, Okt.–März Di–So 14–17 Uhr), den 1475 erbauten Stadtpalast der Markgrafen. Der wohl schönste historische Bau der Stadt beherbergt heute u. a. ein lokalgeschichtliches Museum. Von der Vergangenheit als Festungsstadt zeugt noch das Gefangenpoort (15. Jh.) mit seinen wuchtigen Rundtürmen am Westende der Lieve Vrouwenstraat.

Yerseke

Der gut 30 km westlich liegende Fischerort gilt als Austern- und Miesmuschelzentrum der Niederlande. Besonders während des *Mosseldag Yerseke* am dritten Samstag im August kann man Austern schlürfen sowie Muschel- und Krustentiere in den Restaurants genießen.

Praktische Hinweise

Information: Tourist Information, Grote Markt 1, Bergen op Zoom, Tel. 01 64/27 74 82, Fax 01 64/24 01 76, www.bergenopzoom.nl

Camping

De Heide, Bremmelenberg 12, Bergen op Zoom, Tel. 01 64/23 56 59, Fax 01 64/ 25 43 77, www.campingdeheide.nl. Naturplatz auf einer Waldlichtung, mit abwechslungsreichem Freizeitprogramm für Kinder und Erwachsene (April–Sept.).

Hotel

TOP TIPP ***De Draak**, Grote Markt 36, Bergen op Zoom, Tel. 01 64/23 36 61, Fax 01 64/25 70 01, www.hoteldedraak.com. Antiquitäten schmücken die Zimmer des ältesten Hotels der Niederlande von 1397 – auf modernen Komfort muss man jedoch keinesfalls verzichten.

42 Zierikzee

Romantische Stadtansichten, Spitzenstrände und ein verhinderter babylonischer Turm.

Ideale Bedingungen für Surfer, Segler und Badeurlauber locken im Sommer Tausende Urlauber an die herrlichen Strände der auf Schouwen Duiveland gelegenen Badeorte Nieuw-Haamstede, Westerschouwen und vor allem TOP TIPP **Renesse**. Die Insel ist durch Brücken und Dämme mit dem Festland verbunden. Ihr Hauptort Zierikzee mit seinem mittelalterlichen, von einem Grachtenring eingefassten Ortskern steht fast komplett unter Denkmalschutz. Den frei stehenden **St. Lievensmonstertoren** (Balie, Mo–Fr 10–17 Uhr) kann man bereits von weitem ausmachen. Eigentlich hätte der von den flämischen Baumeistern Andries und Anthonis Keldermans 1454 entworfene Kirchturm 206 m hoch werden sollen. Doch Geldmangel ließ das heute treffend *Dikke Toren* genannte Monument bereits bei 60 m enden. Die dazugehörige Kirche brannte im 19. Jh. ab und wurde durch die kleiner dimensionierte *Nieuwe Kerk* ersetzt. Ein Rundgang durch den Ort mit seinen malerischen Gassen und Giebelhäusern sollte unbedingt die drei erhaltenen Stadttore einschließen, das **Noordhavenpoort** von 1559 an der Einfahrt zum Hafen, das aus dem 14. Jh. stammende zweitürmige **Nobelpoort** im Norden sowie das wuchtige **Zuidhavenpoort** mit vier spitzen Ecktürmchen und einem mittigen Glockenspielturm. Auch das 1554 errichtete **Stadhuis** (Meelstraat 8, Mai–Okt. Mo–Fr 10–17 Uhr) im Zentrum mit einem Heiratszimmer im Stil Louis-quinze, dem *Schutterzaal*, in dem sich einst die Miliz des Ortes versammelte, sowie einer Sammlung zur Lokalgeschichte lohnt einen Besuch.

Beim **Maritiem Museum** (Mol 25, April –Okt. Mo–Sa 10–17, So 12–17 Uhr, www.museaschouwenduiveland.nl) mit seiner hübschen Kollektion von Schiffsmodellen und Seestücken ist bereits das Gebäude, ein ehem. Gefängnis mit 400 Jahre alten Graffiti in den Zellen, eine Attraktion. Im **Oude Haven** liegen im Sommer historische Schiffe vertäut.

Praktische Hinweise

Information: VVV Zierikzee, Nieuwe Haven 7, Zierikzee, Tel. 01 11/41 24 50, Fax 01 11/41 72 73, www.vvvschouwenduiveland.nl

Camping

Wilhelminahoeve, Hoogenboomlaan 40, Renesse, Tel. 01 11/46 13 38, Fax 01 11/46 23 04, www.wilhelminahoeverenesse.nl. Ebenes, durch Hecken aufgelockertes Wiesengelände, 250 m vom Strand.

Hotels

***Schuddebeurs**, Donkereweg 35, Schuddebeurs (gleich nördlich von Zierikzee), Tel. 01 11/41 56 51, Fax 01 11/41 31 03, www.schuddebeurs.nl. Nettes Hotel mit gutem Restaurant in der Nachbarschaft eines Golfplatzes.

*Klaas Vaak**, Nieuwe Bogerdstraat 24, Zierikzee, Tel. 01 11/41 42 04. Ruhige Pension unweit des alten Hafens.

Restaurant

De Zeelandbrug, Weg naar de Val 10, Zierikzee, Tel. 01 11/41 32 08. Moderne niederländische Küche mit französischen Finessen, im Sommer mit Terrasse mit Brückenblick (Mo geschl.).

43 Middelburg

Mittelalterlicher Marktort auf Walcheren mit originellem Freizeitpark.

Getreu ihrem Motto »Lucto et emergo«, »Ich strauchle und erhebe mich wieder«, hat sich Middelburg immer wieder erholt, von der Bedrohung durch Wikinger, von mittelalterlichen Kriegen und Brandkatastrophen, von den Folgen vieler Sturmfluten und dem Bombenangriff der deutschen Luftwaffe 1940, der 600 Gebäude in Schutt und Asche legte. Viele historische Bauten der 45 000 Einwohner zählenden Provinzhauptstadt Zeelands sind folglich gekonnte Reproduktionen der stark beschädigten Originale.

Die von Kartoffeläckern und Kornfeldern umgebene Stadt auf der Insel *Walcheren* ist schon aus der Ferne am 91 m hohen achteckigen Turm der Abteikirche auszumachen. Das im 12. Jh. gegründete Kloster der Norbertiner im Zentrum der von zwei Grachtenringen umgebenen Altstadt wurde im 16. Jh. säkularisiert und Sitz der Provinzverwaltung. Der ausgedehnte, um einen großen begrünten Innenhof angelegte Klosterkomplex *Onze Lieve Vrouwe Abdij* mit verschiedenen Verwaltungsgebäuden, Mönchszellen, einem Kreuzgang sowie der zweischiffigen Pfarr- und der einschiffigen Abteikirche ist zwischen dem 12. und 16. Jh. entstanden. Vom **Lange Jan** genannten Abteiturm bietet sich ein weiter Blick über die Insel bis zu den Delta-Sperrwerken. Auch das **Zeeuws Museum** (Abdijplein 3, www.zeeuwsmuseum.nl) zur Volkskunde Zeelands ist in Gebäuden der Abtei untergebracht Die gesamte Anlage ist wegen Renovierungsmaßnahmen bis voraussichtlich 2007 geschlossen.

Das kunsthistorische Juwel des Marktorts Middelburg ist sein gotisches Stadhuis

Von Middelburg gelangt man per Schiff bis zum Städtchen Veere am Veerse Meer

Am Marktplatz präsentiert sich eindrucksvoll das 1452–58 aus grauweißem Stein erbaute und später durch eine Fleischhalle und einen Turm erweiterte **Stadhuis** (Führungen April–Okt. Sa–Do 13, 14, 15 Uhr). Seine gotische Fassade mit den Statuen der 25 Grafen und Gräfinnen von Holland und Zeeland sind meisterliche Zeugnisse mittelalterlicher Bildhauer- und Steinmetzkunst.

Nahe dem Koepoort an den Wallanlagen liegt mit **Miniatuur Walcheren** (Molenwater Park, Nieuwe Haven, April–Okt. tgl. 10–18 Uhr, www.miniatuurwalcheren.nl) ein viel besuchter Freizeitpark, in dem die Insel Walcheren mit Orten, Gebäuden und Landschaften im Maßstab 1:20 dargestellt ist.

Blick über die Grenze – Kultur pur in Flandern

Wer Noord-Brabant oder Zeeland bereist, sollte unbedingt einen Abstecher über die grüne Grenze ins benachbarte Belgien wagen. Schließlich liegen mit Antwerpen, Gent und Brügge drei der reizvollsten Städte Flanderns in unmittelbarer Nachbarschaft. Allen voran **Brügge**, die mittelalterliche Handelsmetropole der Hanse und Europas Kulturhauptstadt des Jahres 2002. Alt-Brügge wird vom Flüsschen Reye eiförmig umflossen und vom 83 m hohen, bereits im 13. Jh. entstandenen Belfried überragt. Dieser säumt zusammen mit der Tuchhalle (13. Jh.) und anderen Gebäuden den Grote Markt. Am benachbarten Burgplatz erheben sich das mit Türmchen und Statuen geschmückte Rathaus, der Justizpalast und die Heiligblutkapelle, die auf das 12. Jh. zurückgeht.

Von der Michaelsbrücke über die Leie bietet sich ein besonders schöner Blick auf das historische Zentrum der mittelalterlichen Tuchmacherstadt **Gent**. Mit der Tuchmacherhalle aus dem 15. Jh., dem benachbarten 91 m hohen Belfried von 1339, dem kleinen Beginenhof und der großartigen Wasserburg 's Gravensteen aus dem 12. Jh. liegen die Hauptsehenswürdigkeiten nahe beieinander. Auch die mächtige Kathedrale St. Bavo (10.–16. Jh.) mit dem weltberühmten ›Genter Altar‹ der Gebrüder Van Eyck und das Rathaus mit seiner wunderschönen gotischen Fassade sind nicht weit entfernt.

In **Antwerpen** lohnt sowohl eine Rundfahrt durch den umschlagstarken Seehafen an der Schelde als auch ein Gang durch die Stadt mit ihren vielen Kunstmuseen. Unübersehbar ist die Liebfrauenkathedrale mit ihrem 123 m hohen Turm, besonders schön der Grote Markt mit dem Rathaus aus dem 16. Jh. und einem Ensemble von Zunfthäusern. Im Rubenshaus kann man die Produktionsstätte des flämischen Malerfürsten besichtigen und in den zahlreichen Schleifereien der Diamantenhauptstadt Europas die Verarbeitung des Edelsteins beobachten.

Ausflug

Auf dem *Oosterscheldedam*, der Walcheren mit der Insel Schouwen Duiveland verbindet, dokumentiert die Schau TOP TIPP **Delta Expo** (Neeltje Jans, April–Okt. tgl. 10–17.30, Nov.–März Mi–So 10–17 Uhr, www.neeltjejans.nl) das gigantische Flutwehrprojekt im Mündungsdelta von Rhein, Maas und Schelde. Sie informiert außerdem über Fischfang und -zucht sowie über unterschiedlichste Aspekte der Bedeutung des Wassers auf dem Planeten Erde.

i Praktische Hinweise

Information: ANWB Middelburg, Nieuwe Burg 50, Middelburg, www.visitmiddelburg.nl; VVV Walcheren en Noord-Beveland, Schuitvlotstraat 32, Domburg, Tel. in Deutschland 01 90/68 68 86 (0,41 €/Min.), www.vvvzeeland.nl

Schiff

Rederij Dijkhuizen, Middelburg, Abfahrt an der Loskade, vis-à-vis vom Hauptbahnhof, Tel. 01 18/41 93 67, www.rederij-dijkhuizen.nl. Rundfahrten auf dem Kanaal door Walcheren bis zum Veerse Meer.

Sport

NS Stationsrijwielstalling, Kanaalweg 22, Middelburg, Tel. 01 18/61 21 78. Fahrradverleih.

Camping

De Witte Raaf, Muidenweg 3, Arnemuiden (östlich von Middelburg), Tel. 01 18/60 12 12, Fax 01 18/60 36 50, dewitteraaf@zeelandcamping.nl. Mit Buschreihen gegliederte Rasenfläche, eigene Badebucht am Veerse Meer und verschiedene Freizeitangebote (u. a. schalldichte Disco).

Hotel

****De Huifkar**, Markt 19, Middelburg, Tel. 01 18/ 61 29 98, Fax 61 23 86, www.brasse riedehuifkar.nl. Gemütliches kleines Hotel; die Terrasse des hauseigenen Restaurants liegt direkt am Marktplatz.

Restaurants

De Campveerse Toren, Kaai 2, Veere, Tel. 01 18/50 12 91. Köstliche Fischgerichte und dazu ein schöner Blick auf das Veerse Meer im Restaurant eines ausgezeichneten Hotels.

Wer wissen möchte, wie die Deltawerke der gefräßigen Nordsee Einhalt geboten, sollte die aufwendige Ausstellung Delta Expo auf dem Oosterscheldedam nicht verpassen

Het Groot Paradys, Damplein 13, Middelburg, Tel. 01 18/65 12 00. Köstliche niederländische Gerichte von einem jungen Küchenteam (So–Mo geschl., Sa nur abends).

44 Vlissingen

Fähr- und Fischereihafen mit beliebten Stränden.

Südlich von Middelburg, an der breiten Scheldemündung, liegt die wirtschaftlich bedeutende Hafenstadt Vlissingen. Vom Boulevard De Ruyter kann man den regen Schiffsverkehr der Fähren nach Belgien und England sowie die Hochseefrachter auf ihrem Weg nach Antwerpen beobachten. An den der Promenade vorgelagerten *Stränden* tummeln sich im Sommer die Badegäste. Ein **Denkmal** an der Mole erinnert an den 1607 hier geborenen *Admiral Michiel de Ruyter*. Der Seeheld der Kriege gegen Spanien und England wurde 1676 vor Messina von einer französischen Kanonenkugel tödlich verwundet.

Die gotische **Grote** oder **St. Jacobskerk** am Oude Markt aus dem 14. Jh. wurde 1911 nach einem Brand originalgetreu wieder aufgebaut. Das alte Arsenal aus dem frühen 19. Jh. beherbergt inzwischen das vergnügliche **Attractiecentrum Het Arsenaal** (Arsenaalplein 1, tgl. 10–19/20 Uhr, im Winter eingeschränkt, www.arsenaal.com) mit faszinierenden Einblicken in die Unterwasserwelt, aber auch mit Geisterschiffen, Piraten und allerlei Kurzweiligem um Meer und Seefahrt.

i Praktische Hinweise

Information: VVV Vlissingen, Oude Markt 3, Vlissingen, Tel. 01 18/42 21 90, Fax 01 18/42 21 91, www.vvvwnb.nl

Wassersport

De Kanovijver, Nollpad 3, Vlissingen, Tel. 01 18/41 96 30. Kanuverleih.

Hotel

******Zuiderduin**, De Bucksweg 2, Westkapelle, Tel. 01 18/56 18 10, Fax 01 18/56 22 61, www.fzuiderduinbeachhotel.nl. Hotel, auch mit Apartments, direkt hinter den Dünen im westlichsten Ort von Walcheren.

Restaurant

De Beurs, Beursplein 11, Vlissingen, Tel. 01 18/41 02 95. Gemütliches Restaurant in historischem Gebäude und schöner Sommerterrasse.

Niederlande aktuell A bis Z

Vor Reiseantritt

ADAC Info-Service:
Tel. 0 18 05/10 11 12, Fax 0 18 05/30 29 28 (0,12 €/Min.)

ADAC im Internet:
www.adac.de
www.adac.de/reisefuehrer

Niederlande im Internet:
www.niederlande.de
www.hollandinfo.com

Deutsche, Österreicher und Schweizer erhalten telefonische Auskünfte und können Prospektmaterial anfordern bei:

Niederländisches Büro für Tourismus (NBT),
Friesenplatz 1, Postfach 27 05 80,
50511 Köln,
Tel. 0 18 05/34 33 22,
Fax 0 18 05/34 33 20 (0,12 €/Min.),
info@niederlande.de

Für Anrufer aus Österreich gilt zusätzlich folgende Rufnummer:
Tel. 08 00/88 85 80

Für Anrufer aus der Schweiz gilt zusätzlich folgende Rufnummer:
Tel. 08 00/88 05 80

Allgemeine Informationen

Reisedokumente

An den Landesgrenzen zu Deutschland und Belgien sind die Schlagbäume abgeschafft. Nur in Ausnahmefällen werden Reisedokumente kontrolliert. Man muss jedoch einen Personalausweis oder Reisepass (mind. noch 3 Monate gültig) mit sich führen. Kinder unter 16 Jahren, die nicht im Elternpass eingetragen sind, benötigen einen Kinderausweis.

Kfz-Papiere

Bei Einreise mit dem Auto benötigen Fahrer den nationalen Führerschein und den Fahrzeugschein. Das Auto muss ein Nationalitätskennzeichen führen oder mit dem Euro-Nummernschild ausgestattet sein. Die *Internationale Grüne Versicherungskarte* ist empfehlenswert, aber nicht obligatorisch.

Krankenversicherung und Impfungen

Bei Erkrankung oder Unfall können Patienten aus den EU-Ländern Deutschland und Österreich die Behandlungskosten über ihre heimische Krankenkasse abrechnen. Wichtig ist, bei dieser vor der Reise einen Auslandskrankenschein anzufordern. Schweizer benötigen eine private Auslandskrankenversicherung. Impfungen werden nicht verlangt.

Hund und Katze

Für Hunde und Katzen ist ein gültiger, vom Tierarzt ausgestellter EU-Heimtierausweis mit Nachweis der Tollwutimpfung (mind. 30 Tage, max. 1 Jahr alt) nötig, ebenso Kennzeichnung durch Mikrochip oder Tätowierung. Bis zum Jahr 2011 gelten Übergangsregelungen.

Hunde müssen ständig angeleint sein. Pitbulls dürfen nicht einreisen.

Zollbestimmungen

Abgabenfreie Einfuhr für den persönlichen Bedarf innerhalb der EU; Richtmengen: 800 Zigaretten, 400 Zigarillos, 200 Zigarren, 1 kg Pfeifentabak, 10 l Spirituosen, 20 l Liköre u. ä., 90 l Wein.

Für Staatsbürger der Schweiz gelten engere Mengenbeschränkungen: 200 Zigaretten oder 100 Zigarillos oder 50 g Rauchtabak, 2 l Wein, 1 l Spirituosen oder 2 l Liköre, 50 ml Parfüm, 500 g Kaffee, 100 g Tee.

Die Mitnahme von Waffen aller Art, auch von Imitaten (Spielzeug) und Tränengasspray, ist nicht erlaubt.

◁ *Ferienspaß auf niederländisch: sich am Nordseestrand räkeln, auf Kanälen schippern, durch malerische Grachtenstädte, z.B. Leiden, bummeln, sich in Freizeitparks wie De Efteling amüsieren oder technische Meisterleistungen wie das Sturmflutwehr Oosterschelde bestaunen*

Geld

Die Niederlande sind *Euroland*. Kreditkarten (vor allem Eurocard, Mastercard und Visa) sind gebräuchlich, an Geldautomaten (*Chipknip*, *Geldautomaat*) lässt sich mit Bankkarte und Geheimnummer rund um die Uhr Bargeld abheben.

Tourismusämter im Land

In jedem größeren und in vielen kleineren Orten des Landes befindet sich ein Fremdenverkehrsbüro des VVV (*Vereniging voor Vreemdelingenverkeer*). Die blauweißen Hinweisschilder mit den markanten Buchstaben VVV fallen sofort ins Auge. Die Büros halten meist umfangreiches Info-Material über die Urlaubsregion sowie Ortspläne bereit. Die Adressen sind bei den jeweiligen Orten unter den **Praktischen Hinweisen** aufgeführt. Über die Webseiten einiger **Provinzzentralen** des VVV kann man ebenfalls viele Informationen abrufen:

VVV Ameland, www.vvvameland.nl

VVV Drenthe, www.drentheplus.nl

VVV Flevoland, www.vvvflevoland.nl

VVV Friesland, www.beleeffriesland.nl

VVV Gelders Overijssels Bureau voor Toerisme, www.gelderland.nl

VVV Limburg, www.limburg.nl

VVV Utrecht, www.utrechttoerisme.nl

VVV Zeeland, www.vvvzeeland.nl

VVV Zuid-Holland Advies Toeristisch, www.zhbt.nl

Notrufnummern

Polizei, Ambulanz, Feuerwehr: Tel. 112

Pannenhilfe des niederländischen Automobilclubs ANWB (Algemene Nederlandse Wielrijderbond):
Tel. 08 00/08 88 (rund um die Uhr)

ADAC-Notruf Niederlande (Assen):
Tel. 05 92/39 05 60 (rund um die Uhr)

ADAC-Notrufzentrale München:
Tel. 00 49/89/22 22 22 (rund um die Uhr)

ADAC-Ambulanzdienst München:
Tel. 00 49/89/76 76 76 (rund um die Uhr)

ADAC Partnerclubs:

Koninklijke Nederlandse Toeristenbond (ANWB), Wassenaarseweg 220, 2596 Den Haag, Tel. 0 70/3 14 71 47, Fax 070/314 69 69, www.anwb.nl

Koninklijke Nederlandsche Automobiel Club (KNAC), Wassenaarseweg 220, 2596 Den Haag, Tel. 0 70/3 83 16 12, Fax 0 70/3 83 19 06, www.knac.nl

Geschäftsstellen beider Clubs befinden sich in allen größeren Städten.

Österreichischer Automobil Motorrad und Touring Club
ÖAMTC Schutzbrief-Nothilfe:
Tel. 00 43/(0)1/2 51 20 00

Touring Club Schweiz
TCS Zentrale Hilfsstelle:
Tel. 00 41/(0) 2 24 17 22 20

Diplomatische Vertretungen

Botschaft der Bundesrepublik Deutschland, Groot Hertoginnelaan 18–20, 2517 EG Den Haag, Tel. 070/342 06 00, Fax 070/365 19 57, www.duitse-ambassade.nl (*Generalkonsulat* in Amsterdam)

Botschaft der Republik Österreich, Van Alkemadelaan 342, 2597 AS Den Haag, Tel. 070/324 54 70, Fax 070/328 20 66, den-haag-ob@bmaa.gv.at

Botschaft der Schweizerischen Eidgenossenschaft, Lange Voorhout 42, 2514 EE Den Haag, Tel. 0 70/3 64 28 31/32, Fax 070/356 12 38, www.eda.admin.ch/denhaag (*Generalkonsulate* in Amsterdam und Rotterdam)

Drogen

Die Niederlande, vor allem Amsterdam, sind für eine liberale Drogenpolitik bekannt. *Coffeeshops* mögen auch einen Kaffee ausschenken, eher erhält man dort aber sog. **weiche Drogen**. Bis zu 5 g Cannabis oder Haschisch für den persönlichen Gebrauch gehen ohne gesetzliche Probleme über den Tresen, wenngleich auch in Holland der Konsum der Droge offiziell verboten ist. Inzwischen wird Cannabis auch in den Niederlanden angebaut. *Nederwiet* nennt sich die heimische Marke, der Konsumenten und Polizei eine ausgezeichnete Qualität bescheinigen. Der Besitz oder der Handel mit größeren Mengen oder **harten Drogen** wie Heroin oder Crack wird dagegen strafrechtlich verfolgt.

Besondere Verkehrsbestimmungen

Tempolimits (in km/h): Für PKW, Motorräder und Wohnmobile bis 3,5 t innerorts 50, außerorts 80, auf Schnellstraßen 100, auf Autobahnen 120.

Straßenbahnen haben an gleichberechtigten Kreuzungen Vorfahrt. Parken an gelben Bordsteinkanten ist verboten. Vorsicht: Radklemmen (*Wielklem*) können zum Einsatz kommen. Bußgelder für Parkverstöße sind hoch.

Die **Promillegrenze** liegt bei 0,5.

Auf mit einem ›B‹ gekennzeichneten Straßen dürfen nur Fahrzeuge mit einer Breite bis zu 2,20 m verkehren.

Das Telefonieren mit Handys während der Fahrt ist nur mit Freisprechanlage gestattet.

Anreise

Auto

Umfangreiches **Informations- und Kartenmaterial** können ADAC-Mitglieder kostenlos bei den ADAC-Geschäftsstellen oder unter Tel. 0 18 05/10 11 12 (0,12 €/Min.) anfordern. Im ADAC Verlag sind außerdem die Länderkarte *Niederlande*, der TravelAtlas *Belgien Niederlande Luxemburg*, der CityPlan *Amsterdam*, das ADAC reisemagazin *Niederlande* und der Reiseführer *Amsterdam* erschienen.

Über das europäische Autobahnnetz ist man mit dem PKW oder Camper zügig in den Niederlanden. Autobahngebühren werden nicht erhoben. Von *Norddeutschland* kann man über die E 22/A 28 bis Groningen und von dort auf der A 7 und A 6 über Flevoland nach Amsterdam gelangen. Viele fahren auch von Groningen weiter auf der E 22 nach Leeuwarden (355) und über den Ijsselmeer-Abschlussdeich (A 7) nach Amsterdam.

Aus dem Raum *Berlin*, *Hannover* und *Osnabrück* gelangt man auf der E 30/A 1 vorbei an Enschede und über Apeldoorn nach Utrecht oder nach Amsterdam.

Vom *Ruhrgebiet* führt die E 35 über Arnhem nach Utrecht und zu den Städten Hollands. Wer über das Rheinland fährt, nutzt die schnelle Verbindung über die E 31 nach Nijmegen. Alternativ geht es auf der E 34 nach Eindhoven und von dort nördlich der belgischen Grenze nach Westen oder auf der A 2 nach Amsterdam.

Von *Köln* erreicht man Maastricht und das schöne Limburg am besten über Aachen (A 4) und weiter auf der E 314. Von dort kann man die A 2 nach Norden in die übrigen Niederlande nutzen.

Auch die Land- und Nebenstraßen sind in den Niederlanden gut ausgebaut. Im Ballungsraum um Amsterdam und bis nach Rotterdam ist das Netz der Autobahnen, allerdings auch der Verkehr sehr dicht.

Bahn

Von Frankfurt fährt ein ICE direkt nach Amsterdam. Von Köln aus kann man mit Anschlüssen aus Nord- und Süddeutschland tagsüber siebenmal ebenfalls mit einem ICE über Arnhem (Arnheim) und Utrecht nach Amsterdam reisen. Von Berlin aus fahren täglich vier Züge nach Holland. Die meisten Züge verfügen über einen Waggon für Fahrräder (Reservierung empfohlen). Ab München und Berlin verkehren zusätzlich Nachtzüge nach Amsterdam. *Auskünfte* bei:

Deutsche Bahn, Tel. 1 18 61 (persönliche Auskunft, gebührenpflichtig), Tel. 08 00/1 50 70 90 (sprachgesteuert), www.bahn.de

Österreichische Bundesbahn, Tel. 05 17 17, www.oebb.at

Schweizerische Bundesbahnen, Tel. 09 00 30 03 00, www.sbb.ch

Nederlandse Spoorwegen NS, Tel. 0 30/2 35 44 80, www.ns.nl

Die Bahngesellschaften bieten auch regelmäßig Sonder- und Sparangebote für Tages- oder Wochenendtrips nach Amsterdam und andere Orte Hollands an.

Bus

Fernbusse der Touring bzw. Euroline verkehren von den größeren Städten Deutschlands und von Österreich nach Amsterdam, Breda, Den Haag, Rotterdam und Utrecht. Fahrpläne und Preise erhält man an Busbahnhöfen in größeren Städten oder bei:

Deutsche Touring, Am Römerhof 17, 60486 Frankfurt/M., Tel. 0 69/79 03 50, Fax 7 90 32 19, www.deutsche-touring.com

Eurolines Wien, c/o Blaguss Reisen, 1230 Wien, Richard-Strauss-Str. 32, Tel. 01/610 90, www.eurolines.at

Busreiseunternehmen bieten auch eine Reihe von Städtetrips und Reisen zur Tulpenblüte und anderen Ereignissen in die Niederlande an.

Flugzeug

Mit der Fluggesellschaft *KLM – Royal Dutch Airlines* sowie anderen Fluggesellschaften erreicht man von allen größeren

Ob altertümlich oder modern – knallrot sind die niederländischen Briefkästen

Städten Deutschlands, Österreichs und der Schweiz **Amsterdam Schiphol**, mit ca. 40 Mio. Fluggästen einer der betriebsamsten Airports Europas.

Zudem gibt es mehrmals pro Tag bzw. Woche Flüge zwischen Eindhoven/Rotterdam und Hamburg/Innsbruck.

Flugauskunft: 09 00/01 41 (innerhalb der NL), Tel. 020/794 08 00 (außerhalb der NL), www.schiphol.nl

Vom Amsterdamer Flughafen Schiphol verkehren alle 20 Min. Züge nach Amsterdam, Den Haag und Rotterdam.

Bank, Post, Telefon

Bank

Banken und Sparkassen sind Mo–Fr 9–16/17 Uhr geöffnet. Viele haben Do oder Fr etwas länger offen.

Post

Die Öffnungszeiten der Königlichen Post sind Mo–Fr 9–17.30 Uhr, zentrale Postämter in großen Städten haben häufig Do oder Fr länger offen und meist zusätzlich Sa 10–13 Uhr geöffnet.

Urlaubspostkarten und Briefe (bis max. 20 g), die ins europäische Ausland verschickt werden, müssen mit 0,54 € frankiert werden. Karten und Briefe (bis max. 20 g) ins nicht-europäische Ausland kosten 0,75 € Porto.

Telefon

Internationale Vorwahlen:
Niederlande 00 31
Deutschland 00 49
Österreich 00 43
Schweiz 00 41

Es folgt die Vorwahl (Schweiz: Rufnummer) ohne die Null.

Telefonnummern mit der Vorwahl 09 00 können nur innerhalb der Niederlande angerufen werden.

Die meisten Telefonzellen funktionieren mit Telefonkarten (*Telefoonkaart, Telecard*). Es gibt sie für 5 und 10 € bei Postämtern, Bahnhöfen, Verkehrsvereinen oder Stationen des Automobilclubs ANWB.

Ein *Collect Gesprek*, bei dem der Empfänger zahlt, anmelden über Tel. 08 00/01 01.

In den Niederlanden kann man mit den handelsüblichen **Mobiltelefonen** über einen automatisch zugeordneten Roaming Partner wie KPN, Vodafone oder T-Mobile problemlos telefonieren. Man sollte sich jedoch vor Reiseantritt über das günstigste Netz vor Ort informieren und das eigene Mobiltelefon entsprechend programmieren.

Einkaufen

Öffnungszeiten: Die meisten Geschäfte haben Mo–Sa von 9–18 Uhr geöffnet, am Do oder Sa häufig bis 21 Uhr. Viele Läden sind Montagvormittag geschlossen. In Feriengebieten an der Küste haben die Geschäfte im Sommer meist länger geöffnet.

Souvenirs

Zu den beliebten Ferienmitbringseln gehören holländischer **Bauernkäse** aus Gouda oder Alkmaar, **Blumenzwiebeln** und nicht zuletzt die **Klompen**, die in tausenderlei Varianten von der verkitschten Miniatur bis zum edlen maßgefertigten Stück zu haben sind. Raucher schätzen das umfassende Angebot von **Zigarren** und Zigarillos aus der Karibik und aus Su-

Mit fröhlich bunten Klompen wirbt hier ein Holzschuhmacher für seine Arbeit

Exotische Gerichte wie dieses indonesische Satay, eine Art Spießchen mit leckeren Beilagen, bereichern – meist leicht abgewandelt – die holländische Küche

Nicht nur Käse und Hering – niederländische Spezialitäten aus Küche und Keller

Nieuwe Haring, auf vielerlei Arten zubereitet, gehört zu den bekanntesten holländischen Spezialitäten, die auch ins benachbarte Ausland exportiert werden. Die Holländer selbst mögen ihn am liebsten vom Stand an der Straße, im Ganzen und mit einem Brötchen (Broodje) serviert. Weithin geschätzt werden auch viele der einheimischen Käsesorten, allen voran **Gouda** und **Edamer**, dann **Maasdamer** und **Leerdamer**, die natürlich direkt aus der Käserei noch besser schmecken.

Stamppot Boerenkool, ein Kartoffeleintopf mit Grünkohl und Räuchermettwurst, zählt zu den auch heute noch typischen niederländischen Gerichten, die einst Bauern und Fischer mit den notwendigen Kalorien für den harten Arbeitstag versorgten. Ähnlich kräftige Eintöpfe gibt es auch mit Rotkohl und mit Sauerkraut. Beim **Balkenbrij** werden Fleisch, Blut, Fett und Buchweizenmehl kombiniert. In Amsterdam und anderen Städten kocht eine wachsende Zahl von Restaurants leichter und frischer, wobei regionale Kochtraditionen, aber auch kulinarische Anleihen vor allem aus der Mittelmeerküche einfließen.

Neben der deftigen Hausmannskost hat sich, durch Anregungen und Einwanderer aus den früheren fernöstlichen Kolonien beflügelt, eine **exotische Variante** der Kochkunst entwickelt, bei der die Niederländer heimische Produkte und asiatische Gewürze kombinierten, lange bevor Stilmix und Fusion-Küche zu Trendbegriffen wurden. Als deren profanen Vorläufer kann man die in Holland allgegenwärtige **Rijstafel** bezeichnen. Sie gibt es in diversen chinesischen und indonesischen Variationen, immer mit Reis und vielen Schälchen mit pikanten Fleisch- und Gemüsebeilagen. Inzwischen sind indonesische Gerichte in die nationale Esskultur der Niederlande integriert.

matra. Wer es sich leisten kann, findet in der Diamantenstadt Amsterdam edle **Schmuckstücke**. Auch die Liebhaber von **Antiquitäten** werden in Amsterdam und anderen Orten fündig. **Delfter Fayencen** sind teuer, in Souvenirläden werden meist keine echten Stücke verkauft.

Essen und Trinken

Der Tag beginnt meist mit einem herzhaften **Frühstück**, mit Kaffee oder Tee, Milch, Käse, Eiern, Joghurt, Brot. Jeder Niederländer trinkt laut Statistik 176 l Tassen Kaffee im Jahr. Rosinen- und Zuckerbrötchen mit Erdnussbutter (*Pindakaas*) oder mit Butter und Marmelade oder Schokostreuseln gehören zu den beliebten süßen Morgenleckereien.

Ein warmes **Mittagessen** ist unüblich. Den meisten reichen belegte *Broodjes* oder *Bitterballen*, gewürzte, warme Kroketten, die es auch in vielen Automatenimbissen (›Essen aus der Mauer‹) gibt. Saurer oder in der Saison Ende Mai bis Ende Juni frischer Hering wird meist gleich im Fischladen oder der Fischbude an der Straße verspeist. Viele leisten sich dazu ein Glas Buttermilch oder ein Bier, meist vom Brauereigiganten Heineken.

Beim **Abendessen** geht es dann zur Sache. In den Familien und vielen Restaurants stehen kräftige holländische Gerichte mit Fleisch, Gemüse und Kartoffeln auf dem Tisch. Als Vorspeise wird häufig Fisch in verschiedenen Variationen gereicht. Auch die Erbsensuppe (*Erwtensoep*), die so dick sein muss, dass der Löffel darin steht, kann man als deftiges Gericht bezeichnen. Viele Restaurants, Cafeterias und Eetcafés bieten einfache Tellergerichte (*Dagschotels*) ab 8 € an. Dazu präsentieren in praktisch jedem holländischen Ort mindestens ein indonesisches oder chinesisches Lokal eher sanfte Varianten fernöstlicher Kochkunst. Meist rundet eine süße Nachspeise wie Sahnepudding oder Pfannkuchen die Mahlzeit ab. Ein *Genever* aus Wacholder oder der friesische Kräuterschnaps *Beerenburger* werden gern vor, aber auch nach dem Essen getrunken.

Feste und Feiern

Feiertage

1. Januar(*Nieuwjaar*, Neujahr), *Goede Vrijdag* (Karfreitag), *Paaszondag* (Ostersonntag), *Paasmaandag* (Ostermontag), 30. April (*Koninginnedag*, Nationalfeiertag), 1. Mai (*Dag van de Arbeid*, Tag der Arbeit), *Hemelvaartsdag* (Christi Himmelfahrt), *Pinksterzondag* (Pfingstsonntag), *Pinkstermaandag* (Pfingstmontag), 25./26. Dezember (*Kerstmis*, Weihnachten)

Feste und Gedenktage

Februar

Maastricht, Provinz Limburg: Der *Karneval* in Maastricht und anderen südniederländischen Städten braucht mit den Karnevalsfesten am deutschen Rhein keinen Vergleich zu scheuen (*Infos* beim VVV Maastricht, Tel. 0 43/3 25 21 21).

Amsterdam: Am 25. Februar wird beim **Dokwerker-Denkmal Februaristaking**, eine Feier zum Gedenken an den Streik der Hafenarbeiter 1941 gegen die Deportation der Juden, abgehalten.

März

Keukenhof bei Lisse: Zur *Tulpenblüte* von Ende März bis Mai kommen Hunderttausende zur Freilandblumenschau.

April

Zwolle: *Pasar Malam Bali* nennt sich der große indonesische Markt am Osterwochenende in den Ijsselhallen.

Noordwijk, Haarlem: Ein *Bloemencorso* mit geschmückten Wagen zieht Ende des Monats von Noordwijk nach Haarlem.

TOP TIPP **Landesweit:** Ganz Holland feiert am 30. April den *Koninginnedag*, wobei das größte Volksfest in Amsterdam begangen wird. Eigentlich hat Königin Beatrix am 31. Januar Geburtstag. Sie beließ den Nationalfeiertag jedoch auf dem 30. April, dem Geburtstag ihrer Vorgängerin und Mutter, Königin Juliana.

Mai

Landesweit: Am *Bevrijdingsdag* (5. Mai) feiern die Holländer mit Konzerten und Versammlungen die Befreiung von der deutschen Besatzungsmacht 1945.

Zum *Nationale Molendag* am 2. Samstag des Monats sind alle historischen Windmühlen des Landes zur Besichtigung offen, zumindest die mit einer blauen Fahne gekennzeichneten.

Provinz Friesland: *Fiets Elfstedentocht*, das populäre Fahrradrennen durch elf friesische Städte Ende des Monats startet in Bolsward (*Infos* beim Organisationsbüro in Bolsward, Tel. 05 15/57 32 63).

Juni

Scheveningen, Vlaardingen: Offizielle Eröffnung der Heringssaison mit dem *Hollandse Nieuwe* beim *Vlaggetjesdag* (www.vlaggetijesdag.com) in Scheveningen am 1. Juni sowie beim *Haring en Bierfest* in Vlaardingen bei Rotterdam am 1. Samstag im Juni

Juli

Rotterdam: Eine wahre Augenweide sind die fantasievollen, knallbunten Kostüme beim *Zomercarnaval* an einem Juliwochenende (www.zomercarnaval.nl.).

Drei Sambaprinzessinnen beim Zomercarnaval in Rotterdam

August

Maastricht: Ende des Monats bereiten beim vier Tage andauernden Feinschmeckerfestival **Preuvenemint** die Köche der Gourmettempel Limburgs auf dem Vrijthof unter Zelten ihre Köstlichkeiten zu (*Infos* beim VVV Maastricht, Tel. 043/325 21 21, www.preuvenemint.nl). Man bezahlt mit sog. *Preuvenemintlappen*, die zum Stückpreis von 1,60 € an zahlreichen Kassen rings um das Festareal einzeln oder in Heften zu je 10 Stück verkauft werden.

September

Aalsmeer, Amsterdam: Ein *Bloemencorso* zieht am 1. Samstag des Monats mit mehreren Dutzend prächtig geschmückten Festwagen von Aalsmeer nach Amsterdam und trifft dort auf dem Dam ein (*Infos* bei Stichting Bloemencorso Aalsmeer, Tel. 02 97/32 51 00).

Den Haag: Am 3. Dienstag im September, dem *Prinsjesdag*, fährt die Königin mit einer goldenen Kutsche von ihrem Palast zum Parlamentsgebäude, wo sie die *Troonrede* hält, das Programm der Regierung für die nächsten zwölf Monate (http://prinsjesdag.minfin.nl).

Dezember

Landesweit: Am 5. Dezember, dem Vorabend des *Sinterklaas*, des Niklaustages, reitet der hl. Nikolaus mit seinem Knecht, dem *Zwarte Piet*, über die Dächer der Häuser und verteilt die Weihnachtsgeschenke für die Familien.

Gouda: *Gouda bij Kaarslicht* heißt es am Dienstag vor Heiligabend, wenn der Marktplatz der Stadt im Schein Tausender Kerzen erleuchtet (www.goudabijkaarslicht.nl).

Klima und Reisezeit

Im ausgeglichenen Seeklima der Niederlande hängen die Wolken häufig tief. Bei Westwinden ist mit Regen zu rechnen. Im Winter kann, muss aber kein Schnee fallen. Wenn Grachten und Kanäle zufrieren, was nicht allzu häufig geschieht, holt jeder zweite Holländer die Schlittschuhe aus dem Schrank.

Östliche Winde sind für die zahlreichen sonnigen und klaren Wintertage verantwortlich. Im wechselhaften Sommer bringen Südwinde trockene, warme Sonnentage.

Auskünfte bei KNMI-Wetterdienst, Tel. 09 00/80 03 (0,50 €/Min.) oder unter www.knmi.nl.

Klimadaten Amsterdam

Monat	Luft (°C) min./max.	Wasser (°C)	Sonnen-std./Tag	Regen-tage
Januar	1/ 5	4	2	14
Februar	1/ 5	4	3	11
März	3/ 9	7	4	9
April	6/ 13	11	6	9
Mai	9/ 17	14	7	9
Juni	12/20	17	7	9
Juli	15/22	18	6	11
August	12/21	19	6	11
September	12/19	17	5	12
Oktober	8/14	12	3	12
November	5/ 9	8	2	14
Dezember	2/ 6	5	1	13

(Wassertemperaturen Vlissingen)

Kultur live

Januar

Rotterdam: Das *International Film Festival Rotterdam* Ende des Monats zeigt neue holländische und internationale Produktionen (Tel. 010/890 90 90, www.filmfestivalrotterdam.com).

Juni

Amsterdam, Den Haag, Rotterdam, Utrecht: Alljährlich feiern diese Städte gemeinsam einen Monat lang das internationale **Holland Festival** mit einem fantastischen Kulturprogramm (*Infos* und Karten bei den VVVs; tel. Kartenvorverkaufbei Uitlijn, Tel. 09 00/01 91 (auch aus dem Ausland) oder 020/621 12 88, www.hollandfestival.nl).

Rotterdam: *Poetry International* nennt sich das einwöchige Festival für Dichtkunst Mitte Juni in Rotterdam (Tel. 010/ 214 83 93, www.poetry.nl).

Juli

Den Haag: Das dreitägige *North Sea Jazz Festival* Mitte des Monats gilt als eines der besten Jazz und Blues Events weltweit (Infos beim VVV oder unter Tel. 015/ 621 13 11, www.northseajazz.nl).

August

Amsterdam: Mehrtägiges Kulturfest *Uitmarkt* mit Beiträgen vieler Amsterdamer Bühnen und freier Gruppen auf dem und um den Dam (Amsterdam Uitmarkt, Tel. 020/626 26 56, www.uitmarkt.nl).

Sport

Angeln

Für das Angeln in der Nordsee bedarf es keiner besonderen Genehmigung. In vielen Häfen werden Angeltouren aufs Meer angeboten, auch von einigen Piers versuchen Angler ihr Glück in der Brandung.

Für das Angeln in den fischreichen Poldergewässern, Teichen und Kanälen werden jedoch zwei Scheine benötigt. Die *Sportvisakte* kann man bei Postämtern und Verkehrsverbänden erwerben. Außerdem ist eine Genehmigung der Angelvereine nötig, die *Grote Vergunning*, die in Angelsportgeschäften erhältlich ist. Beide Dokumente gelten ein Jahr. Dann kann man nach Herzenslust angeln. Allerdings gelten Vorschriften, welche Fische wann gefangen werden dürfen. Genaue Informationen über das Regelwerk sind erhältlich bei den VVV-Büros oder bei:

Nederlandse Vereniging van Sportvissersfederaties (NVVS), Postbus 288, 3800 AG Amersfort, Tel. 033/463 49 24, Fax 033/461 19 28, www.nvvs.org

Golf

Golf hat auch in den Niederlanden in den letzten Jahren deutlich an Popularität gewonnen. Auf inzwischen mehr als 150 privaten und knapp drei Dutzend öffentlichen Plätzen schlagen Golfer auf den kleinen weißen Ball ein. Das örtliche VVV weiß, wo Golfer als Gäste auch auf privaten Plätzen spielen können. Eine aktuelle Liste aller Golfplätze veröffentlicht:

Nederlandse Golf Federatie, Postbus 221, 3454 ZL De Meern, Tel. 030/242 63 70, Fax 030/242 63 80, www.golfsite.nl

Inlineskating

Die Skater Europas haben die Niederlande entdeckt. Die asphaltierten Radwege eignen sich perfekt für den Urlaub auf Rollen. Spezielle Routen für den Trendsport gibt es bei den Büros der Verkehrsvereine (VVV). Mitte Mai rollen Tausende Inlineskater bei ›Waal on Wheels‹ (WOW, www.schaats-en-skate.nl) auf den Radwegen durch den *Ooijpolder* bei Nijmegen. Die Tour führt durch das Naturschutzgebiet *De Gelderse Poort*, über die Deiche am Flussufer der Waal und direkt nach Nijmegen.

Kanufahren

Unzählige Wasserwege durchziehen das Land: Flüsse, Bäche und vor allem Kanäle und Grachten – ein Dorado für Kanufahrer. Die Wasserkarten des ANWB eignen sich hervorragend für den Paddeltrip durch die Landschaft. Dazu liegen in vielen örtlichen Fremdenverkehrsbüros spezielle Karten der Region mit Routenvorschlägen für Kanuten aus. Der **Deutsche Kanuverband** veröffentlicht auf seiner Homepage (www.kanu.de) auch eine Übersicht über die befahrbaren Gewässer in den Niederlanden.

Wer kein eigenes Kanu besitzt oder dieses nicht in den Urlaub mitnehmen möchte, kann in vielen Orten die notwendige Ausrüstung leihen. Die deutschsprachige Website von *Canoe Dreams* (www.canoe-dreams.com) präsentiert zudem eine umfassende Zusammenstellung von Kanu-Verleihern in den Niederlanden. (Preise ab 5 €/Std., 15 €/Tag, 65 €/Woche). *Infos* auch bei:

Nederlandse Kano Bond, Dalton Laan 400, Utrecht, Tel. 030/656 65 27, Fax 030/ 656 47 83, www.nkb.nl

Radfahren

Holland ist das Mekka der Fahrradfahrer. Auf sie warten Radwege mit einer Länge von über 20 000 km, die kreuz und quer durch das Land führen. 3277 Fahrradgeschäfte versorgen die Bevölkerung mit den zweirädrigen Drahteseln. Es sind im Gegensatz zu anderen europäischen Ländern nur recht wenige teure Designer-Räder, Mountain- oder Citybikes unterwegs, die stabilen Holland-Räder

Traumhafte Reitstrecke – am Strand von Katwijk aan Zee kann man nicht nur baden

(*Fietsen*) überwiegen auch bei jüngeren Leuten. Wer nun vermutet, dass das Fahrradfahren im überwiegend flachen Holland keine Anstrengung bedeutet, hat den Wind (meist von Südwest) nicht einkalkuliert. So können auch kurze Touren bei kräftiger Brise von vorn zu einer echten Herausforderung werden.

An vielen Bahnhöfen kann man gegen Kaution und für eine Gebühr ab 6 €/Tag Fahrräder ausleihen, sie aber auch kaufen. Bei Problemen helfen dort auch kleine Reparaturwerkstätten weiter. An mehr als 300 Bahnhöfen dürfen Reisende ihr Rad gegen ein geringes Entgelt im Zug mitnehmen. In Städten empfiehlt sich ohnehin, das Auto an der Peripherie stehen zu lassen und weiter zu Fuß oder per Fahrrad auf Erkundung zu gehen.

In den VVV-Büros liegen diverse Vorschläge für Fahrradtouren in der näheren Umgebung aus. Auch der ANWB, Schwesterverband des ADAC [s. S. 124], tut einiges für Fahrradfahrer. 20 Regionalkarten (*Provinciekaart*) weisen jeweils Routen zwischen 30 und 50 km Länge für Radler aus. Auch die Sehenswürdigkeiten am Wegesrand werden erläutert. Außerdem hat der ANWB überall in den Niederlanden, in Gaststätten, auf Campingplätzen und bei Fahrradunterständen sog. Pannenkoffer mit Flickzeug und Schraubenschlüsseln abgestellt, mit denen man ein defektes Rad wieder auf Vordermann bringen kann.

Das *Niederländische Büro für Tourismus* [s. S. 123] hat die deutschsprachige Broschüre ›Radwander-Führer‹ herausgegeben, die eine Fülle praktischer Tipps rund ums Radfahren sowie acht ausgearbeitete Touren in Holland vorstellt.

Radeln ist Nationalsport und die typischen Holland-Räder sind überall zu sehen

Reiten

Besonders gut eignen sich die Nordseeinseln sowie der Osten des Landes mit zahlreichen Reiterhöfen und weitläufiger, abwechslungsreicher Landschaft für einen Reiturlaub. In Holland kommen auch Freunde sportlicher Kutschfahrten auf ihre Kosten. Praktische Tipps, nützliche Adressen und ausführliche Routenbeschreibungen für Reiterferien veröffentlicht:

Hippisch Toerisme, Elfde Wijk 44, 7796 HP Heemserveen, Tel. 05 23/68 43 64, Fax 05 23/68 33 64, www.hippisch-toerisme.nl

Schwimmen

Breite Strände entlang der Nordsee, von den Westfriesischen Inseln im Norden bis zur Mündung der Schelde im Süden, mit vielen Wassersportmöglichkeiten, ein dahinter liegender Dünengürtel sowie die hervorragende Infrastruktur und reizende Städte im Hinterland haben die Küste der Niederlande zu einem beliebten Ausflugsziel der Niederländer, aber auch der grenznahen Bewohner von Nordrhein-Westfalen werden lassen. Mehr als 50 ausgewiesene Badestrände, in den Sommermonaten meist von Rettungsschwimmern betreut, ziehen sich die *Noordzee* entlang. Kinder sollten nicht unbeaufsichtigt baden und schwimmen. Bei starker Brandung werden auch die Unterströmungen stärker, die ins Meer hinausziehen. Eine gehisste rote Fahne bedeutet Gefahr, eine gelbe Risiko. Baden ›oben ohne‹ wird generell toleriert, wer sich ganz ohne Hüllen am Strand und im Wasser tummeln möchte, findet ausgewiesene FKK-Strände. Hunde dürfen zwischen Sonnenauf- und Sonnenuntergang nicht frei am Strand laufen. Das Übernachten am Strand ist nicht gestattet.

Entlang der niederländischen Nordseeküste wird die Wasserqualität im jährlichen ADAC-Test überwiegend sehr gut bewertet. Allein an einigen Badestellen am Unterlauf der Schelde auf der Höhe von Bergen op Zoom gab es Einschränkungen wegen Blaualgenblüte. Die genauen Ergebnisse lassen sich auch im Internet (www.adac.de) einsehen.

Segeln

Drei Dinge braucht der Segler: Boote, Wasser und Wind. Am Ijsselmeer und an der Nordseeküste findet er alles in ausreichender Menge. Wer ein Schiff chartern will, hat die Qual der Wahl, vom traditionellen Plattbodenschiff, den Skûtjes und *Botter*, bis zur schnittigen Jacht oder dem Katamaran ist alles vorhanden. Viele nutzen die Urlaubszeit, um nach einem Segelkurs die Prüfung für einen Segelschein abzulegen (ab einem Alter von 12 Jahren möglich). Die örtlichen VVV-Büros halten Informationen über Bootsverleiher und Segelschulen bereit, einige vermieten selbst Segelschiffe. Segler finden bei etwa 300 Marinas stets einen Anleger in ihrer Nähe. Das rund 100 Seiten starke Buch ›Niederlande, Land des Wassers – Erleben Sie mehr vom Ijsselmeer‹ enthält neben einer Beschreibung des ausgedehnten Binnengewässers einen umfangreichen Serviceteil mit Routenvorschlägen, wichtigen Organisationen, Veranstaltungshinweisen und nützlichen Tipps. Es ist in Jachthäfen und VVV-Shops erhältlich. In der Vereinigung *Top of Holland Yachtcharter* (Postbus 330, 9200 AH Drachten, www.topofholland.com) sind knapp drei Dutzend der führenden Bootsverleiher zusammengeschlossen. Sie veröffentlichen jährlich ein Verzeichnis ihrer Mitgliedsbetriebe. Wer selbst nicht segeln kann, kann zumindest mitsegeln, auf einem der traditionellen Segelschiffe, Klipper, Schoner, Logger und Tjalke, die zuvor als Frachtschiffe oder Fischerboote dienten. Zu modern eingerichteten Passagierschiffen umgebaut, bieten sie Platz für bis zu 40 Passagiere.

Windsurfen an der Nordseeküste, hier bei Zandvoort, erfordert schon etwas Können

Wandern

Besonders schöne Wandergebiete werden in den Niederlanden als *Wandelterreinen* ausgewiesen. Die markierten Wanderwege führen nicht selten durch Landschaftsschutzgebiete, die ansonsten gar nicht betreten werden dürfen. Eine Art Eintrittskarte (*Wandelkaartje*) lässt sich bei den örtlichen Büros des VVV sowie des Automobilverbandes ANWB oder an Kiosken nahe des Zuganges erwerben. *Infos* auch bei:

Nederlandse Wandelsport Bond,
Pieterskerkhof 22, 3512 JS Utrecht,
Tel. 030/231 94 58, Fax 030/230 01 59,
www.nwb-wandelen.nl

Windsurfen

Was für das Segeln gilt, trifft – mit einer Einschränkung – auch auf das Windsurfen zu. Auf den Kanälen ist das Surfen nicht erlaubt. Dafür aber bietet das *Ijsselmeer* geradezu ideale Bedingungen: nicht zu hohe Wellen, aber eine gute Brise. Könner zieht es auch an die Küste und auf die Westfriesischen Inseln, um mit den schnellen Brettern durch die hohe Brandung zu pflügen und zu springen. Daneben treffen sich die Windsurfer im Sommer auch in anderen Revieren, an der Maas bei Roermond oder auf der

Friesischen und Holländischen Seenplatte. Auch das Veerse Meer beim zeeländischen Beveland gehört zu den Top-Destinationen der Windsurfer-Gemeinde. Viele bringen Bretter und Segel mit, andere mieten sie an den zahlreichen Verleihstationen, die meist auch Surfkurse für Anfänger oder Fortgeschrittene anbieten.

Statistik

Lage: Die Niederlande grenzen im Norden und Osten an Deutschland, im Süden an Belgien. Die Küstenlinie entlang der Nordsee misst 642 km bei einer Luftlinie von gut 300 km. Mit einer Landfläche von knapp 34 000 km² gehört das Königreich zu den kleineren Staaten Europas. Rechnet man die inländischen Wasserflächen hinzu, ergibt sich ein Landesterrain von 41 526 km², das knapp der Größe Dänemarks entspricht. Der Prinz-Alexander-Polder bei Rotterdam ist mit 6,70 m u. M. der tiefste, der Gipfel des Vaalserberges in Limburg mit 321 m ü. M. der höchste Punkt des flachen Landes. Große Gebiete sind durch Eindeichung dem Meer abgerungen, ein Fünftel der Landfläche liegt unter dem Meeresspiegel. Die frühere *Zuiderzee* ist längst durch einen Abschlussdeich von der Nordsee getrennt und durch einen weiteren Deich in das *Ijsselmeer* und das *Markermeer* getrennt. Die Provinz Flevoland war früher komplett vom Wasser der *Zuiderzee* bedeckt.

Die Küstenlinie entlang der Nordsee setzt sich von Noord-Holland mit der Friesland vorgelagerten Inselkette der *Waddeneilanden* nach Nordosten fort. Diese schließen unmittelbar an die niedersächsischen Ostfriesischen Inseln an. Der Süden des Landes ist durch die auch für Hochseeschiffe befahrbaren Wasserarme von Rhein, Maas und Schelde geprägt sowie durch das Mündungsdelta der drei großen Flüsse mit ihren Inseln. Das flache Hinterland wird durchzogen von schiffbaren Kanälen.

Mit den zusammen etwa 1000 km² großen Niederländischen Antillen (Bonaire, Curaçao, Sint Eustatius, Sint Maarten, Saba) und der Insel Aruba gehören zwei ehem. karibische Kolonien zum Staatsgebiet.

Bevölkerung: Rund 16,25 Mio. Menschen, davon 360 000 Friesen. 3 Mio. sind Ausländer, die Hälfte von ihnen stammt aus ehem. Kolonialgebieten wie Surinam und Indonesien oder sind Arbeitsimmigranten wie Türken und Marokkaner. Die andere Hälfte der Ausländer stammt aus EU-Staaten. Mit durchschnittlich 391 Einwohnern pro km² gehören die Niederlande zu den am dichtesten besiedelten Ländern der Erde. Knapp 90 % der Bevölkerung lebt in den Städten.

Religion: Rund 63 % der Landesbewohner gehören einer christlichen Kirche an, davon etwa 40 % Protestanten der reformierten (*Gereformeerd*) und der niederländisch reformierten Kirche (*Nederlands Hervormd Kerk*). Zur katholischen Kirche, die ihre Hochburgen in den südlichen Provinzen hat, bekennen sich rund 60 % der Christen. Der Islam hat etwa 570 000 Anhänger. Die jüdische Gemeinde zählt ca. 30 000 Mitglieder.

Verwaltung: Das Königreich der Niederlande (*Koninkrijk der Nederlanden*) ist seit 1848 eine konstitutionelle Monarchie mit parlamentarischem Regierungssystem. Repräsentatives Staatsoberhaupt ist seit April 1980 Königin Beatrix. Der Premierminister und sein Kabinett gehen aus allgemeinen Wahlen zum 150-köpfigen Abgeordnetenhaus (*Tweede Kamer*) hervor und werden von der Königin auf die Verfassung vereidigt. Die 75 Mitglieder der Länderkammer (*Eerste Kamer*) werden von den Provinzvertretungen entsandt. Zusammen bilden die beiden Kammern das Parlament (*Staten Generaal*). Das Land gliedert sich in 12 Provinzen.

Wirtschaft: Die flächenmäßig kleinen Niederlande gehören mit einem Bruttoinlandsprodukt von etwa 444 Mrd. € zu den 15 leistungsstärksten Ländern der Erde. Rotterdam besitzt den größten Hafen der Welt, der Amsterdamer Flughafen Schiphol ist der drittwichtigste Europas. Deutschland ist mit einem Anteil von ca. 25 % der wichtigste Handelspartner, zwei Drittel aller Im- und Exporte gehen in Länder der EU. Die Niederlande verfügen über eine leistungsfähige Industrie mit weltweit führenden Chemieunternehmen und ist mit Vorkommen vor allem in Friesland der größte Erdgasproduzent Europas. Eine bedeutende Rolle spielen Wissenschaft und Hochtechnologiefirmen sowie der Finanz- und sonstige Dienstleistungsbereiche wie z. B. der Tourismus. Auch die Landwirtschaft mit allein 1,7 Mio. Milchkühen, die Basis für den Export von Milchprodukten im Wert von mehr als 4 Mrd. €, gehört traditionell zu den bedeutenden Wirtschaftszweigen. Die Niederlande sind nach den USA und Frankreich der drittgrößte Exporteur von Lebensmitteln und Lebendtieren der Welt. Die Arbeitslosenquote beträgt 5,8 %.

Unterkunft

Bed & Breakfast

Die inzwischen international übliche Bezeichnung für ein Zimmer mit Frühstück kann im Holländischen auch *Logies en Ontbijt*, *Gastenkamer* oder *Pension* heißen. B&B-Herbergen befinden sich vorwiegend in den Urlaubsgebieten entlang der Nordseeküste. Häufig halten die VVV-Büros eine Liste örtlicher Privatvermieter bereit. Die Preise schwanken stark, je nach Lage, Ausstattung und Jahreszeit zwischen 35 und 100 € pro Zimmer und Nacht. Folgende Agenturen vermitteln B&B-Zimmer im ganzen Land:

Bed & Breakfast Service Nederland, Minckelersplein 13, 5621 EE Eindhoven, Tel. 040/269 34 37, Fax 040/269 37 84, www.bedandbreakfast.nl

Bed & Breakfast Holland, Amsterdam, Tel. 020/615 75 27, Fax 020/669 15 73, www.bbholland.com

Camping

Holländer sind als Campingfreunde bekannt. Etwa 1000 meist gut ausgestattete Campingplätze konzentrieren sich in den Urlaubsgebieten vor allem entlang der Nordseeküste, sind aber auch im seen- und wasserreichen Binnenland in ausreichender Zahl vorhanden. Die landschaftlich meist reizvoll gestalteten Plätze verfügen über gute sanitäre Einrichtungen. Kinderspielplätze und Unterhaltungsangebote kommen insbesondere auch Familien entgegen. Die Zahl der Stellplätze für Wohnmobile hat in den letzten Jahren deutlich zugenommen. Sie sind mit elektrischem Anschluss, mit Frischwasser- und Abwasserleitung ausgestattet und haben eine Entsorgungsstation für die chemische Bordtoilette auf dem Grundstück. Umweltbewusste Urlauber werden sich freuen: Mülltrennung und der Einsatz von regenerativer Energie gehören meist zu den Standards der Plätze.

Eine Auswahl geprüfter Campingplätze bietet der jährlich erscheinende *ADAC Camping-Caravaning-Führer* (Band Deutschland und Nordeuropa), der – auch als CD-Rom – im Buchhandel oder bei den ADAC-Geschäftsstellen erhältlich ist.

Ferienhäuser und Ferienwohnungen

Die in den Niederlanden sehr beliebten Bungalowparks findet man ebenfalls vorwiegend entlang der Küste, aber auch in anderen reizvollen Feriengebieten. Die Zahl der Ferienhäuser hat in den letzten Jahren dank einer gesteigerten Nachfrage stark zugenommen. Preise variieren je nach Jahreszeit und Ausstattung zwischen 200 und 1500 € pro Woche. Die Häuser lassen sich bei den gängigen Ferienhausanbietern, über die Reiseveranstalter oder das Niederländische Fremdenverkehrsbüro buchen.

Hotels

Die Hotels und Pensionen in den Niederlanden werden behördlich nach einem in den Beneluxstaaten einheitlichen Maßstab von 1 bis 5 Sternen ausgezeichnet. Die Preise der Unterkünfte korrespondieren mit der Zahl ihrer Sterne und bewegen sich zwischen 40 und 300 € pro Zimmer und Nacht. Amsterdam bietet das umfangreichste Angebot in allen Kategorien, auch an Jugend- und Backpackerhotels. Es empfiehlt sich, in der Sommersaison sowie an Wochenenden und Feiertagen vorab zu reservieren. Hotelreservierungen in den gesamten Niederlanden bei:

Niederländisches Reservierungszentrum (NRC), Plantsoengracht 2, 1441 DE Purmerend, Tel. 02 99/68 91 44, Fax 02 99/68 91 54, www.hotelres.nl

Jugendherbergen

In einer der 30 übers Land verteilten und meist gut ausgestatteten Jugendherbergen können Urlauber aller Altersgruppen günstig übernachten. Je nach Ausstattung und Jahreszeit zahlt man zwischen 16 und 23 € für eine Übernachtung, Frühstück und Bettwäsche inklusive. Jugendherbergsmitglieder erhalten einen Rabatt von 2,50 €. *Auskunft* bei:

Stay Okay Hostels, Postbus 5030, 2900 EA Capelle a/d Ijssel, Tel. 010/264 60 64, Fax 010/264 60 61, www.stayokay.com

Wanderhütten

Die schlichten Hütten ohne Küchenutensilien und Bettwäsche, aber mit Wasch-

und Kochgelegenheit sowie Betten für max. 4 Personen findet man in allen drei Beneluxländern. Sie liegen stets in einer Entfernung von 25 km, sodass ein Wanderer die jeweils nächste mit einer Tageswanderung problemlos erreichen kann. Die Kosten betragen pauschal ca. 30 € pro Übernachtung und Hütte. Auskunft bei:

Stichting Trekkershutten Nederland, Ruigeweg 49, 1752 HC Sint Maartensbrug, Tel. 02 24/56 33 45, Fax 02 24/56 33 18, www.trekkershutten.nl

Wohnen auf dem Wasser

Wer will, kann auch auf dem Schiff übernachten. In vielen Binnenhäfen werden Motor- und Segelboote aller Größen und Preisklassen vermietet. Ein Bootsführerschein ist nur erforderlich, wenn der Kahn schneller als 20 km/h oder länger als 15 m ist. Die Mieter erhalten bei der Übergabe eine gründliche Einweisung und können in Ruhe das An- und Ablegen üben.

Wer mit dem eigenen Boot auf Kanälen und Flüssen unterwegs ist, sollte die Zusammenstellung des NBT [s. S. 123] über die Besonderheiten der holländischen Wasserwege käuflich erwerben. Für Freizeitkapitäne bietet die Internetseite von www.hollandinfo.com eine Zusammenstellung von 60 Anbietern für Motor- und Segelbootcharter.

Verkehrsmittel im Land

Bahn

Mit dem flächendeckenden Netz der Eisenbahn erreicht man zügig alle sehenswerten Ziele. Zahlreiche Sonderangebote, Wochenend- und andere Ermäßigungen lohnen eine Erkundigung am Bahnhofsschalter oder im Internet (www.ns.nl). Wer nach der Zugfahrt zu einer Adresse in der Stadt per Taxi gefahren werden will, kann mit dem Bahnfahrschein das Ticket für ein *Treintaxi* lösen, das Reisende an 114 Bahnhöfen des Landes zum Pauschalpreis von 3,50 € befördert.

Bus

Ein gut ausgebautes Busnetz überzieht das Land und die Städte. Pläne halten die VVV-Touristenbüros bereit. Bezahlt wird mit einer *Strippenkaart* (15 oder 45 Abschnitte), die man in allen Bussen, Straßenbahnen und U-Bahnen benutzen kann. Die Streifenkarte wird in Bahnhöfen, Postämtern und in vielen Buch- und Tabakläden verkauft. Die Zahl der Tarifzonen, die man bei einer Fahrt berührt, bedingen die Höhe des Fahrpreises und damit die Zahl der Abschnitte, die bei Fahrtantritt zu entwerten sind. Für Urlauber, die einige Tage in einer Stadt verbringen, lohnen sich je nach Besichtigungsaktivität auch Mehrtagespässe. Ein allgemeines Info-Telefon steht unter Tel. 030/235 44 80 zur Verfügung.

Flugzeug

Es gibt keine Linienflüge zwischen niederländischen Städten. Bei kleineren Charter-Gesellschaften kann man jedoch innerholländische Flüge buchen. Regionalflughäfen sind in Eindhoven, Enschede, Groningen, Lelystad, Maastricht und Rotterdam zu finden.

Mietwagen

Für Mitglieder bietet die *ADAC Autovermietung GmbH* günstige Konditionen; Buchungen über die ADAC Geschäftsstellen oder unter Tel. 0 18 05/31 81 81 (0,12 €/Min.).

Mietwagenstationen internationaler Unternehmen wie Avis, Hertz, Europcar oder Budget, aber auch regionaler Anbieter befinden sich an den Flughäfen und in vielen niederländischen Städten.

Schiff

Fähren verbinden die der Küste vorgelagerten Waddeneilanden untereinander und mit dem Festland. Dazu gibt es Fähren nach Zeeland sowie über Flüsse und Kanäle. Viele von ihnen sind Autofähren, bei den Schiffen auf die autofreien Inseln Schiermonnikoog oder Vlieland ist jedoch nur das Mitführen von Fahrrädern erlaubt. Genauere Informationen finden sich bei den *Praktischen Hinweisen* zu den jeweiligen Orten.

Taxi

Taxis arbeiten strikt nach Taxameter, der Betrag wird von den Kunden zumeist zu einer glatten Summe aufgerundet. Man findet Taxis an Taxiständen oder bestellt sie per Telefon. Es ist unüblich, ein Taxi an der Straße anzuhalten. Eine Übersicht über Taxigesellschaften bietet die Website www.taxi.nl.

Sprachführer

Niederländisch für die Reise

Das Wichtigste in Kürze

Ja / Nein	*ja / nee*
Bitte / Danke	*alstublieft / dank u wel*
In Ordnung! / Einverstanden!	*ok! / akkoord!*
Entschuldigung!	*sorry! / pardon!*
Wie bitte?	*Wat zegt u?*
Ich verstehe Sie nicht.	*Ik versta u niet.*
Ich spreche nur wenig Niederländisch.	*Ik spreek alleen maar een beetje Nederlands.*
Können Sie mir bitte helfen?	*Kunt u mij alstublieft helpen?*
Das gefällt mir (nicht).	*Dat vind ik (niet) leuk.*
Ich möchte …	*Ik zou graag …*
Wie viel kostet …?	*Hoeveel kost(en) …?*
Kann ich mit Kreditkarte bezahlen?	*Kan ik met creditcard betalen?*
Wie viel Uhr ist es?	*Hoe laat is het?*
Guten Morgen!	*Goedemorgen!*
Guten Tag!	*Goedendag!*
Guten Abend!	*Goedenavond!*
Gute Nacht!	*Goedenacht!*
Hallo! / Grüß dich!	*Hallo!*
Wie ist Ihr Name, bitte?	*Hoe is uw naam?*
Mein Name ist …	*Mijn naam is …*
Auf Wiedersehen!	*Tot kijk!*
Tschüs!	*Doei!*

Zahlen

0	*nul*	19	*negentien*
1	*één*	20	*twintig*
2	*twee*	21	*éénentwintig*
3	*drie*	22	*tweeëntwintig*
4	*vier*	30	*dertig*
5	*vijf*	40	*veertig*
6	*zes*	50	*vijftig*
7	*zeven*	60	*zestig*
8	*acht*	70	*zeventig*
9	*negen*	80	*tachtig*
10	*tien*	90	*negentig*
11	*elf*	100	*honderd*
12	*twaalf*	200	*tweehonderd*
13	*dertien*	1000	*duizend*
14	*veertien*	2000	*tweeduizend*
15	*vijftien*	10 000	*tienduizend*
16	*zestien*	100 000	*honderdduizend*
17	*zeventien*	1/4	*een quart*
18	*achttien*	1/2	*een halve*

gestern / heute / morgen	*gisteren / vandaag / morgen*
am Vormittag / am Nachmittag	*'s morgens / 's middags*
am Abend / in der Nacht	*'s avonds / 's nachts*
um 1 Uhr / um 2 Uhr …	*om één uur / om twee uur …*
um Viertel vor (nach) …	*om kwart voor (over) …*
um … Uhr 30	*om … uur dertig*
Minute(n)	*minuut(en)*
Stunde(n)	*uur(en)*
Tag(e)	*dag(en)*
Woche(n)	*week(en)*
Monat(e)	*maand(en)*
Jahr(e)	*jaar(en)*

Wochentage

Montag	*maandag*
Dienstag	*dinsdag*
Mittwoch	*woensdag*
Donnerstag	*donderdag*
Freitag	*vrijdag*
Samstag	*zaterdag*
Sonntag	*zondag*

Monate

Januar	*januari*
Februar	*februari*
März	*maart*
April	*april*
Mai	*mei*
Juni	*juni*
Juli	*juli*
August	*augustus*
September	*september*
Oktober	*oktober*
November	*november*
Dezember	*december*

Maße

Kilometer	*kilometer*
Meter	*meter*
Zentimeter	*centimeter*
Kilogramm	*kilo(gram)*
Pfund	*pond*
Gramm	*gram*
Liter	*liter*

Unterwegs

Nord / Süd / West / Ost	*noord / zuid / west / oost*
geöffnet / geschlossen	*open / gesloten*
geradeaus / links / rechts / zurück	*rechtuit / links / rechts / terug*
nah / weit	*vlak bij / ver weg*
Wie weit ist …?	*Hoe ver is het … ?*
Wo sind die Toiletten?	*Waar zijn de toiletten?*
Wo ist die (der) nächste …	*Waar is de (het) dichtstbijzijnde …*
Telefonzelle /	*telefooncel (de) /*
Post /	*postkantoor (het) /*
Bank /	*bank (de) /*
Geldautomat /	*geldautomaat (de) /*
Polizei?	*politiebureau (het)?*
Bitte, wo ist …	*Kunt u mij zeggen waar …*
der Hauptbahnhof /	*het centraal station /*
die Bushaltestelle /	*de bushalte /*
die Metrostation /	*het metrostation /*
die Tramstation /	*het tramstation /*
der Flughafen?	*het vliegveld is?*
Wo finde ich …	*Sorry, waar vind ik …*
eine Bäckerei /	*een bakker /*
Fotoartikel /	*een winkel voor fotoartikelen /*
einen Supermarkt	*een supermarkt /*
den Markt?	*de markt?*
Ist das der Weg / die Straße nach …?	*Is dit de weg / de straat naar …?*
Ich möchte mit …	*Ik zou graag …*
dem Bus /	*de bus /*
der Metro /	*de metro /*
der Tram /	*de tram /*
dem Zug /	*de trein /*
dem Flugzeug	*het vliegtuig*
nach … fahren.	*naar … willen Nemen.*
Gilt dieser Preis für Hin- und Rückfahrt?	*Is dit de prijs voor héén en terug?*
Wie lange gilt das Ticket?	*Hoe lang is dit ticket geldig?*
Wo finde ich …	*Waar vind ik …*
das Fremdenverkehrsamt /	*de VVV /*
ein Reisebüro?	*een reisbureau?*

Zoll, Polizei

Ich habe etwas (nichts) zu verzollen.	*Ik heb wat (niets) aan te geven.*
Ich habe nur persönliche Dinge.	*Ik heb alleen maar persoonlijke dingen bij me.*
Hier ist die Kaufbescheinigung.	*Hier is de kwitantie.*
Hier ist mein(e) …	*Hier is mijn …*
Geld / Pass /	*geld / pas(poort) /*
Personalausweis /	*legitimatiebewijs /*
Kfz-Schein /	*kentekenbewijs /*
Versicherungskarte.	*verzekeringskaart.*
Ich fahre nach …	*Ik ga naar …*
und bleibe …	*en blijf daar …*
Tage / Wochen.	*dagen / weken.*
Ich möchte eine Anzeige erstatten.	*Ik zou graag een aangifte willen doen.*
Man hat mir …	*Mijn …*
Geld / die Tasche /	*geld / tas /*
die Papiere /	*papieren /*
die Schlüssel /	*sleutel /*
den Fotoapparat /	*fototoestel /*
das Fahrrad	*fiets*
gestohlen.	*is gestolen.*
Verständigen Sie bitte das Deutsche Konsulat.	*Kunt u alstublieft het Duitse consulaat informeren?*

Freizeit

Ich möchte ein …	*Ik zou graag een …*
Fahrrad /	*fiets /*
Mountainbike /	*mountainbike /*
Motorrad /	*motorfiets /*
Surfbrett /	*surfplank /*
Pferd mieten.	*paard willen huren.*
Gibt es ein(en) …	*Is er hier een …*
Freizeitpark /	*recreatiepark /*
Freibad /	*openluchtzwembad /*
Golfplatz	*golfplaats*
in der Nähe?	*in de buurt?*
Wo ist das nächste Schwimmbad?	*Waar is het dichtstbijzijnde zwembad?*
Wann hat … geöffnet?	*Wanneer is het / de … geopend?*

Bank, Post, Telefon

Brauchen Sie meinen Ausweis?	*Wilt u mijn legitimatiebewijs zien?*
Ich möchte eine Telefonverbindung nach …	*Kunt u mij een telefoon-lijn naar … geven?*

Hinweise zur Aussprache

ei	wie ›ä‹, Bsp.: **lei**den
eu	wie ›ö‹, Bsp.: d**eu**r
oe	wie ›u‹, Bsp.: b**oe**r
ou	wie ›au‹, Bsp.: h**ou**t
u	wie ›ü‹, Bsp.: n**u**l
ui	wie ›ö‹, Bsp.: h**ui**s
ij	wie ›ä‹, Bsp.: l**ij**den
c	wie ›s‹, Bsp.: **c**entraal
g	wie ›ch‹, Bsp.: te**g**el
sch	wie ›s‹ und ›ch‹ getrennt sprechen, Bsp.: **sch**ip
z	wie ›s‹, Bsp.: **Z**on

Wie lautet die Vorwahl für …?	*Wat is het netnummer van … ?*
Wo gibt es … Telefonkarten / Briefmarken?	*Waar kan je … telefoonkaarten / postzegels krijgen?*

Tankstelle

Wo ist die nächste Tankstelle?	*Waar is de dichtstbijzijnde benzinepomp?*
Ich möchte … Liter … Normal / Super / Diesel / bleifrei / verbleit.	*… liter … normaal / super / diesel / loodvrij / met lood alstublieft.*
Volltanken, bitte!	*Voltanken alstublieft!*
Bitte prüfen Sie … den Reifendruck / den Ölstand / den Wasserstand / die Batterie.	*Kunt u alstublieft … de druck van de banden / de oliestand / het koelwater / de akku controleren?*
Würden Sie bitte … den Ölwechsel vornehmen / den Radwechsel vornehmen / die Sicherung austauschen / die Zündkerzen erneuern?	*Kunt u alstublieft … de olie verversen / de band wisselen / de zekering uitwisselen / de bougies vernieuwen?*

Panne

Ich habe eine Panne.	*Ik heb autopech.*
Der Motor startet nicht.	*De motor springt niet meer aan.*
Ich habe kein Benzin / Diesel.	*Ik heb geen benzine / diesel meer.*
Gibt es hier in der Nähe eine Werkstatt?	*Is er een garage hier in de buurt?*
Können Sie mir einen Abschleppwagen schicken?	*Kunt u een takelwagen sturen?*
Können Sie den Wagen reparieren?	*Kunt u mijn auto repareren?*
Bis wann?	*Wanneer is hij klaar?*

Mietwagen

Ich möchte ein Auto mieten.	*Ik zou graag een auto willen huren.*
Was kostet die Miete … pro Tag / pro Woche / mit unbegrenzter km-Zahl / mit Kaskoversicherung / mit Kaution?	*Wat kost het huren … per dag / pro Woche / met onbeperkte kilometers / met cascoverzekering / met cautie?*
Wo kann ich den Wagen zurückgeben?	*Waar kan ik de auto teruggeven?*

Unfall

Hilfe!	*Help!*
Achtung!	*Opgepast!*
Vorsicht!	*Voorzichtig!*
Rufen Sie bitte schnell … einen Krankenwagen / die Polizei / die Feuerwehr.	*Kunt u alstublieft snel … een ziekenwagen / de politie / de brandweer opbellen.*
Es war (nicht) meine Schuld.	*Het was mijn schuld (niet).*
Geben Sie mir bitte Ihren Namen und Ihre Adresse.	*Mag ik even uw naam en adres opnemen?*
Ich brauche die Angaben zu Ihrer Autoversicherung.	*Kunt u mij een paar informaties over uw autoverzekering geven?*

Krankheit

Können Sie mir einen guten Deutsch sprechenden Arzt / Zahnarzt empfehlen?	*Kunt u mij een goed Duits sprekende arts / tandarts aanbevelen?*
Wann hat er Sprechstunde?	*Wanneer zijn de spreekuren?*
Wo ist die nächste Apotheke?	*Waar is de dichtstbijzijnde apotheek?*
Ich brauche ein Mittel gegen … Durchfall / Halsschmerzen / Fieber / Insektenstiche / Verstopfung / Zahnschmerzen.	*Ik heb een middel nodig tegen … diarree / keelpijn / koorts / insektensteken / verstopping / kiespijn.*

Hotel

Können Sie mir ein Hotel / eine Pension empfehlen?	*Welk hotel / pension kunt u aanbevelen?*
Ich habe bei Ihnen ein Zimmer reserviert.	*Ik heb bij u een kamer gereserveerd.*
Haben Sie … ein Einzelzimmer / ein Doppelzimmer …	*Heeft u … een éénpersoonskamer / een tweepersoonskamer /*

mit Bad / Dusche / für eine Nacht / für eine Woche?	*met bad / douche / voor één nacht / voor één week?*
Was kostet das Zimmer mit Frühstück / mit Halbpension / mit Vollpension?	*Hoeveel kost de kamer met ontbijt / met halfpension / met volpension?*
Wie lange gibt es Frühstück?	*Tot wanneer kan ik ontbijten?*
Ich möchte um … Uhr geweckt werden.	*Kunt u mij om … uur wekken?*
Ich reise heute Abend / morgen früh ab.	*Ik vertrek vanavond / morgen vroeg.*
Haben Sie ein Faxgerät / einen Hotelsafe?	*Heeft u een fax / een hotelsafe?*

Restaurant

Wo finde ich ein gutes / günstiges Restaurant?	*Waar vind ik een goed / voordelig restaurant?*
Die Speisekarte / die Getränkekarte, bitte.	*Kunt u mij de spijskaart / de kaart met de dranken alstublieft even geven?*
Welches Gericht können Sie besonders empfehlen?	*Welk gerecht kunt u mij speciaal aanbevelen?*
Ich möchte das Tagesgericht / Menü (zu …)	*Het menu van de dag / menu … alstublieft.*
Ich möchte nur eine Kleinigkeit essen.	*Ik wil alleen maar een klein hapje eten.*
Haben Sie … vegetarische Gerichte / offenen Wein / alkoholfreie Getränke / Mineralwasser mit / ohne Kohlensäure?	*Heeft u ook … vegetarische gerechten / wijn per karaf / alcoholvrije dranken / mineraalwater met / zonder koolzuur?*
Das Steak bitte … englisch / medium / durchgebraten.	*Biefstuk alstublieft … rood / medium / doorbakken.*
Kann ich bitte … ein Messer / eine Gabel / einen Löffel haben?	*Kan ik alstublieft … een mes / een vork / een lepel krijgen?*
Darf man rauchen?	*Mag je hier roken?*
Die Rechnung, bitte / Bezahlen, bitte!	*De rekening alstublieft! / Betalen alstublieft!*

Essen und Trinken

Ananas	*ananas*
Apfel	*appel*
Apfelsine	*sinaasappel*
Aubergine	*aubergine*
Banane	*banaan*
Bier	*bier*
Braten	*gebraden vlees*
Brot / Brötchen	*brood / broodje*
Butter	*boter*
Ei	*ei*
Eiscreme	*ijs*
Erdbeere	*aardbei*
Espresso	*espresso*
Espresso mit einem Schuss Milch	*espresso met een scheutje melk*
Essig	*azijn*
Fisch	*vis*
Fischsuppe	*nissoep*
Flasche	*fles*
Fleisch	*vlees*
Fruchtsaft	*vruchtsap*
Frühstück	*ontbijt*
Geflügel	*gevogelte*
Gemüse	*groente*
Glas	*glas*
Gurke	*komkommer*
Hering	*haring*
Hörnchen	*croissant*
Huhn	*kip*
Kaffee, schwarz	*koffie, zwart*
Kaffee mit Milch	*koffie met melk*
Kalb	*kalf*
Kartoffeln	*aardappelen*
Käse	*kaas*
Kirschen	*kersen*
Krug / Karaffe	*karaf*
Meeresfrüchte	*zeevruchten*
Milch	*melk*
Milchkaffee	*café au lait*
Mineralwasser	*mineraalwater / spa*
Nachspeisen	*nagerechten*
Öl	*olie*
Oliven	*olijven*
Orangensaft	*sinaasappelsap*
Pfannkuchen	*pannenkoek*
Pfeffer	*peper*
Pflaumen	*pruimen*
Pilze	*paddestoelen*
Reis	*rijst*
Rindfleisch	*rundvlees*
Salat	*sla*
Salz	*zout*
Schinken	*ham*
Schweinefleisch	*varkensvlees*
Suppe	*soep*
Tee	*thee*
Thunfisch	*tonijn*
Vorspeisen	*voorgerechten*
Wassermelone	*watermeloen*
Wein	*wijn*
Weißwein	*witte wijn*
Rotwein	*rode wijn*
Rosé-Wein	*rosé*
Zucker	*suiker*

Register

Bildnachweis

Umschlag-Vorderseite: Eine der fotogenen Windmühlen bei Kinderdijk. Foto: *LOOK, München (Heinz Wohner)*

Titelseite
Oben: Freitags ist Käsemarkt in Alkmaar (Wh. von S. 67)
Mitte: Lissener Keukenhof in voller Blüte (Wh. von S. 61)
Unten: Die Niederlande sind ein Fahrradland par excellence (Wh. von S. 131 unten)

Gunda Amberg Farbdia-Archiv, Gröbenzell: 39 unten, 50, 69 unten – *AKG, Berlin:* 13, 14 (2), 64 unten (Erich Lessing), 15 oben, 30 oben (2) und unten, 33 unten, 35, 53 unten, 59, 70, 105 – *AP Associated Press, Frankfurt/Main:* 15 unten – *Bonnefanten Museum, Maastricht:* 111 unten – *FAN, Lüneburg:* 5 rechts (4. von oben), 7 unten, 10 unten links, 25 oben, 61, 67, 68, 72 unten, 74, 75 (2), 76, 78, 115, 122 unten links (Peter Mross), 7 oben, 24, 28, 39 oben, 126 unten (Jens Rufenach), 88 oben (Susanne Früh), 116 (Rainer Hackenberg) – *Ralf Freyer, Freiburg:* 10 unten rechts, 22, 23 oben, 25 unten, 26, 29, 30 Mitte, 31, 38 – *Miquel Gonzalez, Heerhugowaard:* 16/17, 69 oben, 71 – *Fotodesign Herzig, Groß-Gerau:* 27 unten, 90, 103, 126 oben – *Bildagentur Huber, Garmisch-Partenkirchen:* 11 oben (Fantuz), 108 unten (F. Damm) – *IFA-Bilderteam, Ottobrunn bei München:* 119 unten (Datafoto) – *Volkmar E. Janicke, München:* 33 oben – *Gerold Jung, Ottobrunn:* 34, 53 oben, 64 oben, 65 oben, 86, 98, 99, 131 unten – *Alexander Jürgens, Hamburg:* 37, 83 – *Geldersch Landschap/Geldersche Kasteelen, Arnhem:* 114 – *Thomas Kliem, Kalkar:* 8 oben, 32, 45, 62 unten, 63, 72 oben, 85, 91, 102, 106, 107, 113, 119 oben, 122 Mitte – *laif, Köln:* 8 Mitte und unten (Christensen), 11 Mitte, 62 oben, 77, 79, 80, 81, 122 oben (2), 131 oben (Huber), 23 unten (Jurjen Drenthl), 27 oben (Gonzalez), 43, 46, 47 (2) (Kristensen), 88 unten, 89, 92, 93, 94 (Gaasterland) – *LOOK, München:* 9 oben, 127 (Ingolf Pompe), 20 (Karl-Heinz Raach), 41, 51 unten, 55, 56, 57, 65 unten, 66, 132 (Heinz Wohner) – *Mauritius, Mittenwald:* 111 oben (Troisfontaines) – *Nederlands Openluchtmuseum, Arnhem:* 104 – *PhotoPress, Stockdorf bei München:* 6 (Master), 97 (Hapf) – *Ullstein Bilderdienst, Berlin:* 84, 117 – *WaterLand Neeltje Jans, Burgh Haamstede:* 121, 122 unten rechts – *Michael Zegers, Köln:* 5 rechts (1. von oben), 9 unten, 10 oben, 19, 21, 40, 49, 51 oben, 58, 95, 100 (2), 108 oben, 129

ADAC
reisemagazin
Reisen mit Lust
und Laune.
Die Reisemagazine
vom ADAC
gibt es für Städte,
Länder und
Regionen.
Alle zwei Monate
neu.
GARDASEE SPECIAL
Dolomiten
Trentino
Gardasee
VERONA: VINO UND VERDI
ITALIEN DIE RIVIERA
RIVIERA, LIGURIEN, PIEMONT
Italiens
schönste
Winkel
NATURPARKS: DIE RÜCKKEHR DER WÖLFE
KUBA
Im Rhythmus
der Karibik
MALLORCA
Mallorca
zum Träumen
PROMIS ÜBER IHRE INSEL: PETER USTINOV, CHRISTINE KAUFMANN
MEXIKO
Machos,
Mythen
und Magie
SCHAMANEN-KULT: DIE WUNDERHEILER VOM CATEMACO-SEE
SCHWEIZ
Gipfel-
Treffen für
Genießer
SPANIENS SÜDEN UND MADRID
SPANIENS SÜDEN & MADRID
Flamenco
und die Seele
des Südens
TOSKANA
Bezaubernde
Toskana
Grüne Hügel, weiße Villen, roter Wein

In der ADAC-Reiseführer-Reihe sind erschienen:

Ägypten
Algarve
Allgäu
Amsterdam
Andalusien
Australien
Bali und Lombok
Barcelona
Berlin
Bodensee
Brandenburg
Brasilien
Bretagne
Budapest
Bulgarische Schwarzmeerküste
Burgund
Costa Brava und Costa Daurada
Côte d'Azur
Dalmatien
Dänemark
Deutschland, City Guide
Dominikanische Republik
Dresden
Dubai, Vereinigte Arabische Emirate, Oman
Elsass
Emilia Romagna
Florenz
Florida
Französische Atlantikküste
Fuerteventura
Gardasee
Germany, City Guide
Golf von Neapel
Gran Canaria
Hamburg
Hongkong und Macau
Ibiza und Formentera
Irland
Israel
Istrien und Kvarner Golf
Italienische Adria
Italienische Riviera
Jamaika
Kalifornien
Kanada – Der Osten
Kanada – Der Westen
Karibik
Kenia
Kreta
Kuba
Kykladen
Lanzarote
London
Madeira
Mallorca
Malta
Marokko
Mauritius und Rodrigues
Mecklenburg-Vorpommern
Mexiko
München
Neuengland
Neuseeland
New York
Niederlande
Norwegen
Oberbayern
Österreich
Paris
Peloponnes
Piemont, Lombardei, Valle d'Aosta
Polen
Portugal
Prag
Provence
Rhodos
Rom
Rügen, Hiddensee, Stralsund
Salzburg
Sardinien
Schleswig-Holstein
Schottland
Schwarzwald
Schweden
Schweiz
Sizilien
Spanien
St. Petersburg
Südafrika
Südengland
Südtirol
Sylt
Teneriffa
Tessin
Thailand
Toskana
Tunesien
Türkei-Südküste
Türkei-Westküste
Umbrien
Ungarn
USA-Südstaaten
USA-Südwest
Usedom
Venedig
Venetien und Friaul
Wien
Zypern

Weitere Titel in Vorbereitung

Leserforum

Die Meinung unserer Leserinnen und Leser ist wichtig, daher freuen wir uns von Ihnen zu hören. Wenn Ihnen dieser Reiseführer gefallen hat, wenn Sie wichtige Hinweise zu den Inhalten haben – Ergänzungs- und Verbesserungsvorschläge, Tipps und Korrekturen – dann schreiben Sie uns:

Redaktion ADAC Reiseführer
ADAC Verlag GmbH
81365 München
verlag@adac.de

Impressum

Lektorat, Bildredaktion: Irene Unterriker
Aktualisierung: Elisabeth Schnurrer
Karten: Computerkartographie Carrle, München
Reproduktion: Fotolitho Longo, Bozen
Druck, Bindung: Bosch Druck, Landshut
Printed in Germany

ISBN 3-89905-122-X
Gedruckt auf chlorfrei gebleichtem Papier

4., neu bearbeitete Auflage 2005